Führung und Fiktion

Was Leadership von
Literatur, Subkultur und Pop lernen kann

Bildung mit Profil und Mehrwert #4

Über den Autor

Seit über 20 Jahren treibt Ulrich Wirth das Bildungsmanagement im Gesundheitswesen voran. Als Leiter eines universitären Bildungszentrums führt er ein Team von rund 120 Mitarbeiter:innen, entwickelt Programme, die begeistern, überraschen und – ganz nebenbei – funktionieren. Zukunftsfähigkeit, Dynamik, Innovation? Für ihn und seine Kolleg:innen beileibe keine Buzzwords, sondern gelebte Realität.

Der Erfolg? Messbar, ja. Aber auch mehr als Zahlen und Preise: 2022 der Bildungspreis der Saarländischen Wirtschaft für die Schulsozialberatung. 2024 dann der bundesweite SCHULEWIRTSCHAFT-Preis für das Community Outreach-Projekt Mini Nurse AcadeME.

Ulrich Wirth redet nicht nur über Wandel – er lebt ihn. Als Experte für Geschäftsmodellentwicklung und Change-Management bringt er Klarheit in die Komplexität moderner Arbeitswelten. Er schreibt und spricht über Themen, die provozieren und trotzdem den Nerv der Zeit treffen. Leadership? Kein Hochglanzwort, sondern eine Baustelle, die jeden Tag neue Herausforderungen bringt. Bildungsmanagement? Mehr als Systeme und Prozesse: Es ist ein Raum für Visionen und Mut. New Work? Nicht der nächste Hype, sondern eine Frage der Haltung.

Mit seinem interprofessionellen Blick baut er Brücken. Zwischen Theorie und Praxis. Zwischen Menschen, die sich nie treffen wollten, aber zusammenarbeiten müssen. Und zwischen Tradition und Innovation. Ulrich Wirth macht nicht nur, was nötig ist. Er macht, was möglich ist.

Glücklicherweise ist Ulrich Wirth mehr als seine Arbeit – auch wenn er sie manchmal mit einer Hingabe betreibt, die anderes fast unsichtbar macht. Aber das ist eine andere Geschichte.

Ulrich Wirth

Führung und Fiktion

Was Leadership von
Literatur, Subkultur und Pop lernen kann

Bildung mit Profil und Mehrwert #4

Bibliografische Information der Deutschen Nationalbibliothek:

Die Deutsche Nationalbibliothek verzeichnet diese Publikation in der Deutschen Nationalbibliografie; detaillierte bibliografische Daten sind im Internet über dnb.dnb.de abrufbar.

Verlag: BoD · Books on Demand GmbH, In de Tarpen 42, 22848 Norderstedt, bod@bod.de
Druck: Libri Plureos GmbH, Friedensallee 273, 22763 Hamburg

ISBN: 978-3-7693-5214-6

Für meine Holde,
die nie müde wird, mich daran zu erinnern,
dass mein wahres Talent darin besteht,
meine Zeit mit Hingabe für Nischenprodukte zu vergeuden.
Ohne deine Skepsis wäre dieses Buch nie so gut geworden.

Mit viel Liebe und beidseitigem Augenzwinkern.

„Oh je. Ich werde es versuchen."

Christian Kracht: 1979. Ein Roman. Köln: Kiepenheuer & Witsch, 2001, S. 106.

„Love my way, it's a new road."

The Psychedelic Furs, Love My Way, 1982

Inhaltsverzeichnis

Vorwort

Charles Bukowski trifft auf Taylor Swift, Ernst Jünger auf Barbie, Hamburger Schule auf Monty Python's Flying Circus – und all das in einem Buch über Führung. Dass Sie das noch erleben dürfen... Dass Sie sich durch dieses Sammelsurium an Inspiration und Irritation kämpfen, ist mutig. Respekt.

Irritation liefert das Stichwort, denn das ist das Ziel dieses Buchs. Führung verlangt heute mehr als Prozesse und Protokolle: Es braucht Empathie, Vision, Kreativität und die Fähigkeit, Chaos mit Humor und Haltung zu begegnen. Doch woher nehmen, wenn nicht stehlen? Klassische Managementliteratur liefert oft sterile Ratschläge, die sich wie Bedienungsanleitungen für Geschirrspüler lesen. Literatur, Kunst und Popkultur hingegen – ja, sogar der absurde Wahnsinn des MAD Magazins – zeigen uns das Menschsein in seiner ganzen Pracht und Peinlichkeit.

Als gelernter Literaturwissenschaftler neige ich zu Überinterpretationen. Nennen wir es *deformation professionnelle*. Literatur genieße ich selten, ohne einen Stift in der Hand und eine Idee im Hinterkopf, die darauf wartet, ausgearbeitet zu werden. Bücher, Sketche, Songtexte – alles wird unterstrichen, analysiert und seziert. Aber genau diese obsessive Liebe zur Mehrdeutigkeit zeigt mir, wie Führung funktioniert: nie linear, nie einfach, immer vielschichtig.

In diesem Buch nehme ich Sie mit auf einen Streifzug durch 20 Aspekte moderner Führung, die ich aus Literatur und Popkultur destilliert habe. Jeder Aspekt, ein sorgfältig gewonnenes Destillat, von Authentizität über Resilienz bis hin zu visionärem Denken, wird durch eine künstlerische oder literarische Perspektive beleuchtet.

Rumi etwa, der bedeutendste persischsprachige Dichter des Mittelalters, beschreibt Transformation als eine natürliche und notwendige Bewegung im Leben:

> *„Gestern war ich klug, und ich wollte die Welt verändern. Heute bin ich weise, und ich ändere mich selbst.*"[1]

Veränderung beginnt also bei der Führungskraft selbst. Nur wer bereit ist, sich zu entwickeln, kann Wandel in anderen inspirieren.

Ernst Jünger, chronisch kontrovers, vermittelt die Idee, dass Resilienz eine entscheidende Rolle bei der Bewältigung von Chaos spielt. Insbesondere in *„Feuer und Bewegung"* betont er, wie wichtig Beweglichkeit und Anpassungsfähigkeit sind, um nicht zum Ziel äußeren Drucks zu werden.[2] Stillstand wird dabei nicht als Neutralität, sondern als Risiko betrachtet.

Und Monty Python, die Großmeister der Absurdität, lehren uns auf ihre lakonische Art, dass Humor keine Flucht, sondern ein Werkzeug ist – auch für Führungskräfte:

> *„Try to be nice to people. Avoid eating fat. Read a good book every now and then. And try to live together in peace and harmony with people of all creeds and nations."*[3]

---

[1]   Zitiert nach Bettina Hielscher. Online im WWW: https://www.bettina hielscher.de/20-weisheiten-rumi/ [Datum des Zugriffs: 2025-01-04].

[2]   Ernst Jünger: Feuer und Bewegung. In: ders.: Sämtliche Werke. Bd. 9. 2. Aufl. Stuttgart: Klett-Cotta, 2017, S. 105-117.

[3]   Monty Python's Flying Circus: The Meaning of Life, Regie: Terry Jones, Universal Pictures, 1983, Zitat aus dem Schlussmonolog.

Damit nicht genug: Weil Führung so unfassbar komplex und gleichzeitig faszinierend ist, habe ich noch zwölf Bonuskapitel draufgepackt. Die Bonuskapitel werfen einen frischen Blick auf bekannte Themen und öffnen Räume für Reflexionen, die manchmal an die Grenzen des Zumutbaren gehen. Ich orientiere mich hier an Brian Eno und Peter Schmidt, die in ihren *„Oblique Strategies"* eine Karte folgenden Inhalts vorhalten:

„Honour thy error as a hidden intention."[4]

Genau darum geht es – darum, vermeintliche Brüche und Herausforderungen als Chance zu sehen, Führung neu zu denken und weiterzuentwickeln.

Mit diesem Buch will ich Sie nicht belehren. Das wäre übergriffig und es stünde mir auch nicht zu. Ehrlich gesagt, hätte ich selbst kein Interesse, eine Lektüre mit einer Attitüde derart zu lesen.

„Führung und Fiktion" ist keine Anleitung, kein Leitfaden, kein Rezeptbuch für Leadership. Es ist eine Einladung. Eine Aufforderung, Führung neu zu denken – radikal, menschlich und nachhaltig. Inspiriert von den Worten und Welten derer, die nicht nur geredet haben, sondern tatsächlich etwas zu sagen hatten.

---

[4] Ich nutze die *„Oblique Strategies"* im Business-Kontext seit vielen Jahren, etwa als Konfrontationsposter. Vgl. hierzu Ulrich Wirth: Wieviel New Work steckt in der Ausbildung von Gesundheitsfachberufen – Ein Erfahrungs- und Praxisbericht aus einer Universitätsklinik. In: Patrick Merke (Hrsg.): New Work in Healthcare. Die neue und andere Arbeitskultur im Gesundheitswesen. Berlin 2022, S. 145-152.

Vergessen Sie nie: Führung bedeutet nicht, alle Antworten zu haben, sondern den Mut, Fragen zu stellen und neue Wege zu gehen – auch wenn sie nicht immer klar sind. Oder gar gänzlich unbekannt, wie David Bowie zugab:

„I don't know where I'm going from here, but I promise it won't be boring."[5]

Und mal ehrlich, wer will schon langweilige Führung? Vielleicht stolpern Sie, aber wenigstens wird es ein verdammt spannender Sturz.

Colline de Sion-Vaudémont, den 18. Januar 2025, am 100. Geburtstag von Gilles Deleuze

Ulrich Wirth

PS:

Meine bessere Hälfte verdächtigt mich gerade, ich hätte meine Lesefrüchte und Hörerlebnisse recycelt, à la „Die 80er, die 90er und das Beste von heute". Ihr Urteil:

„A typical old white man thing."

(Sie ist 15 Jahre jünger und wir wechseln ins Englische, wenn wir uns charmant beleidigen, dann tut es nicht so weh.)

Vielleicht hat sie recht. Vielleicht auch nicht. Entscheiden Sie selbst.

---

[5]   So David Bowie in seiner Rede bei den *Brit Awards 1996*, als er mit dem *Outstanding Contribution to Music Award* ausgezeichnet wurde.

Führung und Fiktion

Was Leadership von Literatur, Subkultur und Pop lernen kann

1 Warum Literatur?

Die Verbindung von Führung und Fiktion

Literatur ist das ungeschönte Selfie der Menschheit – ungeschminkt, brutal ehrlich, oft peinlich. Sie hält uns einen Spiegel vor, in dem wir all das sehen, was wir lieber verdrängen würden: Macht, Verantwortung, Versagen. Und dann doch auch wieder Hoffnung, Wandel und diese zähe kleine Idee von Gemeinschaft.

Die großen Literat:innen der Moderne und Postmoderne – von Bertolt Brecht bis Virginia Woolf, von Richard Wagner bis Hannah Arendt – und die radikaleren Wortspielakrobaten der Jetztzeit – Annie Ernaux, Sibylle Berg, Marisha Pessl – erzählen keine netten Geschichten. Sie sezieren die Welt, sie legen unser Innerstes frei. Und ja, das tut weh. Aber wer führen will, braucht genau das: Schonungslose Einsichten in die Essenz des Menschseins.

Friedrich Hegel schrieb im 151. Athenäums-Fragment:

> *„Jeder hat noch in den Alten gefunden, was er brauchte, oder wünschte; vorzüglich sich selbst."*[6]

Literatur ist genau das: ein Spiegel, in dem wir nicht nur die Welt, sondern auch uns selbst erkennen – unsere Hoffnungen, Ängste und Widersprüche.

Führung ist heute eine Kunstform – oder sollte es zumindest sein. Weg von PowerPoint-Präsentationen und schablonenhaften Führungsmodellen. Hin zu Empathie, zu Kreativität und auch der Fähigkeit, Chaos zu umarmen. Literatur kann uns das lehren. Nicht

---

[6] Friedrich Schlegel: Athenäums-Fragmente (1798). In: Kritische Friedrich-Schlegel-Ausgabe. Hrsg. von Ernst Behler. Bd. 2: Charakteristiken und Kritiken I (1796 – 1801). München, Paderborn und Wien: Verlag Ferdinand Schöningh, 1967, S. 189.

mit Checklisten, *Standard Operating Procedures* oder putzigen Anekdoten, sondern mit einem gezielten Tritt in die Komfortzone.

20 unbequeme Wahrheiten über Leadership

Führung ist kein Management-Handbuch, das man auswendig lernt, um dann wie ein Uhrwerk oder ein Algorithmus zu funktionieren. Das mag zugleich der Unterschied zwischen Führung und Management sein.[7] Ein chaotischer, widersprüchlicher, mitunter ein schmerzhafter Prozess, das ist Führung. Sie verlangt mehr als Strategien und Methoden – sie verlangt Menschlichkeit. Und genau da kommen Literatur, Kunst und Musik ins Spiel.

Dieses Buch nimmt 20 zentrale Aspekte moderner Führung unter die Lupe – durch die Linse oder das Kaleidoskop von Literat:innen, Künstler:innen, Musiker:innen, Comic-Schöpfer:innen und Ikonen der Popkultur, die keine Angst vor den hässlichen Seiten des Lebens hatten. Jedes Kapitel greift einen dieser Aspekte auf und zeigt, wie wir durch die Augen großer Denker:innen und Kreativer neu auf das Thema Führung blicken können.

Persönlichkeit und Selbstführung

Führung beginnt immer bei einem selbst. Ohne Authentizität ist alles nur Schauspiel, ohne Selbstreflexion driftet man ins Lächerliche ab. Und ohne Resilienz? Nun ja, dann wird man spätestens beim nächsten Gegenwind weggeweht wie ein schlecht befestigtes Foliengewächshaus auf einer südwestpfälzischen Bruchwiese.

---

[7]   Diese Abgrenzung nimmt John P. Kotter vor: A Force For Change: How Leadership Differs From Management. New York: The Free Press, 1990.

- **Authentizität:** Bleiben Sie sich treu, auch wenn es einfacher wäre, eine Maske aufzusetzen.
- **Selbstreflexion:** Stellen Sie sich die harten Fragen, bevor andere es tun.
- **Resilienz:** Rückschläge sind keine Schande. Die Schande ist, nicht wieder aufzustehen.
- **Emotionale Intelligenz:** Wenn Sie keine Ahnung haben, was andere fühlen, ist Führung nur eine Simulation.

Kommunikation und Sprache

Sprache ist Macht. Wer klar kommuniziert, wird verstanden. Wer Geschichten erzählt, bleibt im Gedächtnis. Aber Vorsicht: Wer nur redet, ohne zuzuhören, wird irgendwann nicht mehr gehört.

- **Klarheit in der Sprache:** Kein Bullshit, keine Worthülsen. Sagen Sie, was Sie meinen.
- **Storytelling:** Menschen erinnern sich an Geschichten, nicht an Zahlen. Die meisten von uns jedenfalls.[8]
- **Kritikfähigkeit:** Feedback ist keine Bedrohung, sondern eine Gelegenheit – für beide Seiten.
- **Inspirierende Kommunikation:** Worte können Berge versetzen, sofern Sie sie mit Überzeugung aussprechen.

Macht und Verantwortung

Macht ist kein Geschenk. Sie ist eine Bürde. Und wer sie missbraucht, zerstört nicht nur andere, sondern auch sich selbst.

---

[8] Vgl. dazu Jerome Bruner: Actual Minds, Possible Worlds. Cambridge: Harvard University Press, 1986.

Verantwortung bedeutet, sich fortwährend den Konsequenzen des eigenen Handelns zu stellen.

- **Ethik und Verantwortung:** Entscheidungen, die nur für Sie gut sind, sind keine guten Entscheidungen.
- **Machtbewusstsein:** Wissen Sie, welche Dynamiken Sie erzeugen. Immer.
- **Integrität:** Wer predigt, muss auch danach handeln.
- **Konfliktmanagement:** Konflikte sind unvermeidlich. Die Frage ist nur, wie Sie damit umgehen.

Vision und Innovation

Die Welt braucht keine Verwalter, sondern Visionäre. Menschen, die den Mut haben, sich das Unmögliche vorzustellen – und es dann umzusetzen.

- **Visionäres Denken:** Sehen Sie über den Tellerrand hinaus. Und dann springen Sie – mit dem Fallschirm aus Erfahrung, Teamgeist und einer klaren Strategie, der Sie sanft landen lässt.
- **Kreativität:** Führung ist kein Copy-Paste-Job. Finden Sie Ihren eigenen Weg.
- **Change-Management:** Wandel ist keine Bedrohung, sondern eine Chance.
- **Mut zur Nonkonformität:** Die Welt verändert sich nicht durch Anpassung, sondern durch Rebellion.

Menschlichkeit und Gemeinschaft

Führung ist nicht der einsame Blick von oben. Führung bedeutet, sich auf Augenhöhe zu begeben und Brücken zu bauen.

- **Empathie:** Verstehen Sie, was andere bewegt. Sonst bewegen Sie niemanden.
- **Förderung von Diversität:** Unterschiedliche Stimmen machen den Chor stärker.
- **Gemeinschaftsbildung:** Teams sind keine Maschinen. Sie sind Netzwerke aus Menschen.
- **Demut:** Niemand hat alle Antworten. Geben Sie das zu – und hören Sie zu.

Warum dieses Buch eine Zumutung sein will

Führung ist erlernbar, wissen wir seit Fredmund Malik – und hätten wir wahrscheinlich schon seit Peter F. Drucker, Max Weber und Niccolò Machiavelli wissen können. Das ist die gute Nachricht.

Dieses Buch ist allerdings keine Anleitung. Es wird Ihnen nicht sagen, wie Sie bessere Führungskräfte werden. Das können andere viel besser – mit hübschen Grafiken, Bullet Points und – *beurk !* – diesen unvermeidlichen Tabellen.

Dieses Buch ist auch kein Ratgeber. Denn ehrlich, wenn Sie einen brauchen, haben Sie wahrscheinlich schon verloren.

Es ist keine *„How-to"*-Liste, die Sie Schritt für Schritt an die Spitze des Erfolgs führen soll – was auch immer das in Ihrer, so nennt es meine Frau sarkastisch, *„fancy little world"* bedeuten mag.

Nope. Dieses Buch ist eine Zumutung. Eine Provokation. Ein Schlag ins Gesicht der Konventionen.

Es ist eine Einladung, Ihre Vorstellungen von Führung zu zertrümmern und auf den Scherben etwas Neues zu bauen. Etwas Radikales. Etwas Menschliches. Vielleicht sogar etwas Literarisches. Etwas, das den Mut hat, unperfekt zu sein und trotzdem zu bestehen.

Seien Sie gewarnt: Dieses Buch wird Sie nicht mit warmen Worten trösten oder Ihnen Sicherheit geben. Es wird Sie irritieren, verwirren und, wenn wir Glück haben, ein wenig wachrütteln. Es wird Ihnen den Spiegel vorhalten, in dem Sie sich vielleicht nicht gefallen werden. Denn wahre Führung beginnt immer dort, wo die Angst vor dem Unbekannten endet – und der Mut, das Altbekannte zu zerstören, anfängt.

Führung ist eine ethische, gesellschaftliche Praxis, die Mut, Reflexion und zuweilen ein bisschen Genius, *„Scenius"* oder gar Wahnsinn erfordert. Es ist die Kunst, im Wirrwarr Orientierung zu finden und anderen den Raum zu geben, ihre eigene Größe zu entdecken.

Wenn Sie das jetzt schon verstörend finden, dann lassen Sie es besser sein. Aber wenn Sie neugierig sind, vielleicht sogar ein bisschen verzweifelt, dann lesen Sie weiter. Und lassen Sie sich darauf ein, dass Veränderung immer zuerst weh tut. Sie ist der Schmerz, der zeigt, dass noch Leben in den Gliedern ist.

Und wenn Sie dann am Ende dieses Buches das Gefühl haben, dass Führung mehr ist als Meetings und KPIs, dann war es die Zeit wert. Wenn nicht, na ja, dann haben Sie zumindest etwas anderes gelesen als die üblichen Management-Plattitüden. Vielleicht war es unbequem, aber manchmal braucht es genau das, um wach zu werden.

Das ist doch auch was.

2 Metaebene gefällig? Warum Literatur Führung auf den Kopf stellt

Die Verbindung von Literatur und Leadership. Klingt wie ein schlechter Witz oder der Titel einer intellektuellen [sic] Netflix-Doku. Management-Meetings treffen auf Kafka, Controlling-Dashboards auf Dostojewski, Leadership-Coachings auf Marina Abramović. Absurder Gedanke, oder? Vielleicht mit Ausnahme von Abramović. Und doch – genau diese absurde Verbindung birgt ein Potenzial, das jenseits von Flipcharts und KPI-Bingo liegt.

Literatur ist das Gegenteil von dem, was Führung oft zu sein scheint: keine Bullet Points, keine schnellen Lösungen, keine einfachen Antworten. Sie ist Chaos, Schönheit, Tragik und manchmal ein tiefes *„Oh Mensch!"* – geseufzt, gejubelt –, das uns daran erinnert, wie unfassbar kompliziert wir alle sind. Genau das, was Führungskräfte dringend brauchen, aber oft nicht zugeben wollen: die Fähigkeit, das Komplexe auszuhalten und das Unsichtbare zu sehen.

Der ungewöhnliche Dialog zwischen Führung und Fiktion

Dieser Dialog ist kein netter Smalltalk. Er ist unbequem. Literatur fordert uns auf, tiefer zu graben, die ungeschönten Abgründe anzuschauen und dabei nicht die Orientierung zu verlieren. Denn Führung – echte Führung – passiert nicht in Excel-Tabellen, sondern an der Schnittstelle zwischen Vision und Menschlichkeit.

Was bringt uns die Literatur dabei? Sie erinnert uns daran, dass Führung keine reine Zahlenangelegenheit ist, sondern zutiefst menschlich, allzu menschlich ist. Sie gibt uns keinen Fahrplan, sondern einen Spiegel, der zeigt, wie hässlich oder wie großartig wir als Führungskräfte wirklich sein können.

Der Dialog zwischen Führung und eröffnet Räume, in denen Empathie, Vision und Reflexion kultiviert werden – jene Qualitäten, die jenseits von KPIs und Rationalisierungsmodellen das Fundament guter Führung bilden.

Literatur als Reflexionsraum für Führung

Vergessen wir den verklärten Blick auf Literatur als kulturelles Erbe. Literatur ist ein Muay Thai Ring für die Seele – ein Ort, an dem Konflikte ausgetragen, Wunden offenbart und Heilung gesucht wird. Unerlaubte Tiefschläge. Teichoskopie, Rede und Gegenrede, Schauspieler und Chor. Geschichten, Gedichte, Theaterstücke und selbst Comics schlagen uns Fragen um die Ohren, die wir im hektischen Führungsalltag oft nicht stellen:

- Was bedeutet Verantwortung wirklich?
- Was passiert, wenn Ideale auf harte Realität treffen?
- Wie verändert Verantwortung mich als Menschen?
- Wie gehe ich mit Loyalität um, wenn sie mit meinen Werten kollidiert?
- Wie gehe ich mit Macht um, ohne mich selbst zu verlieren?
- Wie viel Selbstaufgabe ist gerechtfertigt, um das Wohl anderer zu sichern?
- Was passiert, wenn Wandel nicht die Antwort, sondern die einzige Konstante ist?

Literatur zwingt uns, innezuhalten. Sie schreit uns an:

> *„Denk nach! Schau hin! Trau dich, tiefer zu gehen, als es die nächste Team-Building-Maßnahme verlangt."*

Literatur vs. Leadership

Dieser Gegensatz ist der Punkt, an dem es spannend wird. Poesie erfordert mehr Mut als ein Businessplan. Literatur bringt etwas mit, das Führung oft fehlt: Tiefe, Perspektivenvielfalt, Ambiguität. Sie ergänzt Leadership auf mindestens acht Ebenen:

- **Komplexität lieben lernen:** Während Führung oft die schnelle Antwort sucht, zeigt Literatur, dass es keine Antworten gibt. Nur Fragen. Und noch mehr Fragen.

- **Moralischer Spiegel:** Literatur hält der Führung ein hässliches, aber ehrliches Spiegelbild vor: Deine Werte sind verstaubt *hust*, höchste Zeit, sie zu überdenken.

- **Gefühle, hallo?!:** Empathie und emotionale Intelligenz – zwei Dinge, die in den meisten Führungsetagen wie Einhörner wirken. Literatur sagt: Schau mal, so geht das.

- **Radikale Klarheit:** Literatur wirft alles Unnötige raus. Kein Bullshit, keine Phrasen. Nur das Wesentliche bleibt. Führung könnte das auch mal probieren.

- **Geschichten, die bleiben:** Führung braucht Narrative, aber welche, die nicht nach PowerPoint klingen. Literatur hat diese Geschichten. Du musst nur zuhören.

- **Widersprüche als Kunst:** Schwarz und Weiß sind langweilig. Literatur tanzt in den Grautönen. Führung? Könnte auch mal die Tanzschuhe anziehen.

- **Menschen verstehen, wirklich:** Literatur als Kurs in Menschlichkeit. Führung? Soll Menschen führen, aber versteht sie oft nicht mal.

- **Andere Welten sehen:** Literatur nimmt dich mit, raus aus deinem kleinen Büro. Rein in andere Kulturen, Zeiten, Leben. Führung bleibt oft am Schreibtisch kleben.

Literatur und Leadership stehen nicht im Widerspruch, sondern im Dialog. Sie könnten zusammen eine spannende Party feiern. Wenn Führung mal den Anzug auszieht und Literatur das Drama etwas runterschraubt. Aber genau das ist der Punkt: Ohne diesen Clash bleibt es langweilig. Und langweilig kann wirklich jeder.

Der rote Faden: Menschlichkeit als Essenz der Führung

Die Aspekte moderner Führung, die in diesem Buch vorgestellt werden, könnten unterschiedlicher nicht sein, und doch verbindet sie ein roter Faden: Menschlichkeit.

- **Persönlichkeit und Selbstführung:** Authentizität ist kein Luxus, sondern die Grundlage. Ohne innere Klarheit bleibt Führung bedeutungslos.
- **Kommunikation und Sprache:** Worte sind entweder Waffen oder Werkzeuge. Die Wahl liegt bei Ihnen.
- **Macht und Verantwortung:** Führung ist stets eine Frage des Gewissens – nicht der bloßen Position.
- **Vision und Innovation:** Wandel verlangt Mut. Und manchmal ein Quäntchen Wahnsinn.
- **Menschlichkeit und Gemeinschaft:** Wahre Führung endet, wo Empathie aufhört.

Mit diesen 20 Prinzipien fordere ich Sie heraus, Führung jenseits der konventionellen Leitplanken zu verstehen – als eine Praxis, die auf Menschlichkeit und Mut gründet.

Literatur als Chaosgenerator: Inspiration statt Anleitung

Literatur ist großartig. Aber hier eine Warnung: Sie ist keine Bedienungsanleitung. Sie gibt keine Lösungen, sie stellt Fragen. Sie ist keine Checkliste, sondern ein Chaosgenerator. Und genau darin liegt ihr Wert.

Wer versucht, Literatur zu instrumentalisieren, macht aus meiner Sicht einen fatalen Fehler. Wer sie auf Management-Ratgeber-Niveau herunterbricht, degradiert Gottfried Benn zu einem (De-) Motivationsposter im Großraumbüro:

„Wir alle leben etwas anderes als wir sind."[9]

Und das wäre, gelinde gesagt, eine Katastrophe. Wobei... ich muss zugeben, dieses Zitat in einem Dilbert'schen Großraumbüro würde meinen Sinn für schwarzen Humor durchaus treffen. Aber das ist eine andere Geschichte.

Literatur will mehr. Sie will uns irritieren, provozieren und vielleicht ein bisschen quälen. Sie zwingt uns, das Unbestimmte zu akzeptieren, den Raum für Interpretationen zu erweitern und das Gewohnte zu hinterfragen.

Natürlich, es klingt verlockend, literarische Motive in den Dienst der Führung zu stellen: *„Nutzen Sie Hamlet, um Konflikte zu moderieren!", „Was Goethe über Telearbeit wusste.", „Versäume nimmer eine treffliche Krise – Was der Abenteuerliche Simplicissimus Teutsch über Krisenmanagement lehrt."* oder *„Wie E. M. Cioran Ihnen hilft, die Kunst des Loslassens zu meistern."*

Aber wer so denkt, verpasst den Kern der Sache. Literatur ist kein funktionales Werkzeug, das man beliebig einsetzen kann. Ihre Kraft

---

[9] Gottfried Benn: Der Ptolemäer. Wiesbaden: Limes-Verlag, 1949, S. 97.

liegt in ihrer Vielschichtigkeit, in ihrer Weigerung, auf einfache Antworten reduziert zu werden. Wie Franz Kafka schrieb:

> *„Ein Buch muss die Axt sein für das gefrorene Meer in uns."*[10]

Literatur will aufbrechen, nicht anleiten; inspirieren, nicht vorschreiben.

Ihre wahre Stärke? Sie vermag offensichtlich Eisdecken zu öffnen. Und Räume. Räume, in denen wir nicht die nächste clevere Strategie entwickeln, sondern uns selbst begegnen.[11] Wo wir nicht Antworten finden, sondern lernen, mit Widersprüchen zu leben. Führung ist schließlich keine präzise Wissenschaft. Es ist eine Kunst – oder zumindest sollte es das sein. Eine Kunst, die Platz für Interpretationen lässt. Für Fehler. Für alles, was nicht in Flussdiagramme passt. Wer Literatur wirklich, wirklich ernst nimmt, wird eines schnell merken: Sie ist ein Spiegel. Eine Disruptionsquelle. Und die zeigt nicht immer, was wir sehen wollen. Aber genau das macht sie so wertvoll.

Ein kurzer Moment des Bedauerns

Dieses Buch hätte natürlich weitergehen können. Literatur bietet genug Stoff, um bis ans Ende aller Tage über Führung zu schwadronieren. Aber irgendwer muss irgendwann Schluss machen, also wurden Grenzen gezogen. Harte Schnitte, harte Entscheidungen.

---

[10]   Franz Kafka: Franz Kafka, Brief an Oskar Pollak, 27. Januar 1904. In: Franz Kafka: Briefe 1902–1924. Herausgegeben von Max Brod. Frankfurt am Main: Fischer Taschenbuch Verlag, 1983, S. 27.

[11]   Was gefährlich nah an Selbsterfahrung ist: Achim Schütz: Leadership und Führung. Systemisch-Lösungsorientierte Handlungsoptionen für das Krankenhaus. Stuttgart: Verlag W. Kohlhammer, 2016, S. 210f.

Das bedeutet:

- Keine Judith Schalansky, die den Verlust mit kartografischer Präzision vermessen hätte. Die gezeigt hätte, dass Führung bedeutet, das Unwiederbringliche anzuerkennen und darin Raum für neue Geschichten zu finden. Schalansky würde uns davon überzeugt haben, dass jeder Verlust ein leises Echo ist, das nach Sinn ruft.
- Kein Michel Houellebecq, der mit seinem bitteren, fast zynischen Blick auf die Welt uns gelehrt hätte, dass Führung oft bedeutet, die düstere Realität anzunehmen. Dass wahre Einsicht nicht in leeren Idealen, sondern in der Konfrontation mit der Desillusion liegt. Houellebecq, der uns gezeigt hätte, wie man in einer Welt voller Widersprüche nicht nur überlebt, sondern klarer sieht.
- Kein France Prešeren, der slowenische Nationaldichter, dessen Verse so bittersüß nach Widerstand und Hoffnung riechen, dass man sich fast in ihnen verlieren möchte. Und durch den ich, wäre ich kultivierter, bei meiner slowenischen Frau hätte glänzen können. Aber nein, statt Prešeren bleibt mir nur, mit Rumi und Laibach zu punkten. Eine Esoterik-Ikone und eine Band mit einer Bühnenpräsenz, die irgendwo zwischen Diktatoren-Karaoke und Performance-Kunst liegt. Es ist nicht Prešeren, aber vielleicht reicht es.
- Keine Rebecca Solnit, deren scharfer Blick die Verbindungen zwischen Macht und Widerstand offengelegt hätte. Führung bedeutet nicht, alles zu wissen, sondern Widersprüche auszuhalten. Wahre Stärke zeigt sich in der Offenheit für das, was kommt, und das, was möglich ist.
- Kein Arno Schmidt, der mit seinem wortverliebten, schlingernden Denken Führung als zähe, aber lustvolle Zumutung

skizziert hätte – ein wildes Labyrinth aus Bedeutungen, wo jeder klare Gedanke von einem Halbschatten flankiert wird. Führung, so hätte er vielleicht gesagt, ist der verzweifelte Versuch, aus einem Gewebe von Bruchstücken eine Struktur zu zwingen – nur um im nächsten Moment lustvoll zu beobachten, wie alles wieder in sich zusammenstürzt. Ordnung? Vielleicht. Aber nur als Nebenprodukt des Chaos, niemals als Ziel.

- Keine Rachel Cusk, die mit schonungsloser Präzision jede Illusion von Harmonie zerschlagen hätte. Sie hätte uns gezeigt, dass Führung kein bequemer Pakt mit sich selbst ist, sondern ein ständiger Abriss der eigenen Komfortzone. Cusk, die uns gelehrt hätte, dass wahre Autorität im Aushalten der Zerbrechlichkeit liegt – im Ertragen der Widersprüche, die andere meiden. Führung, so hätte sie vielleicht gesagt, ist kein weiches Kissen, sondern eine scharfe Kante, an der man sich schneidet, um klarer zu sehen.

- Kein George Orwell, der uns mit seiner schneidenden Klarheit die Mechanismen der Macht und Manipulation offenlegt. Der gezeigt hätte, dass Führung nicht darin besteht, Kontrolle auszuüben, sondern Verantwortung zu übernehmen – selbst unter dem wachsamen Auge eines Großen Bruders. Orwell hätte gewusst, dass wahre Führung darin liegt, die Wahrheit zu schützen, auch wenn sie unbequem ist, und dass Freiheit immer mit dem Mut beginnt, den ersten Gedanken gegen den Strom zu denken.

- Keine Judith Hermann, die mit ihrer leisen, präzisen Melancholie die Zwischenräume des Lebens ausgelotet hätte. Sie hätte uns gezeigt, dass Führung nicht in großen Gesten liegt, sondern in den stillen Momenten, in denen Entscheidungen reifen. Hermann, die uns gelehrt hätte, dass Stärke nicht immer laut ist, sondern oft im Zögern liegt – in der Akzeptanz, dass nicht jede Frage eine Antwort braucht, und dass Unvollkommenheit eine eigene Schönheit hat.

- Kein Christian Kracht, der mit kühler Präzision die Leere hinter der Fassade offengelegt hätte. Der gezeigt hätte, dass Führung nicht im Aufrechterhalten von Illusionen liegt, sondern im Mut, sie einzureißen, und dass Stil keine Flucht ist, sondern eine Waffe gegen Selbstbetrug.

- Kein Kim de l'Horizon, der mit einer Sprache, die irgendwo zwischen Experiment und Exzess balanciert, hätte zeigen können, wie man Grenzen nicht nur überschreitet, sondern sie dabei gleich mit in Frage stellt – ohne je zu klären, ob das überhaupt nötig war.

- Kein Jean Anthelme Brillat-Savarin, der uns gezeigt hätte, dass Führung oft in der Kunst des Genusses und des guten Geschmacks liegt. Der uns daran erinnert hätte, dass wahre Größe manchmal darin besteht, das Leben mit allen Sinnen zu feiern – und dass Führungsstärke genauso durch die kleinen Freuden wie durch die großen Entscheidungen genährt wird.

- Und kein Nick Cave, der uns mit seiner dunklen Poesie hätte beibringen können, wie man durch Abgründe schreitet, auch sehr persönliche, ohne sich selbst zu verlieren. Der uns gezeigt hätte, dass Führung manchmal bedeutet, den Schmerz auszuhalten, ihn zu transzendieren und eine neue Tiefe in der Verbindung zu anderen zu finden.

Zack, und schon wären wieder zwölf Kapitel zusammengekommen! Ein Verlust? Mehr oder weniger. Ein Drama? Wohl kaum. Das Leben ist ja auch kein perfekter Plot, sondern ein Flickenteppich aus Zufällen: Voller Lücken, voller unerzählter Geschichten. Manchmal passt was zusammen, meistens nicht. Und trotzdem stolpern wir weiter. Elegant ist anders, aber hey – es funktioniert. Irgendwie.

Fazit: Literatur – Die menschlichere Brille auf Leadership

Führung, die wirklich etwas verändert, braucht Mut. Den Mut, Komplexität zuzulassen. Den Mut, Unsicherheit zu akzeptieren. Und den Mut, immer wieder zu hinterfragen, was wir tun – und warum. Die Verbindung von Literatur und Leadership ist unbequem, herausfordernd und manchmal frustrierend. Aber genau darin liegt ihr Wert. Sie schafft Räume, in denen Führung nicht als feststehendes Konzept erscheint, sondern als dynamischer, vielschichtiger Prozess, der uns immer wieder überrascht. Diese Räume sind Möglichkeitsräume: wilde, chaotische Biotope, in denen Ideen wuchern wie Unkraut, und Perspektiven auftauchen, die keiner bestellt hat, aber plötzlich da sind und alles auf den Kopf stellen.

Literatur ist unbequem, aber ehrlich. Sie zeigt uns nicht, was wir sehen wollen, sondern was wir sehen müssen. Sie zwingt uns, uns mit uns selbst auseinanderzusetzen – ohne Rücksicht, ohne Filter. Führung ist kein Produkt, sondern ein Prozess. Wer diesen Prozess vermeiden will, mag in den immergleichen Strategien der Businesswelt Schutz suchen, wird aber den Kern der Sache verfehlen: die Menschlichkeit. Es gibt keine Abkürzungen. Weder im Leben noch in der Literatur, erst recht nicht in der Führung. Alles, was Tiefe hat, braucht Zeit, Zweifel und oft auch einen gewissen Schmerz.

Literatur fordert uns heraus, anders zu denken. Sie erinnert uns daran, dass Leadership keine sterile Technik ist, sondern eine zutiefst menschliche Praxis, durchzogen von Werten, Emotionen und Geschichten. Sie öffnet eine neue Perspektive, die Reflexion, Komplexität und Menschlichkeit in den Mittelpunkt stellt. Gerade zu Beginn des 21. Jahrhunderts, welches von Unsicherheit, Ambiguität und schnellem Wandel geprägt ist, bietet Literatur Führungskräften nicht die eine Antwort – sondern eine Einladung, die richtigen Fragen zu stellen und die eigenen Annahmen zu hinterfragen. Literatur ist kein weichgespültes Selbstoptimierungsmantra, sondern ein Spiegel, der uns unsere Abgründe zeigt – und dabei leise flüstert:

> *„Schau hin, das bist auch du. Mach was draus, oder lass es bleiben."*

Der Dialog zwischen Literatur und Führung ist keine Komfortzone. Er fordert dazu auf, Führung als fortlaufenden, offenen Prozess zu verstehen, der nie abgeschlossen ist und der seine Tiefe oft gerade in den Widersprüchen und Unsicherheiten findet. Oder, um es mit Antonio Machado zu sagen:

> *„Wanderer, es gibt keinen Weg, der Weg entsteht im Gehen."*[12]

Leadership bedeutet, diesen Weg zu gestalten – mit allen Sackgassen, Umwegen und Stolpersteinen. Ein fremder Pfad mag in der Businesswelt von heute nicht sofort schlimm sein, aber er ist selten der eigene. Und wer nicht weiß, wofür er geht, wird schnell zum Mitläufer – ein Problem in einer Zeit, die Führungspersönlichkeiten braucht, die Orientierung und Authentizität bieten.

---

[12] Aus dem Gedicht XXIX von Antonio Machado: Campos de Castilla – Kastilische Landschaften. Hrsg. von Fritz Vogelgsang. Zürich: Ammann Verlag, 2001.

Die 20 Aspekte moderner Führung

Von Charles Bukowski bis Albert Camus

3   Die 20 Aspekte moderner Führung

Führung ist ein Chaos. Kein hübsch sortiertes Regal voller Werkzeuge, sondern ein wildes, widersprüchliches Durcheinander aus Persönlichkeit, Verantwortung, Kommunikation und der Fähigkeit, Visionen zu spinnen, die eine Gemeinschaft tragen können. Und genau das macht es so kompliziert. In einer VUCA-Welt – Volatilität, Unsicherheit, Komplexität, Ambiguität – gibt es keine einfachen Lösungen mehr. Kein Handbuch, kein PowerPoint-Schema, das den Überblick verschafft. Führung ist ein Tanz am Abgrund, ein ständiges Hinterfragen und manchmal einfach nur der Versuch, im Dunkeln den nächsten Schritt zu finden.

Führung ist nicht das Verwalten von Menschen, sondern das Entwickeln von Menschen. Ein netter Gedanke, bis man merkt, dass Menschen chaotisch sind. Sie lassen sich nicht managen, sie müssen inspiriert werden – und zwar in einer Welt, die sich schneller verändert, als wir nachdenken können. Fredmund Malik hat recht: Es geht nicht um Ressourcen, es geht um Menschen. Aber das macht es nicht einfacher.

Brené Brown fügt eine unbequeme Wahrheit hinzu:

> *„Vulnerability is not winning or losing; it's having the courage to show up and be seen when we have no control over the outcome."*[13]

Schön gesagt, oder? Aber was sie wirklich meint, ist: Zeig deine Schwächen, sonst wirst du nie echte Verbindungen aufbauen. Schwächen zeigen – in einer Welt, die Stärke um jeden Preis verlangt? Mutig. Aber notwendig. Mit Würde und Mut zu leben, menschlich zu sein.

---

[13]   Brené Brown: Daring Greatly. New York: Penguin, 2012, S. 49.

Und dann ist da Adam Grant mit einer scheinbar simplen Idee:

„Good leadership is not about having the answers. It's about having the courage to ask the questions."[14]

In einer Zeit, in der jeder erwartet, dass Führungskräfte Lösungen liefern, dreht Grant den Spieß um. Fragen stellen statt Antworten geben. Raum schaffen für Unsicherheiten. Klingt einfach, ist aber die schwerste Aufgabe von allen.

Die 20 Aspekte moderner Führung, die hier vorgestellt werden, sind keine To-Do-Liste. Sie sind der vielzitierte Werkzeugkasten voller Widersprüche, inspiriert von der Literatur, die uns lehrt, dass Führung nichts Statisches ist. Führung ist ein Prozess. Ein chaotischer, wunderschöner, frustrierender Prozess, der niemals abgeschlossen ist.

Persönlichkeit und Selbstführung

- **Authentizität:** Charles Bukowski erinnert uns daran, dass Echtheit stärker ist als jede perfekte Fassade. Führungskräfte, die echt sind, inspirieren ihre Teams durch ihre Menschlichkeit.
- **Selbstreflexion:** Günter Eichs *„Inventur"* zeigt uns, wie wichtig es ist, die eigenen Werte zu hinterfragen: *„Dies ist meine Mütze, dies ist mein Mantel, hier mein Rasierzeug im Beutel aus Leinen."*[15] Reflexion ist kein Luxus, sondern ein Überlebenswerkzeug für Integrität.

---

14   Adam Grant: Think Again: The Power of Knowing What You Don't Know. New York: Viking, 2021, S. 67.

15   Günter Eich: Inventur. In: ders.: Abgelegene Gehöfte. Frankfurt am Main: Schauer, 1948, S. 38-39, hier S. 38.

- **Resilienz:** Ernst Jünger lehrt in *„In Stahlgewittern"*, dass Krisen die innere Haltung formen. Klarheit und Standhaftigkeit in Extremsituationen machen den Unterschied.
- **Emotionale Intelligenz:** Wer menschlich ist, führt nachhaltig. Bertolt Brecht zeigt, wie Empathie und der Mut zu Emotionen Führung stark machen.

Kommunikation und Sprache

- **Klarheit in der Sprache:** Annie Ernaux schafft Orientierung durch präzise Worte. Ihre klare Sprache hinterlässt Spuren, die bleiben.
- **Storytelling:** Richard Wagner beweist, dass Geschichten Macht haben. Sie machen Visionen lebendig, die Menschen inspirieren können: Im Innersten der Kunst lebt die Vision.
- **Kritikfähigkeit:** Brecht erinnert uns, dass Kritik der Motor des Fortschritts ist. Führungskräfte müssen Räume schaffen, in denen Kritik nicht als Angriff, sondern als Wachstum verstanden wird.
- **Inspirierende Kommunikation:** Worte können Emotionen wecken und Teams motivieren, wenn sie ehrlich und kraftvoll sind: *„Your life is your life. Don't let it be clubbed into dank submission."*[16] Wir sind gespannt, Charles Bukowski.

---

[16] Charles Bukowski: The Laughing Heart. In: ders.: Betting on the Muse: Poems and Stories. Santa Rosa: Black Sparrow Press, 1996, S. 17.

Macht und Verantwortung

- **Ethik und Verantwortung:** Macht ist nur dann legitim, wenn sie ethisch reflektiert ist, so Hannah Arendt: *„Macht entspringt der menschlichen Fähigkeit, nicht nur zu handeln oder etwas zu tun, sondern sich mit anderen zusammenzuschließen und im Einvernehmen mit ihnen zu handeln."*[17]

- **Machtbewusstsein:** Michel Foucault und Max Weber stehen für zwei fundamentale Perspektiven auf Macht: Foucault enthüllt, wie unsichtbare Netzwerke und Diskurse Macht subtil steuern, während Weber auf klare Strukturen und Legitimität setzt, um Handlungsfähigkeit zu sichern. Gareth Morgan bringt beide Ansätze zusammen und zeigt, dass Führungskräfte Macht nicht nur analysieren, sondern auch als dynamisches, lebendiges System bewusst nutzen müssen.

- **Integrität:** Thomas Manns Werke verdeutlichen, dass die Übereinstimmung zwischen Worten und Taten die Grundlage für Vertrauen und Glaubwürdigkeit bildet: *„Man muss meinen, was man sagt – und so handeln."*[18] Eine klare Werteorientierung und konsequentes Handeln stärken sowohl Führungspersönlichkeiten als auch ihre Organisationen.

---

[17] Hannah Arendt: Macht und Gewalt. 14. Auflage. München: Piper Verlag, 2000, S. 45.

[18] Vgl. dazu Fredmund Malik: Führen Leisten Leben Wirksames Management für eine neue Zeit. Frankfurt am Main und New York: Campus Verlag, 2013, S. 35.

- **Konfliktmanagement:** Juli Zeh versteht Konflikte als Katalysatoren für Reflexion, Veränderung und Innovation. Sie sind unvermeidlich und entstehen oft aus unterschiedlichen Wahrnehmungen: *„Jeder Mensch bewohnt ein eigenes Universum, in dem er von morgens bis abends recht hat."*[19]

Vision und Innovation

- **Visionäres Denken:** Richard Wagner zeigt, dass große Ideen Generationen prägen können. Führungskräfte brauchen Mut, solche Visionen zu entwickeln.
- **Kreativität:** Lewis Carroll erinnert uns daran, dass Chaos und *Querdenken* – im präpandemischen Sinne – zu innovativen Lösungen führen können: *„weiter zurückzugehen ist sinnlos, weil ich da noch ein jemand anderer war."*[20]
- **Change-Management:** Veränderungen erfordern narrative Klarheit, so Marisha Pessl, um Orientierung und Sinn zu stiften. Führungskräfte sollten Wandel als Gelegenheit nutzen, eine verbindende Geschichte zu schaffen, die sowohl die Vergangenheit integriert als auch die Zukunft gestaltet.

---

[19]   Juli Zeh: Unterleuten. München: Luchterhand 2016, S. 630.

[20]   Im Original: *„It's no use going back to yesterday, because I was a different person then."* Lewis Carroll: Das literarische Gesamtwerk. Buch II: Alice im Wunderland. Erzählungen und Gedichte. Hrsg. von Jürgen Häusser. Köln: Parkland Verlag 2003, S. 621.

- **Mut zur Nonkonformität:** Allen Jones verdeutlicht, dass wahre Innovation durch den Mut entsteht, bestehende Strukturen infrage zu stellen und unkonventionelle Wege zu gehen. Sein Zitat *„I wanted to offend the canons of accepted worth in art"*[21] inspiriert Führungskräfte, Normen zu hinterfragen, Risiken einzugehen und authentisch zu handeln – auch wenn der Weg auf Widerstand stößt.

Menschlichkeit und Gemeinschaft

- **Empathie:** Virginia Woolf lehrt, dass das Verstehen der Perspektiven anderer die Basis für menschliche und erfolgreiche Führung ist: *„A room of one's own... is where empathy begins."*[22]
- **Förderung von Diversität:** Hilde Domin zeigt, dass Vielfalt eine Bereicherung ist. Unterschiedliche Hintergründe schaffen neue Perspektiven.
- **Gemeinschaftsbildung:** Ingomar von Kieseritzky verdeutlicht, dass echte Gemeinschaft nicht aus Gleichförmigkeit, sondern aus Gegensätzen erwächst. Chaos ist dabei kein Hindernis, sondern die Quelle, aus der Einheit entsteht.

21   Mark Hudson: Allen Jones, „The thing about eroticism is that it forces a response". In: The Daily Telegraph (07.11.2014). Online im WWW: https://www.telegraph.co.uk/culture/art/11212821/Allen-Jones-The-thing-about-eroticism-is-that-it-forces-a-response.html [Datum des Zugriffs: 2024-12-30].
22   Virginia Woolf: A Room of One's Own. Chichester: John Wiley & Sons, 2021.

- **Demut:** Schließlich Albert Camus, für den Führung keine Machtposition, sondern eine Dienstleistung ist, die Menschlichkeit und Respekt erfordert: *„Der Kampf selbst gegen Gipfel vermag ein Menschenherz auszufüllen."*[23]

Führung ist keine Kunst der Perfektion, sondern der ständigen Auseinandersetzung – mit sich selbst, mit anderen und mit einer Welt, die sich schneller dreht, als wir begreifen können. Die 20 Aspekte moderner Führung sind keine Antworten, sondern Fragen, die immer wieder neu gestellt werden müssen.

Es geht darum, Möglichkeiten zu gestalten, statt Regeln zu befolgen. Führung ist ein Tanz auf dünnem Eis, bei dem Scheitern unvermeidlich ist – aber genau darin liegt auch die Chance, zu wachsen und zu inspirieren. Nicht unfehlbar, aber menschlich. Und vielleicht ist genau das die wahre Kunst der Führung.

Brecht, Camus, Wagner & Bukowski tauchen gleich zweimal auf?

Natürlich, wer sonst? Sie könnten jetzt einwenden: Ja, der Typ hat wohl einfach keine anderen Bücher im Regal, oder schlimmer noch, nur diese vier Autoren auf immer gleichen Leselisten aus zweifelhaften Feuilletonempfehlungen.

Mitnichten.

Es geht nicht um Auswahl, es geht um Gravitation. Manche Namen haben diese unerklärliche Schwerkraft, ziehen immer wieder in den

---

[23]   Albert Camus: Der Mythos des Sisyphos. 6. Aufl. Reinbek: Rowohlt, 2004, S. 160.

Text zurück, egal wie sehr man sich dagegen wehrt:

- Bert Brecht, weil Führung bedeutet, die Regeln zu kennen – und sie zu brechen, wenn es die Situation erfordert. Brecht wusste, wie unbequem Wahrheiten sein können – und wie wichtig.
- Albert Camus, weil das Absurde uns erst die Klarheit schenkt, zu führen, ohne sich zu belügen. Das Absurde ist keine Last, sondern ein Kompass für mutige Entscheidungen.
- Richard Wagner? Drama. Pathos. Eskalation. Und genau das braucht Leadership – immer. Große Gesten sind keine Schande, solange sie echt sind.
- Charles Bukowski, weil er uns zeigt, dass auch ein Anführer die Kunst beherrschen muss, unterzugehen, ohne dabei lächerlich auszusehen.

Leadership ist ein verdammt großer Raum. Aber Brecht, Camus, Wagner und Bukowski sind die Möbel darin. Klar, es gibt andere, aber diese vier? Die stehen da fest wie ein Eames Chair.

4 Persönlichkeit und Selbstführung

4.1 Authentizität: Die Fähigkeit, sich selbst treu zu bleiben

Charles Bukowski – Authentizität und Imperfektion

Charles Bukowski. Ein Name, der nach Zigarettenrauch, schalen Drinks und einem Leben klingt, das nie durchgestylt war. Authentisch bis zum Schmerz, ein Mann, der in keiner Führungskräfte-Schulung als Vorbild auftauchen würde – und genau deswegen das perfekte Beispiel für authentische Führung ist. Seine Protagonisten, ob Henry Chinaski, Matthias, Jack oder einer seiner anderen Alter Egos, zeigen das Leben ungeschönt: keine Heldengeschichten, nur der Alltag – roh, schmutzig, ehrlich.

Seine Philosophie? Sie lässt sich in einem einzigen Satz aus *„The Laughing Heart"* zusammenfassen:

> *„Your life is your life. Don't let it be clubbed into dank submission. [...] There is light somewhere. It may not be much light but it beats the darkness."*[24]

Bukowski zeigt uns, dass Authentizität nicht bedeutet, perfekt zu sein. Es bedeutet, echt zu sein – mit allen Fehlern, Schwächen und Abgründen. Für Führungskräfte mag das auf den ersten Blick wenig attraktiv wirken. Wer will schon Schwäche zeigen? Aber ist nicht genau das der Schlüssel? Menschen folgen keinem glitzernden Übermenschen, sondern jemandem, der sie in ihrer Realität abholt.

---

[24]   Vgl. dazu Anm. 16.

Übertragung auf Leadership

Echtheit als Stärke

Eine Führungskraft, die sich verstellt, ist wie ein schlechter Schauspieler: Das Publikum merkt es. Authentizität schafft Vertrauen, weil sie zeigt: *„Ich bin auch nur ein Mensch."* Bukowskis Helden sind keine perfekten Vorbilder – aber sie sind ehrlich. Sie stehen zu ihren Schwächen und kämpfen trotzdem.

Vertrauen durch Imperfektion

Wann immer mir meine Frau spiegelt, dass ich mich selbst zu ernst nehme oder meine eigenen Ansprüche manchmal übertreibe, nennt sie mich *„Mr. Perfect"*. Dabei denkt sie gar nicht an den gleichnamigen Wrestler, sondern an die Unvollkommenheit, die uns menschlich macht. Perfektion ist nicht nur unerreichbar, sie ist auch langweilig. Eine Führungskraft, die ihre Fehler zugibt, wird nahbar. Sie zeigt: Auch ich habe Zweifel, auch ich mache Fehler. Diese Offenheit schafft eine Kultur, in der Mitarbeiter:innen den Mut finden, ebenfalls ehrlich zu sein – und Risiken einzugehen. Bukowski bringt es auf den Punkt:

> *„We are here to laugh at the odds and live our lives so well that Death will tremble to take us."*[25]

Das Leben – und die Führung – ist kein Streben nach Fehlerlosigkeit. Es ist der Umgang mit dem Unperfekten, der zählt.

---

[25]   Zitiert nach The Meaning of Life: The Bigger Picture. In: LIFE Magazine, Dezember 1988, S. 8.

Werteorientierte Führung

Sich selbst treu zu bleiben bedeutet, Entscheidungen auf der Basis der eigenen Werte und derjenigen der Organisation zu treffen. Doch das setzt voraus, dass Führungskräfte wissen, wofür sie stehen. Auch die Organisation muss ihre Werte kennen. Authentizität erfordert Selbstreflexion: Was ist mir wichtig? Was bin ich bereit, zu verteidigen? Bukowski wäre wohl der Erste, der eine Führungskraft fragen würde: *„Hast du dich überhaupt schon mal gefragt, wer du bist?"*

Bukowskis praktische Lektionen für Führungskräfte

1. **Ehrlichkeit beginnt bei sich selbst:** Authentizität verlangt, die eigenen Werte zu kennen. Was treibt Sie an? Was motiviert Sie?

2. **Offenheit als Schlüssel:** Teilen Sie nicht nur Erfolge, sondern auch Herausforderungen mit Ihrem Team. Diese Transparenz baut Vertrauen auf.

3. **Imperfektion akzeptieren:** Niemand ist perfekt – auch Sie nicht. Fredmund Malik hat einmal bemerkt, dass man den Idealtypus eines Managers zwar durchaus beschreiben, in der realen Welt schlechterdings nicht finden könne.[26] Lernen Sie, Ihre Fehler anzuerkennen, und zeigen Sie, wie Sie daraus wachsen.

4. **Konsequenz leben:** Authentizität bedeutet, dass Ihre Worte und Taten übereinstimmen. Ein *„Do as I say, not as I do"* untergräbt jede Glaubwürdigkeit.

---

[26]   Vgl. dazu Anm. 18, S. 15.

Beispiele aus der Praxis

1. **Scheitern als Brücke zur Authentizität:** Eine Geschäftsführerin eines Start-ups erzählte offen, wie eine falsche Entscheidung ein Projekt scheitern ließ. Statt die Schuld zu verschleiern, lud sie das Team ein, gemeinsam neue Wege zu finden. Ihre Ehrlichkeit führte zu einem gestärkten Teamzusammenhalt und einem verbesserten Produkt.

2. **Offenheit in Krisenzeiten:** Während der COVID-19-Pandemie stand ein Vertriebsleiter vor der Herausforderung, drastische Einschnitte zu kommunizieren. Er entschied sich gegen Schönfärberei und sprach ehrlich über die Probleme und die geplanten Maßnahmen. Sein Team honorierte diese Ehrlichkeit mit Vertrauen und Engagement.

3. **Bukowskis Radikalität als Inspiration:** Ein Kreativdirektor nutzte Bukowskis Zitat *„Find what you love and let it kill you"*,[27] um sein Team zu… motivieren! Der Appell, sich kompromisslos in Projekte zu stürzen, führte zu einem Klima der Innovation – und außergewöhnlichen Ergebnissen.

Spezifische Herausforderungen in der heutigen Arbeitswelt

1. **Perfektionsdruck:** Die Erwartung, in allen Bereichen perfekt zu sein, lähmt Führungskräfte und Teams gleichermaßen. Authentische Führungskräfte fördern eine Kultur, in der Fehler als Chance gesehen werden, nicht als Scheitern.

---

[27] Charles Bukowski: Find What You Love and Let It Kill You. In: ders.: Sifting Through the Madness for the Word, the Line, the Way. New Poems. New York: Ecco Press, 2003, S. 132.

2. **Digitale Distanz:** Remote-Arbeit erschwert persönliche Begegnungen. Authentizität muss hier durch bewusste und transparente Kommunikation aufgebaut werden.

3. **Diversity und Inklusion:** Authentizität erfordert, dass Führungskräfte sich mit ihren eigenen Vorurteilen auseinandersetzen und zeigen, dass sie bereit sind, zu lernen und sich zu verändern.

Fazit: Authentizität als transformative Führungskompetenz

Charles Bukowski erinnert uns daran, dass Authentizität keine Schwäche ist, sondern eine Stärke. Es geht nicht darum, perfekt zu sein, sondern menschlich – mit all den Unvollkommenheiten, die uns ausmachen. Führungskräfte, die sich selbst treu bleiben, inspirieren Vertrauen, fördern Kreativität und schaffen ein Umfeld, in dem Teams mutig und innovativ sein können. Bukowskis Ausspruch

„what matters most is how well you walk through the fire"[28]

trifft diesen Sachverhalt ziemlich gut.

Die wahre Stärke einer Führungskraft zeigt sich im Umgang mit Herausforderungen – und in der Fähigkeit, dabei authentisch zu bleiben.

---

[28]   Charles Bukowski: What Matters Most Is How Well You Walk Through the Fire. Santa Rosa: Black Sparrow Press, 1999, S. 43.

4.2 Selbstreflexion: Kritische Auseinandersetzung mit der eigenen Rolle

Günter Eich – Inventur der eigenen Werte

Günter Eich. Ein Dichter, der mit wenigen Worten mehr sagt als andere mit 500 Seiten. In seinem Gedicht *„Inventur"*, geschrieben 1945, bringt er das Wesentliche auf den Punkt – nüchtern, reduziert, fast schmerzhaft ehrlich:

> *„Zwei Hemden, zwei Paar Socken, ein Teller, ein Becher aus Blech."*[29]

Keine Heldenreise, kein Pathos. Nur eine Bestandsaufnahme eines Lebens, das auf das Minimum reduziert wurde. Das Bild, das Eich hier malt, ist so eindringlich, dass es uns zwingt, innezuhalten und zu fragen: Was bleibt, wenn der ganze Überfluss, die Ablenkungen, die Fassade wegfallen? Eich fordert uns heraus, die Reduktion zu akzeptieren und uns auf das zu besinnen, was wirklich von Bedeutung ist.

Es ist ein Kontrapunkt zur Postmoderne, in der Erfolg in Slogans wie *„Mein Haus, mein Auto, mein Boot"* gipfelte – ein Mantra des Überflusses, das kaum Platz für Besinnung lässt. Eich dagegen fordert uns auf, eine Inventur der eigenen Werte vorzunehmen – eine Bilanz, die nicht in Luxus, sondern in Klarheit und innerer Stärke gemessen wird.

Übertragen auf Führung ist diese Reduktion radikal und notwendig. Führungskräfte müssen sich – und ihre Rolle – regelmäßig hinterfragen: Welche Werte treiben mich an? Welche Prinzipien stützen mich, wenn alles um mich herum wackelt? In einer Zeit, in der Führung oft von äußeren Erfolgen und Statussymbolen bestimmt

---

[29]   Vgl. Anm. 15.

wird, erinnert uns Eich daran, dass echte Führung von innen kommt, aus der Klarheit über das, was wirklich zählt.

Wahre Führung basiert nicht auf äußeren Erfolgen oder Anerkennungen, sondern auf einer tiefen Verankerung in den eigenen Überzeugungen und einer authentischen Verbindung zu den Menschen, die man führt

Übertragung auf Leadership

Innere Klarheit schaffen

Selbstreflexion ist kein Luxus, sondern eine Überlebensstrategie. Wer sich selbst nicht hinterfragt, wird von den Erwartungen und Krisen der Außenwelt aufgefressen. Führungskräfte, die ihre Stärken, Schwächen und Werte kennen, handeln nicht nur sicherer, sondern auch konsequenter. Günter Eichs *„Inventur"* ist eine Einladung, diesen inneren Raum zu schaffen – einen Ort, an dem man ehrlich zu sich selbst sein kann.

Werte als Kompass

In stürmischen Zeiten sind Werte der einzige Anker. Eich zeigt uns, dass die Reduktion auf das Wesentliche nicht nur befreiend ist, sondern auch Orientierung gibt. Führung bedeutet, Entscheidungen zu treffen, die mit den eigenen Prinzipien übereinstimmen. Wer keine Werte hat, bleibt ein Fähnchen im Wind.

Ständige Weiterentwicklung

Selbstreflexion endet nicht, sie ist ein Prozess. Führungskräfte, die innehalten, sich mit ihren Erfolgen und Fehlern auseinandersetzen, bleiben nicht stehen. Sie lernen, wachsen und passen sich an neue Herausforderungen an.

Günter Eichs praktische Lektionen für Führungskräfte

1. **Regelmäßige Selbstreflexion einplanen:** Schaffen Sie sich bewusst Zeit, um Ihre Entscheidungen und Ihr Verhalten zu hinterfragen – sei es durch Journaling, Meditation oder Gespräche mit Vertrauten.

2. **Die richtigen Fragen stellen:**

   - Welche Werte leiten meine Entscheidungen?

   - Wie habe ich auf Herausforderungen reagiert?

   - Was hätte ich besser machen können?

3. **Feedback einholen:** Selbstreflexion wird durch die Perspektiven anderer bereichert. Bitten Sie Ihr Team um ehrliches Feedback – auch, wenn es weh tut.

4. **Fokus auf das Wesentliche:** Lernen Sie, unwichtige Aufgaben loszulassen. Auch Ihre Energie ist begrenzt – setzen Sie sie für das ein, was wirklich zählt.

Beispiele aus der Praxis

1. **Inventur der eigenen Prioritäten:** Die Geschäftsführerin eines Start-ups bemerkte, dass sie in operativen Details erstickte und dabei ihre Vision aus den Augen verlor. Nach einer Phase der Reflexion entschied sie, Verwaltungsaufgaben konsequent zu delegieren und sich wieder auf Innovation zu konzentrieren. Das Ergebnis? Neue Energie und ein klarer Fokus, der ihr Unternehmen voranbrachte.

2. **Krisen als Spiegel:** Während der COVID-19-Pandemie stellte der Leiter eines Bildungszentrums fest, dass er mehr Zeit mit Schadensbegrenzung verbrachte als mit strategischem Denken. Er setzte sich hin, reflektierte seine Rolle und reorganisierte seine Prioritäten. Seine neu gewonnene Klarheit half nicht nur ihm, sondern auch seinem Team.

3. **Die Kraft der Reduktion:** Eich selbst schrieb *„Inventur"* in einer Phase des Verlusts. Was wie eine schlichte Aufzählung wirkt, ist eine radikale Botschaft: Wer weiß, was wirklich zählt, kann auch mit wenig Großes erreichen.

Spezifische Herausforderungen in der heutigen Arbeitswelt

1. **Überforderung durch Komplexität:** Die Flut an Aufgaben und Informationen lenkt von den eigentlichen Prioritäten ab. Selbstreflexion hilft Führungskräften, den Überblick zu behalten und sich auf das Wesentliche zu konzentrieren: *„Konzentration ist der Schlüssel zum Ergebnis."*[30]

2. **Mangel an Zeit:** Führungskräfte fühlen sich oft zu beschäftigt, um innezuhalten. Doch gerade in hektischen Zeiten ist Reflexion der Schlüssel, um langfristig effektiv zu bleiben.

3. **Diversität und Perspektivwechsel:** In einer vielfältigen Arbeitswelt müssen Führungskräfte bereit sein, ihre eigenen Überzeugungen zu hinterfragen und von anderen zu lernen.

---

[30]   Vgl. dazu Anm. 18, S. 111.

Fazit: Selbstreflexion als Kern authentischer Führung

Günter Eichs *„Inventur"* ist eine Einladung zur Reduktion auf das Wesentliche. Es ist ein Weckruf. Ein Aufruf, sich von Überflüssigem zu lösen und sich dem zu widmen, was wirklich zählt. Für Führungskräfte bedeutet dies, nicht nur ihre Werte zu prüfen, sondern auch ihre Rolle und Verantwortung im ständigen Wandel der Arbeitswelt.

Selbstreflexion ist kein Luxus, sondern ein fundamentaler Bestandteil authentischer Führung. Sie ist der Anker in einer Welt, die sich immer schneller dreht, in der Informationen überfluten und Erwartungen ständig steigen. Wer innehalten und sich selbst hinterfragen kann, schafft Klarheit – über sich, die eigene Rolle und die Werte, die in der täglichen Arbeit Orientierung bieten.

Doch Selbstreflexion erfordert Mut. Mut, Fehler anzuerkennen, Schwächen zu sehen und sich einzugestehen, dass nicht jede Entscheidung perfekt ist. Führung bedeutet, sich selbst nicht als unfehlbar zu betrachten, sondern als lernende Instanz, die durch Reflexion wächst und sich weiterentwickelt. Es geht darum, sich selbst als Teil eines größeren Ganzen zu sehen – nicht als unantastbare Autorität, sondern als verbindendes Element in einem komplexen Netzwerk.

Die Herausforderungen moderner Führung – Überforderung, Komplexität und Diversität – lassen sich nicht durch bloße Methoden oder Strategien bewältigen. Sie verlangen nach einer inneren Haltung, nach einer tiefen Verankerung in den eigenen Überzeugungen und der Fähigkeit, von anderen zu lernen. Selbstreflexion ist der Schlüssel, um diese Haltung zu entwickeln und aufrechtzuerhalten. Sie bietet nicht nur Orientierung, sondern auch die Kraft, in schwierigen Zeiten standhaft zu bleiben und Entscheidungen zu treffen, die von Integrität geprägt sind.

Alle Beispiele zeigen, dass Selbstreflexion nicht nur Theorie ist, sondern konkrete Auswirkungen auf die Praxis hat: Führungskräfte, die innehalten, neu bewerten und Prioritäten setzen, gewinnen nicht nur Klarheit, sondern auch die Fähigkeit, ihre Teams zu inspirieren und nachhaltig zu führen. Die Inventur der eigenen Werte ist keine Schwäche, sondern ein Ausdruck von Stärke – die Stärke, sich selbst treu zu bleiben, auch wenn die Umstände herausfordernd sind.

Am Ende ist Selbstreflexion kein Endpunkt, sondern ein kontinuierlicher Prozess – ein Weg, um als Führungskraft authentisch, klar und wirksam zu bleiben.[31]

Sie ist eine Reise, die nie abgeschlossen ist, die aber unerlässlich ist, um authentisch, klar und menschlich zu führen. Günter Eichs *„Inventur"* erinnert uns daran, dass Reduktion nicht Verlust bedeutet, sondern Gewinn – den Gewinn, sich auf das Wesentliche zu konzentrieren und Führung zu leben, die nicht nur effektiv ist, sondern auch Sinn und Menschlichkeit in den Mittelpunkt stellt.

Führung beginnt nicht bei anderen, sondern bei sich selbst. Und Selbstreflexion ist der erste Schritt auf diesem Weg.

---

[31] Malik unterscheidet zwischen *„idealer"* und *„wirksamer"* Führungskraft: vgl. dazu Anm. 18, S. 36.
Ähnlich wie beim *„wahren"* und *„echten"* Heino – wir erinnern uns an die satirische Kunstfigur, die Norbert Hähnel in den 1980er geschaffen hatte, um das Original zu karikieren – steht die ideale Führungskraft für das, was man sich vorstellt, während die wirksame Führungskraft jene ist, die tatsächlich funktioniert. Die eine inspiriert, die andere liefert Ergebnisse – beide haben ihre Berechtigung, doch sie spielen unterschiedliche Rollen in der Wahrnehmung und Praxis.

4.3   Resilienz: Rückschläge bewältigen, Orientierung behalten

Ernst Jünger – Führung in Extremsituationen

Ernst Jünger. Ein Name, der genauso spaltet wie fasziniert. Der Autor von *„In Stahlgewittern"* beschreibt die brutale Realität des Ersten Weltkrieges mit einer Kälte, die erschüttert – und gleichzeitig aufrüttelt. Als Offizier und Zugführer erlebte er an der Westfront den Ausnahmezustand, in dem das Überleben zur einzigen Leistung wird. Resilienz, diese unfassbare Fähigkeit, selbst im Durcheinander Orientierung zu bewahren, zieht sich wie ein roter Faden durch Jüngers Werke.

In einer Szene aus *„In Stahlgewittern"* beschreibt er das absolute Grauen:

> *„An einer Reihe von Operationstischen walteten die Ärzte ihres blutigen Handwerks. Hier wurde ein Glied amputiert, dort ein Schädel aufgemeißelt oder ein festgewachsener Verband gelöst. Wimmern und Schmerzensschreie hallten durch den von mitleidlosem Licht durchfluteten Raum, während weißgekleidete Schwestern geschäftig mit Instrumenten oder Verbandzeug von einem Tisch zum anderen eilten. Der Soldat, der nach solchem Anblicke wieder in alter Frische ins Feuer geht, hat seine Nervenprobe bestanden, denn jeder neue, schreckliche Eindruck krallt sich im Hirn fest und reiht sich an den lähmenden Vorstellungskomplex, der die Zeitspanne zwischen Heranbrausen und Einschlag der Eisenklumpen immer furchtbarer gestaltet."*[32]

---

[32]   Ernst Jünger: In Stahlgewittern. Historisch-kritische Ausgabe. Hrsg. von Helmuth Kiesel. 2 Bde. Stuttgart: Klett-Cotta, 2013, Bd. I, S. 266.

Liebe Freunde, das ist keine Verherrlichung, sondern die gnadenloseste Bestandsaufnahme der Welt seit Francisco de Goyas *Los Desastres de la guerra*, einer Welt, in der jeder Rückschlag das Potenzial hat, dich zu zerstören. Resilienz, so zeigt Jünger, bedeutet nicht, unverletzlich zu sein. Es bedeutet, sich der Realität zu stellen und trotzdem weiterzumachen.

Doch wie passt Jünger in einen Diskurs über moderne Führung,[33] in der Menschen neuerdings bei Begriffen wie *„D-Day"* oder *„Offene Feldschlacht"* zusammenzucken, sobald diese im politischen Diskurs verwendet werden?[34] Seine Texte sind martialisch, seine Metaphern schwer zu verdauen, und seine Ideologie wirft berechtigte Fragen auf. In diesem Kontext geht es jedoch nicht um eine unkritische Übernahme seiner Weltanschauung. Sondern es geht darum, die literarische Reflexion über menschliche Stärke in Extremsituationen auf Leadership zu übertragen.

Jünger? Ihr Ernst?!

Ja, Jünger. Und nein, keine Glorifizierung. Der Mann hat sich seinen Ruf als schwieriger Autor redlich verdient, mit seinen verwegenen Bildern und seiner ungesunden Faszination für Extremsituationen. Aber hier geht es nicht um Ideologie oder um Krieg als Metapher für Leadership. Sondern es geht darum, die Werke Jüngers als

---

[33] In einer Diskussion über achtsame Kommunikation könnten Jüngers Bilder auf den ersten Blick als unvereinbar mit einer modernen, wertschätzenden Führungskultur wahrgenommen werden. Vgl. dazu Taraneh Taheri: Kampf, Angriff, Verteidigung: Wie wir über Leistung sprechen. Online im WWW: https://www.neuenarrative.de/magazin/wie-viel-krieg-in-unserer-arbeitssprache-steckt [Datum des Zugriffs: 2024-12-25].

[34] Wie im Strategiepapier der FDP zum Ampel-Bruch. Online im WWW: https://www.fdp.de/media/6739/download?inline [Datum des Zugriffs: 2024-12-22].

literarische Reflexionen heranzuziehen, um Übertragungen auf Leadership-Prinzipien zu diskutieren. Es geht also um die Frage: Was können wir aus diesen literarischen Beschreibungen über Resilienz lernen?

Jünger spricht nicht über Wellness-Resilienz – die Art, die in Business-Seminaren verkauft wird. Er spricht von Resilienz als Überlebenskunst, von Resilienz also in Extremsituationen, von Klarheit im Chaos und der Fähigkeit, nach Rückschlägen wieder aufzustehen. Übertragen auf Leadership zeigt er, wie innere Haltung und Stabilität in den schlimmsten Momenten Orientierung schaffen können, um eine *„Robustheit der Führungssituation"* herzustellen.[35] Als Verherrlichung harter, autoritärer Führung darf das auf keinen Fall missverstanden werden.

In seinem Frühwerk, etwa *„Das Wäldchen 125"*, betont er die Rolle der Führungskraft in Krisensituationen. Jünger beschreibt Führung als den Ankerpunkt, der Teams in chaotischen Zeiten Stabilität bietet. Diese Art von Resilienz erfordert mehr als nur die Fähigkeit, selbst standhaft zu bleiben – sie verlangt, auch anderen Orientierung und Zuversicht zu geben.

Übertragung auf Leadership

Stärke durch Anpassung

Resilienz heißt nicht, dass nichts dich trifft. Es heißt, dass du dich anpasst, ohne deinen Kern zu verlieren. Führungskräfte, die flexibel bleiben und trotzdem klare Werte vertreten, geben ihrem Team Sicherheit – selbst, wenn um sie herum alles zerfällt. Resilienz zeigt

---

[35]   Vgl. dazu Anm. 18, S. 142.

sich in der Fähigkeit, in unsicheren Zeiten schnelle Entscheidungen zu treffen, ohne den Blick für das große Ganze zu verlieren.

Krisen als Lernmomente

Jünger zeigt: Jede Krise ist eine Chance zur Weiterentwicklung. Führungskräfte, die Rückschläge nicht als Scheitern sehen, sondern als Gelegenheit, schaffen eine Kultur, in der das Team aus Fehlern wächst. Jüngers metaphorische *„Nervenprobe"* ist kein romantisiertes Ideal, sondern eine Lektion: Rückschläge sind Prüfsteine für die innere Stärke.

Ruhe im Sturm

Jüngers Stärke war seine Beobachtungsgabe: die Ruhe, die er inmitten von Materialschlachten bewahrte. Eine Führungskraft, die in Krisenzeiten Ruhe ausstrahlt, wird zum Orientierungspunkt. Diese Haltung – nicht Autorität, sondern Stabilität – gibt dem Team die Kraft, weiterzumachen:

> *„Ich habe immer erfahren, daß in solchen Augenblicken der gewöhnliche Mann, der vollauf mit seiner persönlichen Gefahr beschäftigt ist, die scheinbar unbeteiligte Sachlichkeit des Führers bewundert, der inmitten der tausend entnervenden Eindrücke des Gefechts die Ausführung seines Auftrags klar im Auge hat. Diese Bewunderung hebt den ritterlich Gesinnten über sich selbst hinaus und spornt ihn zu immer größeren Leistungen an, sodaß Führer und Mannschaft sich aneinander zu gewaltiger Energieentfaltung entzünden. Der moralische Faktor ist eben alles."*[36]

---

[36] Auch wenn Wortwahl und Bilder anderes vermuten lassen, sollten Jüngers Gedanken keineswegs als Rechtfertigung für autoritäres Gehabe oder militaristische Hierarchien verstanden werden. Es geht ihm vielmehr um etwas

Jüngers Schilderungen vom *„Ritterlichen"*, der über sich hinauswächst, sind in einem modernen Kontext ein Appell an Führungskräfte, in Extremsituationen Besonnenheit und moralische Stärke zu zeigen.

Jüngers praktische Lektionen für Führungskräfte

- **Mentale Stärke trainieren:** Resilienz ist nicht angeboren. Führungskräfte können ihre Belastbarkeit durch Achtsamkeit, Meditation oder gezielte Entspannungstechniken stärken.
- **Lernen aus Krisen:** Jede schwierige Situation ist eine Lektion. Analysieren Sie, was funktioniert hat – und was nicht. Rückschläge sind keine Sackgasse, sondern Umwege zu besseren Strategien.
- **Teamresilienz fördern:** Schaffen Sie eine Kultur, in der Rückschläge keine Katastrophe sind, sondern ein Teil des Wachstums. Zeigen Sie, dass das Scheitern nicht das Ende, sondern der Anfang einer neuen Lösung ist.

Grundlegenderes: die innere Stabilität und moralische Haltung, die eine Führungskraft ausstrahlen sollte. Max Weber würde an dieser Stelle vermutlich auf seinen *„charismatischen Führer"* verweisen, und tatsächlich: Diese Klarheit, diese Standfestigkeit, wirken wie ein Fels in der Brandung. Sie schaffen Vertrauen, geben Orientierung und fördern Zusammenarbeit – nicht durch Macht, sondern durch Haltung.
Essenziell dabei ist, zwischen der notwendigen Entschlossenheit einer Führungspersönlichkeit und der Gefahr autoritärer Strukturen zu unterscheiden. Führung, die sich ihrer Verantwortung als Vorbild entzieht, hat ihre Daseinsberechtigung längst verspielt. Vgl. dazu Ernst Jünger: In Stahlgewittern. Historisch-kritische Ausgabe. Hrsg. von Helmuth Kiesel. 2 Bde. Stuttgart: Klett-Cotta, 2013, Bd. I, S. 338. Zum *„charismatischem Führer"* vgl. Max Weber: Wirtschaft und Gesellschaft. Grundriss der verstehenden Soziologie. Tübingen: Mohr Siebeck, 1972, S. 142.

- **Ressourcenmanagement:** Identifizieren Sie Ihre wichtigsten Ressourcen – Zeit, Energie, Unterstützung – und setzen Sie sie bewusst ein, um Belastungsspitzen abzufedern.

Beispiele aus der Praxis

1. **Der IT-Projektleiter:** Ein Software-Update scheiterte kurz vor der Markteinführung. Anstatt Schuldzuweisungen zu verteilen, konzentrierte sich der Projektleiter auf klare Prioritäten und kommunizierte transparent mit dem Kunden. Das Ergebnis? Das Projekt wurde gerettet, das Team wuchs zusammen, und das Vertrauen des Kunden blieb bestehen.

2. **Die Geschäftsführerin:** Nach einem wirtschaftlichen Einbruch entschied sich eine Unternehmerin, ihr Geschäftsmodell radikal zu überdenken. Sie akzeptierte die Realität, reduzierte auf Kernkompetenzen und führte ihr Team mit klarer Kommunikation durch die Krise – mit Erfolg.

3. **Die Krise als Lehrmeister:** Eine Non-Profit-Organisation erlebte durch Kürzungen eine schwere finanzielle Krise. Statt zu kapitulieren, setzte die Leitung auf Transparenz, förderte kreative Lösungsansätze im Team und etablierte neue Partnerschaften. Diese resiliente Herangehensweise führte nicht nur zur Stabilisierung, sondern zu einem gestärkten Teamgefühl.

Fazit: Resilienz als Schlüsselkompetenz in der Führung

Ernst Jünger zeigt uns die brutale Seite der Resilienz: Er verdeutlicht, dass Resilienz in Extremsituationen nicht nur für das persönliche Überleben von Bedeutung ist, sondern auch die Grundlage für die kollektive Stärke eines Teams bildet.

Aktuell sehen wir das in der Ukraine. Stephan Orth dokumentiert in *„Couchsurfing in der Ukraine. Meine Reise durch ein Land im Krieg"* eindrücklich, wie Menschen selbst unter den widrigsten Bedingungen einen unerschütterlichen Lebenswillen und eine erstaunliche Widerstandskraft bewahren.[37] Ihre Resilienz wird zum Fundament für Gemeinschaft und Hoffnung inmitten des Chaos.

Führungskräfte, die Resilienz sowohl entwickeln als auch vermitteln, schaffen eine Atmosphäre der Stabilität und des Wachstums, selbst inmitten von Krisen und Herausforderungen.

Oder wie Jünger es formuliert:

> *„Sich nicht erschüttern lassen, lächeln bis zuletzt, und sei das Lächeln auch nur Maske vor sich selbst: das ist auch etwas."*[38]

Resilienz ist keine Superkraft. Sie ist die Fähigkeit, mit Verlusten zu leben, Fehler als Chancen zu sehen – die transformative Kraft des Scheiterns – und trotzdem weiterzugehen. Das ist die wahre Kunst der Führung – und vielleicht die Einzige, die in einer unsicheren Welt wirklich zählt:

---

[37]   Anne Klesse: Als Couchsurfer durchs Kriegsgebiet. In: Die Welt (28.07.2024). Online im WWW: https://www.welt.de/regionales/hamburg/article252672384/Reisebericht-Als-Couchsurfer-durchs-Kriegsgebiet.html [Datum des Zugriffs: 2024-12-31].

[38]   Ernst Jünger: Der Kampf als inneres Erlebnis. In: ders.: Sämtliche Werke. Bd. 9. 2. Aufl. Stuttgart: Klett-Cotta, 2017, S. 72.

„Man sollte locker bleiben, wenn es hart auf hart kommt. Die Fähigkeit, eine Organisation nach Störungen, Schocks, Krisen zu stabilisieren, wird im 21. Jahrhundert zur Kernkompetenz. "[39]

Wahre Resilienz ist nicht nur individuell, sondern kollektiv. Sie wird zu einem Netz aus geteiltem Vertrauen und gegenseitiger Unterstützung.

Es ist diese Resilienz, die sowohl Individuen als auch Organisationen befähigt, nicht nur zu überleben, sondern zu wachsen – gegen alle Widerstände und Widrigkeiten.

Nur, wer diesen Mut aufbringt, kann auch in der Führung nachhaltig erfolgreich sein.

---

[39] Stephan A. Jansen: Die Fähigkeit zum Widerstand. In: brandeins (11) 2012, S. 46f., hier S. 46. Online im WWW: https://www.zu-daily.de/daily/zuruf/2013/die-faehigkeit-zum-widerstand.php [Datum des Zugriffs: 2024-12-26].

4.4   Emotionale Intelligenz: Gefühle verstehen und steuern

Bertolt Brecht – Empathie und die Kunst, andere zu verstehen

Bertolt Brecht. Ein Name, der nach Schulpflichtlektüre klingt, nach staubigem Bücherregal und dem didaktischen Zeigefinger der gymnasialen Oberstufen der 1980er Jahre. Doch hinter diesem Klang liegt der schwere Duft des Klassenkampfs, der Brechts Werk durchdringt und bis heute eine unbequeme Aktualität bewahrt. *„Mutter Courage und ihre Kinder"*, *„Der kaukasische Kreidekreis"* – Werke, die für viele meiner Klassenkamerad:innen eine Zumutung waren, mit ihrer moralischen Schwere und den scheinbar endlosen Analysen im Deutschunterricht. Doch hinter den Texten steckt mehr: eine scharfsinnige Auseinandersetzung mit der menschlichen Verantwortung und der Fähigkeit, Emotionen zu verstehen und zu hinterfragen.

Brecht war ein Meister darin, das Publikum zu packen – nicht mit flachen Dramen, sondern mit moralischen Dilemmata, die uns zwingen, uns selbst infrage zu stellen. Figuren wie *„Mutter Courage"* fordern uns auf, uns in ihre Perspektive hineinzuversetzen und ihre Entscheidungen zu bewerten. Empathie, so zeigt Brecht, ist kein angenehmes Gefühl. Es ist eine intellektuelle Übung, eine emotionale Herausforderung – und eine Notwendigkeit, um in einer komplexen Welt zu bestehen.

Für Führungskräfte ist Brecht eine Einladung, Emotionen nicht nur zu erkennen, sondern bewusst zu nutzen. Emotionale Intelligenz – die Fähigkeit, Gefühle zu verstehen und zu steuern – ist in einer widersprüchlichen Welt kein nettes Extra, sondern essenziell. Sie ermöglicht es, nicht nur zu reagieren, sondern durch bewusstes Handeln echte Veränderungen zu bewirken.

Übertragung auf Leadership

Emotionen erkennen und steuern

Emotionale Intelligenz ist nicht die Kunst, die eigenen Gefühle zu unterdrücken. Es ist die Fähigkeit, sie zu benennen, zu reflektieren und gezielt einzusetzen. Brechts Figuren handeln oft aus tiefen Emotionen – Angst, Liebe, Wut – und zeigen, wie diese Gefühle Verhalten beeinflussen. Führungskräfte, die diese Dynamik verstehen, können nicht nur ihr eigenes Verhalten besser steuern, sondern auch die emotionale Dynamik in ihrem Team lenken.

Empathie als Führungsinstrument

Brecht erinnert uns daran, dass Empathie keine Schwäche ist, sondern die Grundlage für echte Verbindung. Führungskräfte, die empathisch handeln, nehmen nicht nur wahr, was ihr Team bewegt, sondern nutzen dieses Wissen, um zu motivieren, zu unterstützen und Konflikte zu lösen. Vertrauen entsteht, wenn Menschen sich gesehen und verstanden fühlen – und das ist die Basis jeder erfolgreichen Zusammenarbeit.

Balance zwischen Emotion und Rationalität

Emotionale Intelligenz bedeutet nicht, impulsiv zu handeln. Brechts Werke zeigen, wie wichtig es ist, Emotionen mit rationalem Denken zu verbinden. Für Führungskräfte liegt die Kunst im Gleichgewicht: menschlich bleiben, aber gleichzeitig klare Entscheidungen treffen. In einer Welt voller Widersprüche ist diese Balance entscheidend, um sowohl effektiv als auch authentisch zu sein.

Brechts praktische Lektionen für Führungskräfte

- **Selbstreflexion der eigenen Emotionen:** Fragen Sie sich regelmäßig, wie Ihre Gefühle Ihre Entscheidungen beeinflussen. Entwickeln Sie ein Bewusstsein dafür, wann Sie emotional reagieren und wie Sie dies steuern können.
- **Empathisches Zuhören:** Hören Sie aktiv zu, ohne sofort Lösungen anzubieten. Versuchen Sie, die Perspektive des Gegenübers vollständig zu verstehen, bevor Sie reagieren.
- **Emotionale Dynamik im Team erkennen:** Beobachten Sie, wie Emotionen das Verhalten und die Leistung Ihres Teams beeinflussen. Fördern Sie positive Emotionen wie Vertrauen und Engagement, und moderieren Sie negative Dynamiken.
- **Emotionen als Ressource nutzen:** Nutzen Sie Emotionen, um Geschichten und Visionen zu erzählen, die inspirieren. Emotionale Kommunikation bleibt stärker im Gedächtnis als reine Fakten.

Beispiele aus der Praxis

1. **Der empathische Abteilungsleiter:** Ein Abteilungsleiter in einem großen Unternehmen bemerkte, dass sein Team zunehmend demotiviert war. Statt sofort Maßnahmen wie Team-Building-Workshops einzuleiten, nahm er sich Zeit, mit jedem Teammitglied ein Gespräch zu führen und die Ursachen zu verstehen. Dabei zeigte sich, dass die Frustration vor allem auf mangelnde Anerkennung und Unsicherheit über die strategische Ausrichtung zurückzuführen war. Indem er empathisch zuhörte und diese Themen offen ansprach, konnte er nicht nur das Vertrauen in seiner Abteilung stärken, sondern auch gezielte

Veränderungen einleiten, die die Motivation erheblich steigerten.

2. **Brechts Haltung als Modell:** Brechts Ansatz der Perspektivübernahme inspirierte eine Führungskraft in der Gesundheitsbranche, die vor der Herausforderung stand, eine stark belastete Belegschaft zu motivieren. Durch empathisches Zuhören und gezielte Maßnahmen wie flexible Arbeitszeiten und mentale Unterstützungsangebote gelang es ihr, eine deutliche Verbesserung der Teamdynamik zu erreichen.

Fazit: Emotionale Intelligenz als Fundament moderner Führung

Durch Bertolt Brecht wissen wir, dass Emotionen kein Gegenspieler der Rationalität sind, sondern ihre Ergänzung. Führungskräfte, die ihre emotionale Intelligenz nutzen, schaffen nicht nur ein besseres Arbeitsumfeld, sondern treffen auch bessere Entscheidungen. Das Wesentliche des Denkens ist nicht, dass man recht hat, sondern dass man versteht.

Emotionale Intelligenz ist keine Schwäche, sondern eine Stärke. Sie ermöglicht es Führungskräften, die Menschen hinter den Rollen zu sehen, Verbindungen zu schaffen und eine Kultur des Vertrauens und der Offenheit zu etablieren. Brechts Werke erinnern uns daran, dass das Verstehen von Gefühlen nicht nur auf der Bühne, sondern auch im Leben der Schlüssel zu echter Veränderung ist.

In einer Führung, die von emotionaler Intelligenz geprägt ist, lebt die Idee, dass wahre Veränderung erst dann möglich ist, wenn wir uns selbst und andere wirklich verstehen – nicht um Recht zu behalten, sondern um gemeinsam etwas zu bewegen.

5 Kommunikation und Sprache

5.1 Klarheit in der Sprache: Präzision und Wahrheit

Annie Ernaux – Die Wörter sind die einzigen Spuren, die bleiben

Eine der formal innovativsten französischen Literat:innen der Gegenwart ist Annie Ernaux, was der literarischen Präzisionsarbeiterin 2022 den Nobelpreis für Literatur eingebracht hat. Sie beherrscht die Sprache mit einer Schärfe, die schneidet. Ihre Worte sind chirurgische Instrumente: minimalistisch, direkt, sezierend. Jedes Wort zählt, jedes Satzglied sitzt, als ob die Wahrheit nur durch Klarheit erträglich gemacht werden könnte. Ernaux schreibt nicht, um zu gefallen – sie schreibt, um zu enthüllen. Sie selbst nennt das *„plate"*, was soviel bedeutet wie sachlich, platt, farblos, eintönig.

Ihren Schreibstil kann man, mit Roland Barthes gesprochen, als *„écriture blanche"* – eine neutrale Schreibweise – beschreiben. Barthes versteht darunter eine knappe, schmucklose Ausdrucksform, die sich vom *„Sicherheitssystem der Literatur"* löst und von der Ordnung, die Sprache vorgibt, befreit. Dadurch erlangt sie eine neue *„Instrumentalität"*, die es ermöglicht, Dinge und Sachverhalte klar und präzise in einer *„reinen Gleichung"* zu formulieren und damit überhaupt erst sagbar zu machen.[40]

In ihrer Prosa schält sie die Konventionen des Lebens ab wie eine überreife Zwiebel. Sie zeigt uns das, was wir nicht sehen wollen: das Hässliche, das Alltägliche, das Wahre. Für Ernaux ist Sprache nicht bloß ein Mittel zur Kommunikation – sie ist ein Spiegel der Realität.

---

[40] Vgl. dazu Doris G. Eibl: Die Familienerzählungen der Annie Ernaux als autosoziobiografische Suchbewegungen: Der Platz (1983/2019) und Eine Frau (1988/2019). In: Helmut Grugger und Johann Holzner (Hrsg.): Der Generationenroman. 2 Bde. Berlin: Walter de Gruyter, 2021, S. 778-798, hier S. 779. Die Zitate von Roland Barthes beziehen sich auf Am Nullpunkt der Literatur. Übersetzt von Helmut Scheffel. Hamburg: Claassen Verlag, 1959.

Sie zwingt uns, durch diesen Spiegel zu gehen und uns mit dem zu konfrontieren, was wir hinter uns gelassen haben oder verdrängen wollten.

Für Führungskräfte ist diese Haltung eine notwendige Herausforderung. In Zeiten, in denen Kommunikationsfloskeln, Phrasen und Halbwahrheiten den Alltag prägen, erinnert Ernaux uns daran, dass Sprache Klarheit schaffen muss. Denn Worte, die nicht präzise sind, hinterlassen keine Spuren – und ohne Spuren kein Vertrauen, keine Orientierung und keine echte Verbindung.

Übertragung auf Leadership

Klarheit schafft Vertrauen

In einer von Widersprüchen und Mehrdeutigkeiten durchzogenen Realität wirkt Klarheit wie ein Rettungsanker. Ernaux zeigt, dass präzise und unmissverständliche Sprache Transparenz schafft – und Transparenz ist der Grundstein für Vertrauen. Eine Führungskraft, die klare Worte findet, sendet ein starkes Signal: Ich respektiere dich genug, um dir die Wahrheit zu sagen.

Verschleierte Botschaften, Halbwahrheiten oder unnötige Verkomplizierungen untergraben dieses Vertrauen. Es ist nicht nur eine Frage der Höflichkeit, sondern der Ethik: Die Wahrheit zu verschweigen, ist Verrat – an den Mitarbeiter:innen und an sich selbst.

Präzision in der Kommunikation

Ernaux hält uns vor Augen, dass Überflüssiges der Botschaft ihre Wirkung nimmt. Jede Führungskraft kennt das: Eine E-Mail, die vor lauter Floskeln die eigentliche Aussage verliert. Lange Erklärungen und unnötige Details verwirren, anstatt zu klären. Präzision bedeutet, die Essenz zu erfassen – nicht weniger, nicht mehr.

Klare Worte – gesprochene wie geschriebenen – sparen Zeit und schaffen Verständnis. Für Führungskräfte ist das kein *„Nice-to-have"*, sondern ein Muss. Denn Präzision in der Kommunikation zeigt nicht nur Respekt für die Zeit des Gegenübers, sondern auch für die eigene Botschaft: *„Ist Schreiben nicht auch eine Form des Gebens"?*[41]

Die Macht der Wahrheit

Ernaux hat nie gezögert, die Wahrheit auszusprechen – auch wenn sie unbequem war. Sie zeigt uns, dass Ehrlichkeit die Grundlage jeder sinnvollen Beziehung ist. Für Führungskräfte bedeutet das, dass Klarheit und Wahrheit Hand in Hand gehen. Ehrlichkeit schafft nicht nur Respekt, sondern auch Glaubwürdigkeit.

Das bedeutet nicht, dass jede unangenehme Botschaft brutal ehrlich übermittelt werden muss. Klarheit kann mit Empathie einhergehen – und genau darin liegt die Kunst.

Ernaux' praktische Lektionen für Führungskräfte

1. **Botschaften vereinfachen:** Fragen Sie sich: Was ist die Essenz dessen, was ich sagen möchte? Reduzieren Sie auf das, was wirklich zählt, ohne abzulenken: Die Kraft der Wörter liegt in ihrer Einfachheit.

2. **Transparenz fördern:** Ehrlichkeit in der Kommunikation zeigt Respekt. Teilen Sie auch schwierige Wahrheiten offen mit, um Vertrauen zu erhalten. Auch wenn manchmal das Schweigen lauter ist als die Wahrheit – vermeiden Sie, unangenehme Wahrheiten zu verschweigen.

---

[41] Vgl. dazu Annie Ernaux: Une femme. Paris: Gallimard, 1988, S. 88.

3. **Klarheit überprüfen:** Kommunikation endet nicht beim Sprechen. Holen Sie Feedback ein, um sicherzustellen, dass Ihre Botschaft angekommen ist: Verstehen ist ein Dialog, kein Monolog.

4. **Einheitlichkeit wahren:** Ihre Worte sollten mit Ihren Handlungen übereinstimmen. Konsistenz ist der Schlüssel zur Glaubwürdigkeit. Was man tut, gibt den Worten ihren Wert.

Beispiele aus der Praxis

1. **Klare Botschaften:** Ein CEO eines internationalen Unternehmens bemerkte, dass unklare Ankündigungen oft zu Verwirrung und Unsicherheit führten. Er führte eine Regel ein: Jede wichtige Nachricht sollte in maximal drei Sätzen formuliert werden. Diese Maßnahme sorgte nicht nur für mehr Verständnis, sondern stärkte auch das Vertrauen der Mitarbeiter:innen in die Unternehmensführung.

2. **Einfache Berichte in der Finanzbranche:** Eine Teamleiterin in der Finanzbranche vereinfachte komplexe Berichte, indem sie jede Mitteilung mit einer klaren Kernaussage begann. Die Präzision half dem Team, schneller Entscheidungen zu treffen und sich auf Prioritäten zu konzentrieren.

3. **Konsistenz in der Bildungsbranche:** Eine Schulleiterin legte besonderen Wert darauf, dass ihre Botschaften an Lehrkräfte und Eltern mit den Handlungen der Schule übereinstimmten. Wenn sie beispielsweise betonte, dass Teamarbeit Priorität habe, setzte sie dies durch konkrete Maßnahmen wie gemeinsame Fortbildungen und wöchentliche Feedback-Runden um. Die Einheitlichkeit zwischen Worten

und Taten schuf Vertrauen und Glaubwürdigkeit bei allen Beteiligten.

Fazit: Klarheit als Führungsprinzip

Annie Ernaux zeigt uns, dass Sprache mehr ist als ein Werkzeug. Sie ist der Raum, in dem Realität verhandelt wird. Für Führungskräfte bedeutet das, dass Klarheit in der Kommunikation nicht nur eine Frage der Effizienz ist, sondern der Integrität: Die Macht der Worte liegt nicht in ihrer Lautstärke, sondern in ihrer Präzision.

Klare Kommunikation schafft Vertrauen, Orientierung und Respekt. Sie ist die Grundlage für Entscheidungen, die Bestand haben – und für Beziehungen, die wachsen können. Ernaux erinnert uns daran, dass die Wahrheit oft unbequem ist, aber genau deshalb unverzichtbar. Denn nur, wer den Mut zur Klarheit hat, kann wirklich führen.

Wahrheit ohne Präzision verkommt zur Rohheit. Doch Klarheit ohne Empathie wird kalt und abweisend. Die Balance zu finden, ist die wahre Kunst moderner Kommunikation.

Sprache ist nie neutral – sie formt, beeinflusst und spiegelt. Und gerade deshalb ist es die Aufgabe von Führungskräften, ihre Worte bewusst und mit Verantwortung zu wählen.

Die Essenz von Ernaux' Werk lässt sich in einem Satz zusammenfassen: Sprache ist nicht nur Ausdruck, sondern Gestaltungsmacht. Wer das versteht, hat die Grundlage für authentische und wirkungsvolle Führung gelegt.

5.2 Storytelling: Die Kunst, Visionen und Ideen zu vermitteln

Richard Wagner – Inszenierung und Narrativ in der Führung

Der Name Richard Wagner spaltet die Menschen bis heute. Der Komponist, Dichter und Visionär hat nicht nur die Oper revolutioniert, sondern auch das Erzählen selbst. Wagners Werke sind keine netten kleinen Geschichten, die man schnell konsumiert. Sie sind überlebensgroße Inszenierungen, ein dramatischer Tanz im Wechselspiel von Wut und Wille, von Wahn und Weihe. In seinem *„Ring des Nibelungen"* verwebt er alles, was Menschen antreibt und zerstört: Macht, Gier, Verlust, Erlösung. Wahnsinn.

Wagners Verständnis von Kunst war immer auch ein Verständnis von Narrativen. Kunst war für ihn die höchste Form des Ausdrucks, ein Versuch, das Unsagbare in etwas fühlbar Wahres zu verwandeln. In *„Das Kunstwerk der Zukunft"* schreibt er 1849:

> *„Wahr und lebendig ist aber nur, was sinnlich ist und den Bedingungen der Sinnlichkeit gehorcht."*[42]

Das klingt poetisch, aber es ist brutal aktuell. Denn in einer Welt, in der wir ständig mit Daten, Zahlen und Fakten bombardiert werden, vergessen wir oft, dass Geschichten die wahre Macht haben. Zahlen sprechen den Verstand an, aber Geschichten – die berühren das Herz. Genau hier liegt die Essenz von Storytelling: Es ist nicht ein *„Nice-to-have"* für Führungskräfte, es ist überlebenswichtig. Geschichten schaffen Orientierung, sie inspirieren, und sie geben Halt – gerade dann, wenn alles andere wankt.

---

[42] Richard Wagner: Dichtungen und Schriften. Jubiläumsausgabe in zehn Bänden. Hrsg. von Dieter Borchmeyer. Bd. 6: Reformschriften 1849-1852. Frankfurt am Main: Insel Verlag, 1983, S. 12.

Übertragung auf Leadership

Emotionen schaffen Verbindung

Menschen erinnern sich nicht an Tabellenkalkulationen. Sie erinnern sich an Geschichten. Wagner wusste das. Seine Charaktere – Helden, Verräter, Götter – leben am Abgrund, und wir fiebern mit. Genauso können Führungskräfte Geschichten nutzen, um ihre Teams zu erreichen. Es geht darum, Herzen zu öffnen, nicht nur Köpfe. Denn ein Team, das fühlt, kämpft: für eine Vision, für ein Ziel.

Komplexität greifbar machen

Wagner nahm die verworrensten Mythen und machte sie zugänglich. Nicht einfach, sondern begreifbar. Genau das ist die Aufgabe von Führungskräften: Die Komplexität der Welt so zu erzählen, dass sie Sinn ergibt. Eine gute Geschichte kann Dinge klären, die selbst 91 PowerPoint-Folien in 90 Minuten nicht verständlich machen.

Visionen lebendig gestalten

Wagner war ein Meister der Inszenierung. Seine Visionen waren nicht nur groß, sie waren monumental. Und sie waren fühlbar, sichtbar, erlebbar. Genau das sollten Führungskräfte von ihm lernen: Eine Vision ist nichts, wenn sie abstrakt bleibt. Sie muss zum Leben erweckt werden – mit Bildern, Metaphern und Momenten, die Menschen mitreißen.

Wagners praktische Lektionen für Führungskräfte

- **Geschichten mit Sinn wählen:** Erzählen Sie nicht irgendwas. Erzählen Sie etwas, das Ihnen selbst etwas bedeutet. Menschen spüren sofort, ob Sie es ernst meinen.
- **Bilder und Metaphern nutzen:** Eine Vision bleibt abstrakt, wenn sie nicht in Bilder gefasst wird. Vergleiche wie der „Leuchtturm", der Orientierung gibt, oder der „Kompass", der den Weg weist, machen Botschaften greifbar.
- **Emotionale Botschaften einbauen:** Zahlen und Fakten erreichen den Kopf. Emotionen erreichen die Seele. Kombinieren Sie beides, und Ihre Geschichte bleibt.
- **Konzentration auf das Publikum:** Keine gute Geschichte existiert im luftleeren Raum. Denken Sie an die Menschen, die sie hören. Was bewegt sie? Was brauchen sie?

Beispiele aus der Praxis

1. **Der Vertriebsleiter mit einer Geschichte:** Ein Vertriebsleiter wollte eine neue Verkaufsstrategie vorstellen. Er hätte Zahlen präsentieren können. Stattdessen erzählte er von einem Kunden, der dank ihrer Produkte eine Krise bewältigte. Die Geschichte gab der Strategie ein Gesicht, ein Ziel – und ein Team, das sich plötzlich voll und ganz engagierte.

2. **Wagners Ansatz in der Führung:** Ein CEO eines mittelständischen Unternehmens entschied sich, Wagners Idee des Gesamtkunstwerks zu kopieren. Bei der Einführung eines neuen Produkts kombinierte er eine klare Botschaft mit einer fesselnden Geschichte, beeindruckenden Bildern

und Musik. Das Ergebnis? Eine motivierte Belegschaft und ein Ziel, das jeder verstanden hat.

3. **Die Geschichte der Neuausrichtung:** Ein Abteilungsleiter stand vor einer großen Veränderung. Er entschied sich, keine PowerPoint-Präsentation zu machen. Stattdessen erzählte er die Geschichte der Organisation: von ihren Wurzeln, über die Krisen, bis zu dem Punkt, an dem Veränderung nötig war. Plötzlich hatte das Team das Gefühl, Teil einer Geschichte zu sein – und kämpfte dafür, dass sie gut ausgeht.

Fazit: Storytelling als Führungswerkzeug

Richard Wagner hat uns gezeigt, dass Geschichten mehr sind als Unterhaltung. Sie sind die Brücke zwischen dem, was ist, und dem, was sein könnte:

> *„Bieten ‚Geschichten' nicht den wahren Zugang zum Wesen der Welt?"[43]*

Führungskräfte, die Storytelling beherrschen, schaffen mehr als Strukturen und Prozesse. Sie schaffen Verbindungen. Sie inspirieren Teams, nicht nur zu arbeiten, sondern an etwas zu glauben. Genau das ist Führung, die funktioniert – und die bleibt. Wagner hätte nichts anderes akzeptiert.

---

[43] Michael Magercord: Achtung vor Geschichten – Parzival in der Rheinoper. Online im WWW: http://eurojournalist.eu/achtung-vor-geschichten-parzival-in-der-rheinoper/ [Datum des Zugriffs: 2024-12-29].

5.3 Kritikfähigkeit: Feedback geben und annehmen

Bertolt Brecht – Kritik als Motor des Fortschritts

Was wäre, wenn Theater nicht die Flucht vor der Realität wäre, sondern ihre radikale Offenlegung? Bertolt Brecht wollte kein Bühnenbalsam für die Seele schaffen, sondern einen Boxring für den Verstand. Sein *„Episches Theater"* war keine Wohlfühlzone, sondern eine intellektuelle Kampfansage. Die Welt sehen und sie zerschlagen, um sie besser neu zusammenzusetzen – das war Brechts Anspruch.

In *„Der gute Mensch von Sezuan"* hält er dem Publikum den Spiegel vor und fordert: Denkt nach, löst den Konflikt, denn ich werde es nicht für euch tun.

Brecht zwingt uns, unbequem zu denken. Seine Werke sind keine sanften Erzählungen, die wir konsumieren und dann vergessen. Sie sind Stachel und Spiegel, ein ewiger Aufruf, den Finger in die Wunde zu legen. Kritik ist bei ihm kein destruktiver Akt, kein Selbstzweck. Sie ist ein dialektisches Werkzeug – hart, schmerzhaft, aber unverzichtbar, um das Gewohnte aufzubrechen, die Wahrheit zu entlarven und den Raum für Veränderung zu schaffen.

Genau das ist auch in der Führung entscheidend: Kritikfähigkeit ist keine Option, kein weiches *„Kann man ja mal ausprobieren"*. Sie ist ein Muss. Wer nicht kritisieren kann – klar, konstruktiv, mutig – und wer nicht fähig ist, Kritik anzunehmen, bleibt in der Stagnation stecken. Da hilft kein Weichzeichner und keine Floskel. Veränderung beginnt genau da, wo der Mut zur Kritik die Angst vor Konfrontation überwindet.

Übertragung auf Leadership

Kritik als Entwicklungsmotor

Brecht zeigt uns, dass Kritik kein Zerstörungsakt sein muss. Sie ist der Funken, der Fortschritt entzündet. Führungskräfte, die Kritik annehmen und geben können, eröffnen Räume für Reflexion und Wachstum. Es geht darum, Schwächen zu benennen, ohne sie zu verteufeln, und Stärken zu fördern, ohne sich darauf auszuruhen.

Kritik offen annehmen

Kritik zu akzeptieren, ohne sich in Rechtfertigungen zu verlieren, ist eine Meisterklasse in Führung. Brechts Werke lehren uns, dass wahre Größe darin liegt, Schwächen zu erkennen und sie in Stärke zu verwandeln. Führungskräfte, die sich Kritik stellen, schaffen eine Kultur, in der Feedback nicht als Angriff, sondern als Chance wahrgenommen wird.

Kritik respektvoll geben

Brecht hatte eine Methode, Konflikte so darzustellen, dass sie uns nicht lähmen, sondern aktivieren. Sein Verfremdungseffekt – das bewusste Distanzieren, um Klarheit zu schaffen – bietet eine Blaupause für Führungskräfte. Kritik sollte respektvoll formuliert und auf die Sache konzentriert sein, nicht auf die Person.

Brechts praktische Lektionen für Führungskräfte

- **Feedback als festen Bestandteil etablieren:** Führen Sie regelmäßige Feedbackgespräche ein. Sie sind kein Luxus, sondern ein Werkzeug, um Dynamiken zu erkennen und zu verändern.

- **Aktiv nach Kritik fragen:** Bitten Sie Ihr Team um ehrliches Feedback zu Ihrem Führungsverhalten. Diese Offenheit zeigt, dass Sie Kritik nicht nur dulden, sondern schätzen.
- **Kritik zielgerichtet formulieren:** Nutzen Sie klare Ich-Botschaften. Sprechen Sie Verhaltensweisen an, nicht Persönlichkeiten. Das macht Kritik greifbarer und weniger verletzend.
- **Kritik als Dialog verstehen:** Sehen Sie Feedbackgespräche als Chance für einen echten Austausch. Stellen Sie Fragen, hören Sie zu, und suchen Sie gemeinsam nach Lösungen.

Beispiele aus der Praxis

1. **Der offene Marketingmanager:** Ein Marketingmanager betritt die Bühne, umgeben von einem Team, das zunehmend schweigsam wirkt. Die Szene: ein offenes Meeting. Er wendet sich an die Gruppe und fragt, warum die Ideen immer seltener sprudeln. Eine Mitarbeiterin erhebt sich, zögert, und spricht schließlich aus, was viele denken: Seine schnelle Kritik lähmt die Kreativität. Der Manager hält inne, nickt, und beginnt, seine eigene Rolle zu hinterfragen. Im nächsten Akt sehen wir ihn in einer neuen Rolle: Er hört zu, stellt Fragen, lobt erste Ansätze. Das Team blüht auf, die Ideen fließen wieder. Das Publikum bleibt zurück mit der Frage: Wie oft hemmen wir selbst, was wir fördern wollen? Brecht hätte wohl gesagt: *„Die Veränderung liegt nicht im Applaus, sondern im Handeln."*

2. **Brechts Ansatz in der Führung:** Eine Abteilungsleiterin in einem mittelständischen Unternehmen bringt das Konzept des Verfremdungseffekts auf die Bühne der modernen

Arbeitswelt: Feedbackgespräche. Statt direkt Kritik oder Lob auszutauschen, fordert sie ihr Team auf, die Situation aus einer neutralen Perspektive zu betrachten – als wären sie Beobachter einer Szene. Das Ergebnis? Die Gespräche entgleiten den emotionalen Spannungen, die häufig Lösungen verdecken, und lenken den Blick stattdessen auf sachliche Ansätze. Das Publikum, sprich das Team, wird so nicht nur Teil des Prozesses, sondern auch Akteur einer dynamischen Veränderung – ganz im Sinne Brechts: reflektierend, handelnd, verändernd.

Fazit: Kritikfähigkeit als Basis für Wachstum

Bertolt Brecht zeigt uns, dass Kritik kein Angriff ist, sondern ein Angebot – eine ausgestreckte Hand, auch wenn sie manchmal unbequem und rau wirkt. Führungskräfte, die Kritik nicht fürchten, sondern als Werkzeug begreifen, schaffen Räume, in denen Reflexion möglich wird und Veränderung beginnt.

Kritikfähigkeit bedeutet, dorthin zu schauen, wo andere den Blick abwenden. Hinzusehen, das Auszusprechen, was alle spüren, aber keiner wagt zu benennen. Es ist die Kunst, nicht stillzuhalten, sondern zu handeln, wo andere sich im Status quo einrichten.

Veränderung entsteht nicht im Zusehen. Sie entsteht im Tun. Führung ist nichts Statisches, sie ist ein Prozess – ständig, fordernd, unnachgiebig. Und Kritik ist dabei kein Hindernis. Sie ist der Motor, der uns antreibt, auch wenn er ruckelt und lärmt.

Wer sich der Kritik verweigert, verweigert sich dem Fortschritt. Und das ist nicht nur bedauerlich – es ist das ultimative Versagen. Denn Stillstand ist keine Option, wenn das Ziel Bewegung ist.

5.4   Inspirierende Kommunikation: Andere motivieren

Charles Bukowski – Die rohe Kraft der Worte

Charles Bukowski, der Meister der rauen, ungeschönten Wahrheit, hat mit seiner Sprache Generationen irritiert und inspiriert. Seine Texte sind keine kunstvoll geschnürten Geschenke, sie sind Faustschläge. Direkt. Brutal. Ehrlich. In Gedichten wie *„The Laughing Heart"* fordert er uns auf, unser Leben zu leben, trotz allem, was sich uns in den Weg stellt:

> *„Your life is your life. Don't let it be clubbed into dank submission. [...] There is light somewhere. It may not be much light but it beats the darkness."*[44]

Bukowskis Worte treffen nicht, weil sie geschönt sind, sondern weil sie echt sind. Genau hier liegt die Lektion für Führungskräfte: Inspirierende Kommunikation braucht keine Fassade, keine rhetorische Perfektion. Sie muss ehrlich sein. Sie muss berühren. Sie muss das Herz treffen – nicht den Kopf.

Übertragung auf Leadership

Emotionen als Motor der Inspiration

Bukowski zeigt, dass Worte, die aus tiefstem Gefühl kommen, eine Kraft entfalten, die nichts anderes erreicht. Führungskräfte, die ehrlich und leidenschaftlich sprechen, wecken in ihren Teams mehr als bloße Zustimmung – sie wecken das Verlangen, Teil von etwas Größerem zu sein.

---

[44]   Vgl. dazu Anm. 16.

Die Kraft der Einfachheit

Bukowski schrieb ohne Schnörkel. Keine endlosen Sätze, keine Kleist'schen Perioden, keine Phrasen. Seine Worte schlugen ein, weil sie unverfälscht waren. Genau das ist inspirierende Kommunikation: Sie braucht keine komplizierten Metaphern, sondern eine Klarheit, die direkt ins Herz trifft.

Die Verbindung zu den Zuhörenden

Bukowskis Texte sind roh, ja, aber sie sprechen direkt zu uns. Sie verstehen, wo wir stehen, was wir fühlen. Genau das ist der Schlüssel für Führungskräfte: zu zeigen, dass man die Menschen versteht, für die man spricht. Eine echte Verbindung entsteht, wenn Worte die Realität der Zuhörenden spiegeln – ihre Hoffnungen, ihre Ängste, ihre Kämpfe.

Praktische Lektionen für Führungskräfte

- **Mit Leidenschaft sprechen:** Sprechen Sie über das, was Sie wirklich bewegt. Menschen spüren, ob Sie es ernst meinen. Leidenschaft ist ansteckend.
- **Einfachheit üben:** Vergessen Sie Fachjargon und Phrasen. Klarheit ist die wahre Kunst.
- **Geschichten erzählen:** Erzählen Sie Geschichten, die Emotionen wecken. Sie bleiben länger im Kopf als jede Statistik.
- **Die Zuhörenden ansprechen:** Gehen Sie auf die Menschen ein, die vor Ihnen stehen. Zeigen Sie, dass Sie sie sehen und verstehen.

Beispiele aus der Praxis

1. **Der inspirierende Geschäftsführer:** Der Geschäftsführer stand da, die Krawatte schief, die Augen müde. Das Geld war weg, die Finanzierung geplatzt, und die Luft im Raum roch nach Verzweiflung und abgestandenem Kaffee. Er hätte Zahlen präsentieren können, irgendwelche grauen Tabellen voller Fehler und Hoffnungslosigkeit. Stattdessen lehnte er sich an den Tisch, atmete tief durch und sagte: *„Ehrlich, Leute, das kotzt mich an. Aber weißt du, was? Scheitern ist nur 'ne andere Art zu sagen, dass wir's versucht haben."* Dann erzählte er von diesem Typen – irgendein großer Name in der Business-Welt, der mal genauso auf die Fresse gefallen war. Und später? Ein verdammter Erfolgsmensch. Das Team hörte zu, still zuerst, dann mit einem Funken in den Augen. Sie sprachen, sie planten, sie fingen wieder an zu träumen. Weil er ehrlich war. Weil er echt war. Und weil er sie daran erinnerte, dass der Dreck, in dem sie standen, auch der Boden war, aus dem Neues wachsen konnte.

2. **Bukowskis Ansatz in der Führung:** Die Projektleiterin stand vorne, das Hemd noch von der letzten Nachtschicht zerknittert, die Augen voller Müdigkeit, aber klar. Kein Bullshit, kein Canva-Opium, nur sie und ihr Team. *„Leute, das war verdammt hart,"* sagte sie, *„und ehrlich? Ich hab' manchmal gedacht, wir schaffen's nicht."* Sie ließ den Satz stehen, ohne Drama, ohne Ausreden. *„Aber ihr habt euch reingehängt. Jeder von euch. Und das hat den Unterschied gemacht."* Dann kam sie zum Punkt. Kein Motivationsgequatsche, sondern schlicht und roh: *„Ohne euch läuft hier gar nichts. Und das meine ich genauso, wie ich's sage."* Der Raum war still, aber irgendwas veränderte sich. Man sah es in den Gesichtern, in den Schultern, die sich langsam entspannten.

Es war diese Art Ehrlichkeit, die nicht glänzen wollte, sondern echt war. Und genau das ließ die Leute aufstehen und weiterkämpfen. Für sie. Für das Team. Für sich selbst.

Fazit: Inspiration durch authentische Kommunikation

Charles Bukowski zeigt uns, dass Worte, die keine Masken tragen, die stärksten sind. Authentische Kommunikation braucht keine perfekten Sätze, sondern Wahrhaftigkeit.

Führungskräfte, die ehrlich sprechen, schaffen mehr als nur Verständigung. Sie bauen Brücken, schaffen Vertrauen und wecken eine Energie, die sich durch nichts ersetzen lässt. Sprache ist mehr als ein Werkzeug. Sie ist eine Waffe, eine Einladung, ein Versprechen. Und vor allem: ein Beweis dafür, dass echte Verbindung möglich ist – selbst im größten Durcheinander.

Bukowski würde womöglich gesagt haben: *„Sag, was du meinst, und lass den Rest sich fügen."* Führung ist kein Schauspiel, es ist ein Dialog mit der nackten Wahrheit. Worte können heilen, schlagen und befreien, je nachdem, wie man sie benutzt. Das Chaos versteht sich selbst erst, wenn es benannt wird.

6 Macht und Verantwortung

6.1 Ethik und Verantwortung: Entscheidungen moralisch vertretbar treffen

Hannah Arendt – Verantwortung als ethische Praxis

Hannah Arendt, eine der einflussreichsten Denkerinnen des 20. Jahrhunderts, hat in ihren Werken das Wesen der Macht, die Dynamik von Verantwortung und die moralischen Entscheidungen in schwierigen Zeiten analysiert. Hannah Arendt hat provoziert, verstört und ist dabei erschreckend klar geblieben. Ihre Analyse des Bösen, geprägt durch den Begriff der *„Banalität des Bösen"*, legt offen, wie blindes Gehorchen und unreflektiertes Handeln in den Abgrund führen:

> *„Das Böse entsteht, wenn Menschen aufhören zu denken",*[45]

schreibt sie in *„Eichmann in Jerusalem"*. Ein Satz wie ein Schlag ins Gesicht.

Im Kontext von Leadership bedeutet das: Macht ist niemals nur ein Werkzeug, sie ist immer auch Verantwortung. Führungskräfte müssen mehr tun, als nur Entscheidungen zu treffen. Sie müssen nachdenken, zweifeln, und die ethischen Dimensionen jeder Handlung auf den Tisch legen – egal, wie unbequem das ist.

---

[45] Hannah Arendt: Eichmann in Jerusalem. München: Piper Verlag, 1964, S. 136.

Übertragung auf Leadership

Reflexion als Grundlage ethischer Entscheidungen

Arendt zeigt uns, was passiert, wenn Denken durch Gehorsam ersetzt wird: Nichts Gutes. Führungskräfte, die ethisch handeln wollen, müssen innehalten und sich fragen: Ist das, was wir hier tun, nur effizient oder auch gerecht? Welche Konsequenzen folgen morgen, übermorgen – und in zehn Jahren?

Verantwortung übernehmen

Echte Führung heißt, Verantwortung zu tragen. Nicht nur für Erfolge, sondern vor allem für die Konsequenzen der eigenen Entscheidungen. Es erfordert Mut, sich der Unbequemlichkeit zu stellen – für das Team, die Organisation und die Gesellschaft. Fredmund Malik bringt es auf den Punkt:

> *„Man muss nicht unbedingt die Schriften von Immanuel Kant studiert haben, um im Sinne einer beruflichen Ethik zu handeln. Ich meine etwas Bescheideneres, Schlichteres – eine Alltagsethik gewissermaßen. Sie besteht darin, für das, was man tut – und gelegentlich auch für das, was man zu tun versäumt hat – einzustehen."*[46]

Die Macht des Urteilsvermögens

Für Arendt war das Denken keine Option, sondern Pflicht. Führungskräfte dürfen sich nicht auf Prozesse und Vorschriften verlassen, sondern müssen Situationen individuell betrachten. Urteilskraft ist nicht verhandelbar, sie ist der Kern jeder Entscheidung, die mehr will, als kurzfristig funktionieren.

---

[46]   Vgl. dazu Anm. 18, S. 72.

Arendts praktische Lektionen für Führungskräfte

- **Ethische Reflexion in Entscheidungen einbauen:** Halten Sie bei jeder wichtigen Entscheidung inne und prüfen Sie deren langfristige und moralische Auswirkungen.
- **Transparenz fördern:** Erklären Sie Ihre Entscheidungen offen, auch wenn sie kontrovers sind. Menschen können nur Vertrauen, wenn sie verstehen.
- **Eine Kultur der Verantwortung schaffen:** Fördern Sie in Ihrem Team die Haltung, Verantwortung zu übernehmen, anstatt Schuld zu delegieren.
- **Moralische Prinzipien als Leitlinie nutzen:** Definieren Sie klare Werte und richten Sie Ihre Führung daran aus – jeden Tag, bei jeder Entscheidung.

Beispiel aus der Praxis

Inmitten eines bürokratischen Tsunamis, wo Arbeitsplätze nur noch Zahlen in Excel-Sheets waren, entschied sich eine Personalchefin gegen die Anonymität der Maschine. Sie wusste, dass der Abbau von Stellen mehr war als eine technische Notwendigkeit – es war ein Akt, der die Würde der Betroffenen berührte.

Statt die Kündigungen wie kalte Fakten zu behandeln, begegnete sie den Menschen persönlich, sprach mit ihnen, hörte zu. Workshops und Perspektiven für einen Neuanfang ersetzten die Sprachlosigkeit der Bürokratie. Die Zusicherung fairer Abfindungen war nicht nur ein finanzielles Angebot, sondern ein Signal: Du bist mehr als eine Nummer.

Diese Haltung, geprägt von Arendts Idee, dass Qualität im Handeln liegt, bewahrte das Vertrauen im Unternehmen – selbst in der Krise.

Denn, wie Arendt uns lehrt: Es ist das bewusste Handeln, das den Unterschied zwischen Verwaltung und echter Verantwortung ausmacht.

Fazit: Ethik als Führungsprinzip

Hannah Arendt erinnert uns daran, dass Verantwortung keine Abstraktion ist. Sie ist radikal konkret. Führungskräfte können sie nicht delegieren, nicht verstecken, nicht in Prozessen auflösen. Sie stehen in jeder Entscheidung im Spannungsfeld zwischen Macht und Moral.

Ethische Führung verlangt Mut – den Mut, unbequem zu sein. Denn der richtige Weg ist selten der leichte. Doch genau das ist der Punkt: Führung, die nur kurzfristig denkt, hinterlässt nichts. Nachhaltigkeit entsteht, wenn jede Entscheidung das Wohl von Team, Organisation und Gesellschaft gleichermaßen berücksichtigt.

Führung bedeutet, Macht nicht zu missbrauchen, sondern mit ihr Gutes zu schaffen – nicht immer perfekt, aber immer mit Blick auf die Konsequenzen. Und genau darin liegt die wahre Stärke: Denken, bevor man handelt. Immer.

6.2   Machtbewusstsein als *Philosophical Deathmatch*

Macht im Ring – Michel Foucault vs. Max Weber

Ringrichter Gareth Morgan betritt die Arena mit einem breiten Lächeln und hebt die Arme, um die Menge zu begrüßen. Ein Spotlicht folgt ihm, während die Arena in dunkler Spannung verharrt. Der Duft von altem Holz und staubigen Vorhängen liegt in der Luft – die Aura eines historischen Schauplatzes. Hinter ihm dreht sich ein glitzernder Schriftzug: *„Philosophical Deathmatch – Clash of Power Titans".*[47] *„Meine Damen und Herren, herzlich willkommen zu einem historischen Ereignis! Heute treten zwei Giganten der Machtanalyse gegeneinander an. Auf der einen Seite: der Visionär der subtilen Ströme, der Archäologe der Macht, der Mann, der uns beibrachte, dass die unsichtbaren Netzwerke oft stärker sind als die sichtbaren Strukturen – Michel Foucault!"*

Ein gedämpftes Murmeln geht durch die Menge, ein Mix aus Ehrfurcht und Vorfreude. Foucault betritt mit einer Mischung aus Gelassenheit und Neugier die Bühne. Seine Schritte hallen auf den Holzplanken, während ein leises Raunen seinen Namen trägt.

---

[47]   *Philosophical Deathmatch?* Ach ja, *Celebrity Deathmatch*. Was für eine Zeit. Ein absurdes Meisterwerk des schlechten Geschmacks, das Ende der 1990er auf MTV lief – dieser Sender, der damals noch das Gefühl vermittelte, man könnte jung sein und irgendwie wichtig. Stop-Motion, Knetfiguren, die sich auf brutalst komische Art zerlegten. Prominente, die nicht wirklich sie selbst waren, sondern Karikaturen – wie im echten Leben, nur eben blutiger.
Drei Kämpfe pro Folge. Knetköpfe, die explodieren, Arme, die sich in Waffen verwandeln. Musik-, Film-, Sport- und Politik-Stars, alle durch den Fleischwolf der Popkultur gedreht. Kommentiert von zwei Typen, Johnny Gomez und Nick Diamond, die klangen, als hätten sie ihr ganzes Leben in einem verrauchten Sportstudio verbracht. Und dann war da noch der Ringrichter, Mills Lane, der auf die Einhaltung von Regeln pochte, die es eh nicht gab. Großartig sinnlos. Schon ein Trash-Denkmal, das uns alle daran erinnert, dass Promis auch nur Menschen sind – aus Knete.

Gekleidet in einen schwarzen Rollkragenpullover, seine unverkennbar scharfen Augen hinter einer runden Brille, nickt er nur leicht. Das Licht fängt den Glanz seiner Brille ein, als er trocken murmelt: *„Macht ist nichts, das man anfeuert."*

„Und auf der anderen Seite", fährt Morgan fort, *„der Titan der Legitimität, der Architekt rationaler Ordnung, der Mann, der uns zeigte, dass Macht durch klare Strukturen und Regeln bestehen muss – Max Weber!"*

Ein donnernder Applaus, gemischt mit vereinzeltem Gelächter, begrüßt Weber. Er betritt den Ring, die Taschenuhr in der Hand, sein grauer Anzug zeitlos makellos. Mit einem prüfenden Blick auf Foucault murmelt er: *„Zeit ist Macht,"* seine Stimme klingt, als würde er zu sich selbst sprechen – doch jeder im Raum hört ihn.

Morgan lässt seinen Blick durch die Menge schweifen – eine heterogene Gruppe, die aus Führungskräften, Mitarbeiter:innen und Stakeholdern besteht. Das Publikum ist ein Panorama aus Emotionen: Einige applaudieren enthusiastisch, inspiriert von den Ideen, während andere mit verschränkten Armen das Geschehen skeptisch beobachten. Die flackernden Schatten an den Wänden scheinen die Spannung zu verstärken.

Morgan (mit theatralischem Ton): *„Heute werden wir klären, was Macht wirklich ist und wie sie in der Praxis wirkt. Ist sie ein fließendes Netz, das Beziehungen durchdringt, wie Foucault sagt? Oder ist sie die Fähigkeit, Widerstände zu überwinden, gestützt durch Regeln und Legitimität, wie Weber argumentiert? Es geht um Reflexion und Handlung, um Struktur und Dynamik. Und, meine Damen und Herren, darum, wer die Herzen und Köpfe dieser Arena für sich gewinnen kann!"*

Hinter Morgan erstrahlt eine riesige digitale Anzeige, die rot pulsiert, als würde sie das Geschehen beobachten. Die Grundregeln des Matches erscheinen:

1. Keine Monologe über drei Minuten.

2. Keine Floskeln ohne Praxisbezug.

3. Fairplay, aber mit Schärfe.

Morgan setzt sich in seinen Ringrichterstuhl, lässt die Glocke läuten und erklärt: *„Erster Gong – das Duell beginnt!"* Die Worte verhallen, und ein prickelndes Schweigen legt sich über die Arena.

Foucault und Weber tauschen erste Blicke aus, eine Mischung aus Respekt und Konkurrenz. Die Luft knistert, als wäre jeder Moment geladen mit Bedeutung. *„Also dann"*, sagt Morgan lächelnd, *„meine Herren, zeigen Sie uns die Essenz der Macht!"*

Runde 1: Was ist Macht?

Morgan hebt die Hand: *„Runde eins: Definitionen!"* Der Gong ertönt, ein tiefer, metallischer Klang, der durch die Arena rollt und ein erwartungsvolles Flüstern im Publikum auslöst. Der Schlagabtausch beginnt.

Foucault: *„Macht ist kein Ding, das man besitzt, Herr Weber. Macht durchdringt alles – wie das Wasser in einem Flussbett. Sie ist nicht hierarchisch, sondern relational. Sie ist unsichtbar, fließend und oft am stärksten dort, wo sie am wenigsten wahrgenommen wird."*

Er spricht ruhig, fast wie ein Professor, der seine These vor einem skeptischen Auditorium verteidigt. Die Intensität seiner Worte liegt in der Präzision, mit der er sie wählt. Er hebt eine Augenbraue und schaut zu Weber. Sein Blick scheint die Distanz zwischen ihnen zu überbrücken, wie ein unsichtbares Seil, das Spannung aufbaut.

„Macht ist subtil. Sie wirkt in der Art, wie Organisationen sprechen, wie sie dokumentieren, kontrollieren, klassifizieren."

Weber (scharf): *„Subtil, sagen Sie? Führungskräfte brauchen keine unsichtbaren Flüsse. Macht ist greifbar – sie bricht Widerstände. Wer führen will, muss Klarheit schaffen, keine Poesie rezitieren!"*

Seine Stimme ist wie ein Hieb, präzise und durchdringend, und hallt in der still gewordenen Arena wider. Einige im Publikum nicken zustimmend, während andere skeptisch die Stirn runzeln. Er wendet sich an Morgan: *„Wenn wir Macht als ‚fließend' definieren, wie soll ein Führer sie dann nutzen?"*

Morgan (lächelnd): *„Ein interessanter Punkt, Herr Weber. Aber was ist mit den Mechanismen, die diese greifbare Macht erzeugen? Herr Foucault, haben Sie eine Antwort?"*

Morgan lehnt sich zurück, die Hände vor sich gefaltet, und beobachtet die beiden wie ein Schiedsrichter, der eine perfekte Balance sucht.

Foucault: *„Natürlich. Es geht nicht darum, Macht zu greifen, sondern zu verstehen, wie sie funktioniert – wie Wissen und Diskurse sie formen. Ihre Macht, Herr Weber, basiert nicht auf Ihrer Position, sondern darauf, wie Ihre Legitimität in den Köpfen der Menschen konstruiert wird."*

Die Worte treffen wie präzise platzierte Pfeile, und Foucault lässt eine kleine Pause entstehen, um den Effekt zu verstärken.

Weber (sichtlich genervt): *„Eine schöne Theorie, aber in der Praxis scheitert sie. Ohne klare Strukturen und Regeln würde jede Organisation ins Chaos stürzen."*

Er schüttelt den Kopf und zieht an seiner Taschenuhrkette, als würde er sich an einem Symbol der Ordnung festhalten.

Morgan: *„Und da haben wir den ersten Kontrast: Macht als fließendes Netzwerk versus Macht als strukturelle Ressource. Gong, bitte!"*

Der Gong ertönt erneut, diesmal fast wie eine Erleichterung für das aufgeladene Publikum. Einige klatschen, andere murmeln miteinander, während die beiden Philosophen sich in die Ecken zurückziehen, um sich für die nächste Runde zu sammeln.

Toolkit: Macht verstehen und nutzen

- Foucault: Analysieren Sie die subtilen Mechanismen und Diskurse, die Macht in Ihrer Organisation prägen.

- Weber: Stützen Sie Ihre Macht auf klare Strukturen und Regeln, um Stabilität und Legitimität zu schaffen.

Runde 2: Wie zeigt sich Macht in der Praxis?

Morgan: *„Runde zwei, meine Herren: die Anwendung von Macht in der Praxis. Keine graue Theorie mehr – wir wollen Action!"* Der Gong ertönt mit einem energischen Schlag, und die Stimmung in der Arena verändert sich. Die Zuschauer rutschen unruhig auf ihren Plätzen hin und her, als die Diskussion konkreter wird.

Foucault: *„Macht zeigt sich in den kleinen Dingen: Wer darf im Meeting sprechen? Wer bestimmt die Agenda? Wer hat das letzte Wort? Die Praxis der Macht ist nicht heroisch, sondern banal – und genau deshalb so gefährlich."*

Seine Stimme ist leise, aber eindringlich, wie ein leiser Fluss, der unerwartet Strukturen unterspült. Er beugt sich leicht vor, seine Augen fixieren Weber wie ein Raubvogel, der sein Ziel nicht aus den Augen lässt. *„Führungskräfte, die diese subtilen Prozesse nicht hinterfragen, verlieren die Kontrolle, ohne es zu merken."*

Weber (lacht): *„Subtilitäten und Diskurse mögen in Ihren philosophischen Salons funktionieren, aber in der Realität braucht es klare Entscheidungen. In Krisen geht es um Handlungsfähigkeit: Die Macht, Ja oder Nein zu sagen. Orientierung kommt nicht durch Worte, sondern durch Taten."*

Sein Lachen ist kurz und scharf, und seine Worte hallen durch die Arena wie der Schlag eines Hammers. Ein Teil des Publikums applaudiert zustimmend, während andere leise protestieren.

Morgan: *„Aber was ist mit Konsens, Herr Weber? Und wie erklären Sie die unsichtbaren Dynamiken, die Herr Foucault beschreibt?"*

Morgan steht von seinem Stuhl auf und geht ein paar Schritte zur Mitte des Rings, als wolle er die beiden Kontrahenten einander näherbringen.

Weber (selbstbewusst): *„Konsens ist wichtig, ja. Aber wenn die Struktur nicht hält, nützt kein Konsens der Welt. Führungskräfte müssen handeln, wenn die Zeit knapp ist."*

Seine Stimme trägt einen fordernden Ton, als wollte er das Publikum auffordern, sich endlich auf die Seite der Klarheit zu schlagen.

Foucault (spöttisch): *„Sie handeln, Herr Weber, aber wissen Sie, was Ihre Handlungen bewirken? Was ist mit den Konsequenzen Ihrer Entscheidungen, die über die Hierarchie hinausreichen?"*

Seine Worte tropfen vor Ironie, und die Spannung im Raum steigt, als er Weber einen fast mitleidigen Blick zuwirft.

Morgan (mit einem Zwinkern): *„Ein spannender Schlagabtausch! Macht als unsichtbare Steuerung versus Macht als klare Handlung. Und was sagen Sie, liebes Publikum?"*

Ein Lächeln spielt auf seinen Lippen, als er die Menge mit einem ausladenden Armgestus auffordert, Stellung zu beziehen.

Beispiel aus der Praxis:

Ein Klinikleiter erkennt, dass eine neue Technologie Fehler verursacht.

- Foucault: Er untersucht die Machtstrukturen, die diese Technologie etabliert haben, und hinterfragt sie.

- Weber: Er entscheidet klar und konsequent, die Technologie zu stoppen.

- Morgan: Die Organisation ist wie ein lebendes System – der Leiter muss die Balance zwischen Handeln und Reflektieren wahren.

Toolkit: Macht in der Praxis

- Foucault: Beobachten Sie die kleinen, aber mächtigen Dynamiken in Ihrer Organisation.

- Weber: Treffen Sie klare Entscheidungen, besonders in Krisen.

- Morgan: Betrachten Sie Ihre Organisation als ein lebendiges System, in dem Handeln und Reflexion sich ergänzen.

Der Gong markiert das Ende der Runde, und die Spannung im Raum bleibt greifbar. Die Menge beginnt, leise zu diskutieren, während Weber und Foucault sich gegenseitig mit starren Blicken messen. Morgan setzt sich gelassen zurück, ein leises Lächeln auf den Lippen, als würde er wissen, dass die wahre Schlacht erst noch kommt.

Runde 3: Macht und Verantwortung

Morgan: *„Runde drei: Macht und Verantwortung. Wer führt, muss Verantwortung übernehmen. Aber wie?"* Ein dunkler, dröhnender Gong ertönt, und die Arena wird für einen Moment still, als ob alle Zuschauer den Atem anhalten.

Weber (selbstsicher): *„Verantwortung beginnt mit Mut. Es ist die Pflicht einer Führungskraft, Entscheidungen zu treffen – auch wenn sie unpopulär sind. Legitimität erwächst nicht aus Stillstand, sondern aus konsequentem Handeln."*

Seine Stimme ist wie ein Kommando, direkt und unnachgiebig, und einige im Publikum nicken energisch. Sein Blick streift die Menge, als suche er Zustimmung, bevor er sich wieder Foucault zuwendet.

Foucault (ruhig): *„Mut ohne Reflexion führt in die Irre. Macht, die sich selbst nicht hinterfragt, degeneriert zu einem Mittel der Kontrolle. Führungskräfte müssen verstehen, wie ihre Entscheidungen bestehende Machtstrukturen beeinflussen und wem diese Strukturen nützen."*

Seine Worte sind präzise wie ein Skalpell, und seine ruhige Stimme kontrastiert scharf mit Webers energischer Rede. Er verschränkt die Arme, als wolle er sich gegen die angespannte Atmosphäre abschirmen.

Morgan (stehend, mit ausladender Geste): *„Das ist der Kern von Führung, meine Herren! Reflexion und Handlung – zwei Seiten einer Medaille. Verantwortung bedeutet, nicht nur zu entscheiden, sondern auch die Konsequenzen dieser Entscheidungen zu tragen."*

Seine Geste ist weit, seine Stimme laut und fast triumphierend. Die Zuschauer richten sich auf, als ob sie auf eine Offenbarung warten.

Weber (scharf): *„Ohne klare Entscheidungen verlieren Organisationen ihre Richtung. Zu viel Reflexion führt zu Lähmung."*

Sein Ton ist schneidend, als wolle er die Arena mit einem einzigen Satz zum Schweigen bringen. Einige Zuschauer applaudieren, während andere murmelnd den Kopf schütteln.

Foucault (spöttisch): *„Und zu wenig Reflexion macht aus Führung eine Gefahr für die Organisation. Verantwortung heißt auch, innezuhalten und Macht kritisch zu betrachten."*

Ein leises, ironisches Lächeln spielt auf seinen Lippen, und die Arena reagiert mit einem Gemisch aus leichten Lachern und nachdenklichem Schweigen.

Morgan (lachend): *„Ein hervorragender Punkt, Herr Foucault! Doch lassen Sie uns nicht vergessen, dass Reflexion ohne Handeln ebenso sinnlos ist. Gong!"*

Der Gong klingt wie eine Befreiung, ein Moment, in dem die angespannte Energie des Raumes entweicht. Die Zuschauer beginnen zu tuscheln, während Foucault und Weber sich in ihre jeweiligen Ecken zurückziehen.

Toolkit: Macht und Verantwortung

- Foucault: Reflektieren Sie, wie Ihre Macht die Organisation beeinflusst und wem sie dient.

- Weber: Treffen Sie klare Entscheidungen und stehen Sie zu den Konsequenzen.

- Morgan: Finden Sie die Balance zwischen Reflexion und Handlungsfähigkeit, um Vertrauen und Stabilität zu schaffen.

Die Arena ist nun aufgeladen mit Diskussionen und Meinungen, wie ein Sturm, der sich langsam entlädt. Morgan hebt die Hände, um die Menge zu beruhigen, während ein Lächeln auf seinem Gesicht erscheint – ein Hinweis darauf, dass die Diskussion gerade erst an Fahrt aufgenommen hat.

Peripetie: Weber provoziert Morgan

Weber dreht sich plötzlich zu Morgan um. Die Bewegung ist scharf, fast wie ein Schnitt durch die gespannte Luft in der Arena. *„Herr Morgan"*, beginnt er mit schneidender Stimme, *„es mag ja in Mode sein, Organisationen als Metaphern zu betrachten. Aber in der echten Welt – der Welt der Rationalität und Regeln – sind Ihre bunten Bilder bestenfalls intellektuelle Spielereien."*

Ein Raunen geht durch die Menge. Manche Zuschauer rutschen unruhig auf ihren Sitzen, andere starren gebannt auf die Szene im Ring. Die Spannung ist greifbar, wie ein Gewitter, das jeden Moment losbrechen könnte.

Morgan legt seinen Notizblock beiseite, steht langsam auf, richtet sein Jacket und mustert Weber mit einem langen, ruhigen Blick. Die Zeit scheint für einen Moment stillzustehen, während das Publikum den Atem anhält. Selbst die elektronischen Anzeigen im Hintergrund flimmern wie in Erwartung.

Morgan (kühl): *„Spielereien, sagen Sie? Herr Weber, Ihre Welt der Regeln mag in Lehrbüchern schön aussehen. Aber in der Praxis werden Organisationen durch Beziehungen, Netzwerke und Symbole zusammengehalten – nicht durch Taschenuhren und Paragrafen.“*

Seine Worte schneiden durch die Arena wie ein Dolch, und ein donnernder Applaus brandet auf. Einige Zuschauer springen von ihren Sitzen, während Weber sichtbar mit seiner Fassung ringt.

Weber setzt zu einer Antwort an, doch bevor er den Mund aufmachen kann, macht Morgan zwei Schritte nach vorn und stößt ihn – metaphorisch und fast physisch – mit einem unerwarteten Tiefschlag aus dem Ring.

Die Szene scheint sich in Zeitlupe abzuspielen: Webers Gesichtsausdruck erstarrt, während er beinahe taumelt, nicht physisch, aber intellektuell getroffen.

Weber geht zu Boden, und während er sich verdutzt aufrappelt, klopft Morgan seine Hände ab und steigt in den Ring. Die Menge tobt – ein Mix aus Applaus, Rufen und vereinzeltem Gelächter. *„Vielen Dank, Herr Weber. Es wird Zeit, dass jemand das Steuer übernimmt, der die Realität versteht.“*

Die Worte hallen wie ein Siegesruf durch den Raum, und die Zuschauer reagieren mit tosendem Applaus.

Foucault, der die Szene mit verschränkten Armen beobachtet hat, lächelt dünn. Ein Hauch von Amüsement blitzt in seinen Augen auf. *„Na, das könnte interessant werden"*, murmelt er.

Runde 4: Morgan vs. Foucault – Quellen der Macht

Morgan dreht sich zu Foucault. Die Menge verstummt fast augenblicklich, wie von einer unsichtbaren Hand zur Ruhe gerufen. Das Licht in der Arena scheint sich auf die beiden zu konzentrieren, ihre Silhouetten werfen lange Schatten auf den Ringboden. *„Also, Herr Foucault, wir sind uns einig, dass Macht mehr ist als Hierarchie. Aber ich bringe etwas Konkretes in den Ring: die Quellen der Macht in Organisationen."*

Foucault (neugierig): *„Quellen? Erklären Sie das genauer."*

Seine Stimme klingt ruhig, fast neugierig, doch seine Haltung ist angespannt, als würde er sich auf den nächsten Schlag vorbereiten.

Morgan: *„Formale Autorität ist nur eine. Wer Ressourcen kontrolliert, hat Macht. Wer die Entscheidungsprozesse beeinflusst, hat Macht. Wer an den Grenzen der Organisation steht – Vertrieb, Einkauf – hat Macht. Es geht darum, die vielen Kanäle zu verstehen, durch die Macht in Organisationen fließt."*

Er spricht mit der Klarheit eines erfahrenen Vermittlers, und seine Worte scheinen die Luft in der Arena dichter zu machen. Das Publikum lauscht gebannt, einige notieren eifrig in kleinen Notizbüchern, während andere ihre Gedanken direkt in ihre iPads tippen.

Foucault (mit einem leichten Nicken): *„Das ergänzt meinen Ansatz. Macht ist überall – aber Ihre Betonung der Ressourcen und Netzwerke gibt dieser Theorie eine interessante praktische Dimension."*

Sein Tonfall ist sachlich, doch ein Hauch von Anerkennung schwingt mit. Er lehnt sich leicht nach vorne, als wolle er das Gesagte noch genauer analysieren.

Morgan: *„Genau. Macht kann subtil sein, aber sie hat immer eine Quelle. Führungskräfte, die diese Quellen verstehen, können sie nutzen – oder zumindest sicherstellen, dass sie nicht missbraucht werden."*

Sein Blick wandert durch die Arena, seine Stimme wird fester, als ob er das gesamte Publikum direkt ansprechen wollte.

Toolkit: Quellen der Macht erkennen und nutzen

- Formale Autorität: Verstehen Sie, wie Positionen Macht verleihen – und wo ihre Grenzen liegen.

- Netzwerke und Allianzen: Fördern Sie Verbindungen, die Zusammenarbeit und Innovation unterstützen.

- Ressourcen kontrollieren: Wer die entscheidenden Ressourcen verwaltet, hat den Schlüssel zur Macht.

Ein kurzes, nachdenkliches Schweigen folgt Morgans letzter Aussage, doch es ist das Publikum, das dieses Mal reagiert. Einige Zuschauer murmeln zustimmend, andere scheinen Foucaults Ansatz zu favorisieren. Die Atmosphäre in der Arena ist elektrisiert, als ob jeder Moment den nächsten großen Schlagabtausch bringen könnte.

Runde 5: Symbole und Bedeutung – Unsichtbare Macht sichtbar machen

Morgan gestikuliert in die Menge. Das Lichtspiel in der Arena verändert sich, wirft jetzt scharfe Schatten, die die Gesichter des Publikums in dramatische Silhouetten verwandeln. Die Spannung im Raum scheint zu knistern wie elektrische Ladung vor einem Gewitter. *„Herr Foucault, Macht zeigt sich auch in den Geschichten, die wir uns erzählen, und den Symbolen, die wir benutzen. Führungskräfte, die Symbole und Bedeutungen kontrollieren, prägen die Kultur ihrer Organisation."*

Foucault (mit einer hochgezogenen Augenbraue): *„Einverstanden. Symbole können sogar stärker sein als formale Autorität. Aber wie stellen Sie sicher, dass Symbole nicht zur Manipulation führen?"*

Seine Stimme hat einen fordernden Ton, während sein Blick Morgan durchdringt. Die Atmosphäre im Publikum wechselt zwischen stiller Konzentration und gespanntem Raunen.

Morgan (schmunzelnd): *„Eine berechtigte Frage. Symbole ohne Substanz führen zu Zynismus. Führungskräfte müssen sicherstellen, dass die Symbole, die sie nutzen, von realen Werten und Handlungen getragen werden. Andernfalls bricht die Kultur zusammen."*

Seine Worte hängen wie schwere Tropfen in der Luft, jeder Satz scheint die Zuschauer tiefer in die Bedeutung von Führung hineinzuziehen.

Foucault: *„Interessant. Und was ist mit der Symbolik von Macht selbst? Ist es nicht gefährlich, Macht mit zu viel Symbolik zu ummanteln?"*

Er spricht ruhig, aber mit einer Schärfe, die Morgan zwingt, kurz innezuhalten. Das Publikum spürt die subtile Herausforderung und reagiert mit leisen, gemurmelten Kommentaren.

Morgan: *„Symbole allein sind nie genug. Sie sind der Rahmen – aber das Bild dahinter muss die Werte der Organisation reflektieren. Das Management von Bedeutung ist eine der wichtigsten Aufgaben moderner Führung."*

Seine Stimme wird fester, und ein selbstbewusstes Lächeln spielt auf seinen Lippen, als er die Diskussion an sich zieht.

Toolkit: Symbole und Bedeutungen managen

- Kultur gestalten: Verwenden Sie Symbole, die die Werte Ihrer Organisation widerspiegeln.

- Substanz hinzufügen: Symbole müssen durch Handlungen untermauert werden.

- Narrative fördern: Erzählen Sie Geschichten, die Menschen inspirieren und verbinden.

Ein leises Summen durchzieht die Arena, als ob die Zuschauer das Gesagte innerlich abwägen. Foucault neigt leicht den Kopf, ein stilles Zeichen des Respekts vor Morgans Argumentation, bevor er sich entspannt zurücklehnt. Morgan, der jetzt wie ein Dirigent wirkt, der die Spannung im Raum kontrolliert, hebt die Hand und lächelt.

Runde 6: Unsicherheit und Führung – Orientierung in stürmischen Zeiten

Morgan tritt in die Mitte des Rings. Seine Schritte hallen durch die Arena, jeder von ihnen verstärkt das Gewicht der kommenden Worte. Die Zuschauer sind vollkommen still, als ob das Thema, das jetzt diskutiert wird, schwer auf allen Schultern lastet. *„Macht entfaltet sich besonders in Momenten der Unsicherheit. Die Fähigkeit, Unsicherheit zu bewältigen, ist eine der wichtigsten Quellen von Führung."*

Foucault: *„Aber wie schaffen Sie Orientierung, ohne autoritär zu werden?"*

Seine Stimme ist sanft, fast wie ein leises Rauschen, das die Spannung im Raum noch verstärkt. Sein Blick gleitet über das Publikum, als wolle er auch sie in die Frage mit einbeziehen.

Morgan: *„Durch Vertrauen. Führungskräfte, die Unsicherheiten managen, müssen klare Kommunikation und Handlungsfähigkeit zeigen. Aber sie dürfen nicht die Verantwortung monopolisieren – sie müssen ihr Team einbeziehen, um echte Stabilität zu schaffen."*

Seine Worte fließen wie ein Strom, der zwischen den Felsen der Unsicherheit hindurchbricht, und die Zuschauer folgen jedem Satz mit intensiver Aufmerksamkeit.

Foucault: *„Das klingt pragmatisch. Aber erfordert es nicht auch, Macht zu teilen?"*

Ein leichtes Lächeln spielt um seine schmalen Lippen, während er sich auf den nächsten Gedankengang vorbereitet. Die Zuschauer spüren die intellektuelle Spannung zwischen den beiden Kontrahenten.

Morgan: *„Absolut. Geteilte Macht ist stärkere Macht. In unsicheren Zeiten geht es darum, Vertrauen und Resilienz zu fördern. Wer Orientierung gibt, ohne zu kontrollieren, schafft wahre Führung."*

Seine Stimme wird ruhiger, aber eindringlicher, und die Zuschauer nicken zustimmend, als die Worte auf sie wirken.

Toolkit: Unsicherheit managen

- Transparenz schaffen: Kommunizieren Sie klar und offen.

- Verantwortung teilen: Fördern Sie Eigenverantwortung in Ihrem Team.

- Vertrauen aufbauen: Vertrauen ist das Fundament, auf dem Führung in unsicheren Zeiten ruht.

Morgans Worten folgt ein Moment des Schweigens, als ob die Arena das Gewicht der Diskussion in sich aufnimmt. Foucault lehnt sich zurück, seine Augen schimmern nachdenklich, während Morgan sich mit einem leisen Lächeln wieder setzt. Die Zuschauer beginnen zu applaudieren, langsam, aber stetig, als ob sie den Wert der Erkenntnisse erst jetzt vollständig begreifen.

Finaler Sieg: Gareth Morgan

Morgan steht am Ende allein im Ring, sein Jacket lässig über die Schulter geworfen, während ein einzelner Lichtstrahl ihn dramatisch beleuchtet. Die Arena ist erfüllt von einem Murmeln, das an die Gischt eines sich zurückziehenden Meeres erinnert — die Anspannung der vorangegangenen Diskussionen liegt noch in der

Luft. *„Meine Damen und Herren"*, ruft er mit einem schelmischen Lächeln, seine Stimme hallt durch den Raum wie der Schlussakkord eines großen Konzerts, *„ich hoffe, Sie haben heute gelernt, dass Macht kein Monolith ist. Sie ist dynamisch, sie ist flexibel – und sie gehört denen, die sie bewusst nutzen."*

Die Menge explodiert in Applaus. Einige Zuschauer springen auf, jubeln, während andere, tiefer in Gedanken versunken, nur leise nicken. Es ist ein Moment, in dem die Mischung aus Begeisterung und Reflexion die Atmosphäre auflädt.

Foucault nickt respektvoll, ein leises Lächeln spielt um seine Lippen, während er die Arme verschränkt. Sein Blick bleibt ruhig, aber in seinen Augen blitzt die Anerkennung eines würdigen Gegners.

Weber, der sich an den Seilen festhält, zieht sein Taschentuch hervor, wischt sich die Stirn und brummelt leise etwas Unverständliches. Sein Stolz scheint leicht angeschlagen, doch seine Haltung bleibt aufrecht – ein Mann, der nicht leicht aufgibt.

Morgan verlässt die Arena unter tosendem Applaus, sein Schritt federnd, seine Gestik selbstbewusst, als trage er den Sieg nicht nur äußerlich, sondern auch innerlich. Die Zuschauer folgen ihm mit den Augen, einige diskutieren angeregt, während andere immer noch die Kontraste zwischen den drei Perspektiven abwägen.

Die Lichter in der Arena dimmen langsam, die Stimmen im Raum verblassen, und die Energie des Abends bleibt wie ein Nachhall zurück – ein Echo von Einsichten, Herausforderungen und neuen Fragen.[48]

---

[48]   Fiktive Dialoge auf Basis von Michel Foucault: Die Ordnung des Diskurses. München: Hanser, 1974; ders: Überwachen und Strafen. Die Geburt des Gefängnisses. Frankfurt am Main: Suhrkamp, 1976; ders.: Mikrophysik der Macht. Über Strafjustiz, Psychiatrie und Medizin. Berlin: Merve, 1978; Gareth

6.3   Integrität: Übereinstimmung von Worten und Taten

Thomas Mann – Der Zerfall von Werten und ihre Wiederherstellung

Thomas Mann, der Chronist des schleichenden Niedergangs, zeigt uns in *„Buddenbrooks"* den leisen, heimtückischen Zerfall von Werten. Nicht laut, nicht dramatisch, sondern in kleinen, fast unmerklichen Schritten bröckelt das Fundament von Ehre, Pflicht und Integrität. Die Figuren sprechen von Größe und Verantwortung, doch ihre Handlungen entlarven sie: Worte und Taten klaffen auseinander. Am Ende bleibt nichts übrig – keine Werte, keine Familie, kein Stolz.

Nur schön polierte Trümmer.

Es ist nicht der Glanz, der bleibt, sondern die Substanz, die trägt, zeigt uns Mann. Und trifft uns ins Mark. Denn diese Botschaft ist so simpel wie brutal: Ohne Integrität bricht alles zusammen. Worte allein sind wertlos. Sie müssen halten. Sie müssen etwas bedeuten. Sonst sind sie nur hübsche Verpackung für den Abgrund.

Führungskräfte, aufgepasst: Integrität ist kein nettes Accessoire, das man auf Konferenzen vorzeigt. Sie ist der Grund, warum Menschen euch vertrauen. Warum sie überhaupt zuhören. In einer Welt, die von Widersprüchen und Lügen überquillt, ist Integrität das letzte, was noch Orientierung gibt. Wer das vergisst, der wird untergehen – langsam, leise, unaufhaltsam.

Morgan: Images of Organization. Newbury Park, CA: Sage Publications, 1986; Max Weber: Politik als Beruf. München und Leipzig: Duncker und Humblot, 1919; ders.: Wirtschaft und Gesellschaft. Grundriss der verstehenden Soziologie. Tübingen: Mohr Siebeck, 1972.

Übertragung auf Leadership

Glaubwürdigkeit durch Konsistenz

Thomas Mann zeigt, dass Glaubwürdigkeit kein Zufall ist. Sie entsteht, wenn Worte und Taten im Einklang sind. Führungskräfte, die nur reden, ohne zu handeln, werden nicht ernst genommen. Konsistenz ist kein Luxus. Sie ist die Grundlage für Vertrauen. Dazu bedarf es charakterlicher Integrität.[49]

Vertrauen aufbauen und erhalten

Vertrauen ist wie ein scheues Tier. Es kommt langsam, es geht schnell. Führungskräfte, die ihre Werte leben, schaffen mehr als bloße Strukturen. Sie schaffen Bindungen. Und Bindungen halten – selbst wenn alles andere auseinanderfällt.

Konsequenzen fehlender Integrität

Die Tragödie der Familie Buddenbrook ist keine Geschichte, sondern eine Warnung. Figuren, die nicht ehrlich zu sich selbst sind, verlieren alles. Integrität ist wahrlich keine Option, sondern die Basis für Zusammenarbeit und Vertrauen. Eine Führungskraft, die ihre Werte verrät, riskiert nicht nur die Glaubwürdigkeit, sondern das Rückgrat des gesamten Teams. Ohne Vertrauen und Werte bleibt nichts, wofür es sich zu kämpfen lohnt.

---

[49]   Vgl. dazu Anm. 18, S. 149.

Praktische Lektionen für Führungskräfte

- **Worte sind kein Feigenblatt, sondern Verpflichtung:** Worte sind kein Feigenblatt, sondern Verpflichtung: Versprechen Sie nichts, was Sie nicht halten können. Klingt simpel? Ist es nicht. Denn jedes „Das kriegen wir hin" wird überprüft – von Ihrem Team, der Realität und Ihrer eigenen Glaubwürdigkeit. Reden Sie weniger, liefern Sie mehr: *„Always deliver more than expected"*, hat Larry Page mal gesagt. Googeln Sie die Quelle.

- **Fehler machen ist okay – solange Sie sie nicht verstecken:** Fehler? Passieren. Ihr Team merkt das sowieso. Also: Sagen Sie es, bevor die Gerüchteküche brodelt. Der Unterschied zwischen Führungskräften, die respektiert werden, und den, die verlacht werden? Ehrlichkeit über das eigene Scheitern.

- **Ihr Team ist nicht blind – also seien Sie es auch nicht:** Sie können vorgeben, dass Ihnen die kurzfristigen Erfolge wichtiger sind als Werte. Aber die Leute merken es. Sie durchschauen das. Kurzfristig denken Sie, Sie haben gewonnen. Langfristig? Viel Spaß, wenn die Kündigungen auf den Tisch flattern.

- **Loyalität muss verdient werden:** Vertrauen fällt nicht vom Himmel. Es ist wie mein alter R4 F6: pflegeintensiv und leicht kaputt zu kriegen. Wenn Sie wollen, dass Ihr Team für Sie kämpft, müssen Sie erst beweisen, dass Sie für sie kämpfen.

- **Die Latte liegt höher, als Sie denken:** Werte sind keine PR-Strategie. Sie leben sie, oder Sie verlieren. Ganz einfach. Sie können sie auf Ihre Kaffeemaschinen einprägen oder groß auf Ihre Büro-Wände schreiben – aber am Ende wird nur eines zählen: ob Sie sie auch durchziehen, wenn es unbequem wird.

Beispiel aus der Praxis

1. **Der Finanzvorstand und das Versprechen:** Ein Finanzvorstand versprach: keine Entlassungen. Der Druck wurde schlimmer, die Zahlen schlechter. Aber er hielt Wort. Stattdessen fand er Lösungen: interne Versetzungen, Arbeitszeitreduktionen. Und siehe da: Die Belegschaft blieb loyal, weil sie wusste, dass seine Worte Gewicht hatten. Thomas Mann hätte es vielleicht so geschrieben: *„Die Treue zum Wort ist keine Zierde, sondern die letzte Festung der Würde."*

2. **Wertgeleitete Führung in der Praxis:** Eine Geschäftsführerin weigerte sich, Nachhaltigkeit nur als Marketingmasche zu nutzen. Als es eng wurde, lehnte sie lukrative, aber unethische Aufträge ab. Das Team? Unterstützte sie. Die Kund:innen? Blieben. Der Erfolg? Kam – und zwar so, dass man nachts noch schlafen konnte.

3. **Der CEO, der die Gehälter kürzte – aber zuerst seins:** Während der Krise stand ein CEO vor der unangenehmen Aufgabe, Gehälter zu kürzen. Seine Lösung? Er kürzte zuerst sein eigenes – drastisch. Die Botschaft? *„Wir sitzen im selben Boot."* Die Folge? Ein Team, das blieb, statt die Rettungsboote zu besetzen.

4. **Die Nachhaltigkeitslüge, die keine war:** Ein Start-up versprach, plastikfrei zu werden. Es stellte sich heraus, dass die Umsetzung teuer und kompliziert war. Anstatt zu schweigen, kommunizierten sie die Schwierigkeiten offen. Überraschung: Die Kund:innen dankten es ihnen, weil Ehrlichkeit mehr wert war als perfekte PR.

5. **Der Krankenhausdirektor, der die Nachtschicht übernahm:** In einem Krankenhaus mit akutem Personalmangel sprang

der Direktor selbst für eine Nachtschicht ein. Warum? Um zu zeigen, dass Führung nicht nur Reden schwingen heißt. Das Ergebnis? Ein Team, das nicht mehr über schlechte Bedingungen sprach, sondern über eine außergewöhnliche Geste.

Fazit: Integrität als Fundament der Führung

Thomas Mann zeigt uns: Integrität ist kein nettes Add-on. Sie ist die Substanz, die alles trägt. Worte allein bringen nichts, wenn die Taten fehlen. Glaubwürdigkeit entsteht nicht durch große Reden, sondern durch konsequentes Handeln.

„Buddenbrooks" ist eine Mahnung: Wer Werte verrät, verliert alles. Führungskräfte, die ihre Integrität bewahren, schaffen nicht nur Vertrauen – sie schaffen etwas, das bleibt. Substanz statt Fassade.

Führung ist kein Spiel. Sie ist Verantwortung. Und Verantwortung bedeutet, den Widerspruch zwischen Worten und Taten auszuschließen. Immer. Denn am Ende zählt nicht, wie glänzend die Oberfläche ist. Es zählt, was darunter liegt. Substanz. Ehrlichkeit. Und der Mut, sich selbst treu zu bleiben. Ein Prinzip, das Buddenbrook'sche Tiefe mit zeitloser Relevanz verbindet – und Thomas Mann auch heute noch auf jede literarische *Bucket List* setzt.

Integrität zeigt sich nicht in den einfachen Momenten, sondern in den schwierigen. Wenn es darauf ankommt, werden die leisen Entscheidungen laut. Denn am Ende ist Führung nicht, was man sagt, sondern was man tut. Es ist ein Vermächtnis, geprägt von Handlungen, nicht von Worten: *Putting words into action...*

6.4 Konfliktmanagement: Herausforderungen meistern

Juli Zeh – Konflikte als Spiegel der Gesellschaft

Als scharfsinnige Chronistin des modernen Miteinanders zieht Juli Zeh in ihren Werken die Masken des Alltags herunter. Ob in *„Unterleuten"* oder *„Corpus Delicti"*, sie zeigt uns, dass Konflikte keine Ausnahmen sind, sondern der Normalzustand menschlicher Existenz. Sie sind die unsichtbaren Fäden, die unsere Beziehungen spannen und manchmal zerreißen lassen.

> *„Wenn ich in Unterleuten eins gelernt habe, dann dass jeder Mensch ein eigenes Universum bewohnt, in dem er von morgens bis abends recht hat",*[50]

schreibt sie. Eine Beobachtung, so simpel wie verstörend. Denn hier liegt der Kern jedes Konflikts: Wir leben alle in unserer eigenen kleinen Filterbubble und wundern uns, wenn andere es wagen, nicht dasselbe zu sehen. Jeder sieht die Welt durch seine eigene Linse, was zu unvermeidlichen Spannungen führt, wenn diese Welten aufeinandertreffen.

Übertragung auf Leadership

Konflikte als Chance zur Weiterentwicklung

Juli Zeh verdeutlicht unmissverständlich, dass Konflikte nicht das Ende sind. Sie sind der Anfang. Führungskräfte sollten diese Momente der Reibung nicht fürchten, sondern als Sprungbrett nutzen. Spannungen? Gut so. Sie sind der Treibstoff für Innovation und Veränderung.

---

[50]   Juli Zeh: Unterleuten. München: Luchterhand, 2016, S. 630.

Die Balance zwischen Individualität und Gemeinschaft

Amygdala 1, Frontallappen 0. In *„Unterleuten"* siegt oft der Egoismus über den Gemeinsinn. Das ist ein Kampf, der selten harmonisch endet. Genau hier liegt die Herausforderung für Führungskräfte: die Eigenheiten jedes Einzelnen zu respektieren, ohne den Zusammenhalt des Teams zu gefährden.

Neutralität und Fairness als Führungsprinzipien

Juli Zeh zeigt, wie moralische Grauzonen Konflikte oft verschärfen. Für Führungskräfte bedeutet das: Haltet die Waage. Bleibt neutral, hört zu, und sorgt dafür, dass jede Stimme gehört wird. Nur so können Lösungen entstehen, die nicht nur akzeptiert, sondern auch getragen werden.

Zehs praktische Lektionen für Führungskräfte

- **Frühzeitiges Erkennen von Spannungen:** Konflikte, die ignoriert werden, wachsen. Beobachten Sie Ihr Team genau und sprechen Sie Probleme frühzeitig an: Unbedingt mündlich, *„wann immer es wichtig ist und wann immer es möglich ist."*[51]

- **Offene Kommunikation fördern:** Schaffen Sie eine Atmosphäre, in der niemand Angst haben muss, seine Meinung zu äußern – auch wenn sie unbequem ist.

- **Respekt vor Vielfalt:** Unterschiedliche Perspektiven sind keine Bedrohung, sondern eine Ressource. Nutzen Sie sie.

---

[51] Reinhard K. Sprenger: Radikal führen. Frankfurt am Main und New York: Campus Verlag, 2012, S. 261.

- **Kontinuierliche Reflexion:** Überprüfen Sie regelmäßig Ihre eigenen Haltungen und Entscheidungen. Vorurteile sind wie Unkraut – sie wachsen schneller, als man denkt.

Beispiele aus der Praxis

1. **Ein Unternehmen fördert offenen Austausch:** In einem KMU führte die Einführung eines neuen Produkts zu Spannungen zwischen der Entwicklungs- und der Marketingabteilung. Während die Entwickler auf technische Machbarkeit pochten, drängte das Marketingteam auf schnelle Markteinführung. Der Konflikt drohte, die Projektarbeit lahmzulegen. Die Führungskraft griff ein und organisierte ein moderiertes Treffen, bei dem beide Abteilungen ihre Perspektiven und Prioritäten darlegen konnten. Durch die strukturierte Diskussion und die offene Kommunikation entstanden neue Ansätze, wie technische Anforderungen und Zeitpläne besser abgestimmt werden konnten. Das Ergebnis? Ein optimierter Produktentwicklungsprozess, der nicht nur das aktuelle Projekt voranbrachte, sondern langfristig die Zusammenarbeit zwischen den Abteilungen stärkte.

2. **Ein Mitarbeiter bringt Innovation voran:** In einem internationalen Konzern schlug ein junger Mitarbeiter vor, ein bislang manuell durchgeführtes Verfahren durch eine KI-gestützte Lösung zu ersetzen. Die Idee stieß bei den erfahreneren Kolleg:innen auf Widerstand: zu teuer, zu unsicher, hieß es. Doch die Führungskraft erkannte das Potenzial und initiierte eine Testphase. Das Team wurde aufgefordert, die Vor- und Nachteile gemeinsam zu analysieren und einen Prototypen zu entwickeln. Die Ergebnisse überzeugten: Die

neue Lösung reduzierte die Bearbeitungszeit um 40 % und eröffnete völlig neue Geschäftsmöglichkeiten. Der Erfolg des Projekts stärkte nicht nur das Selbstbewusstsein des Mitarbeiters, sondern etablierte eine Kultur, in der Innovation und Mut belohnt werden.

3. **Neutral moderieren und Konsens schaffen:** Die Einführung eines neuen Dienstplans führte in einem Pflegeheim zu Spannungen zwischen den Pflegekräften und der Verwaltung. Die Pflegekräfte beklagten unfaire Schichten und mangelnde Mitsprache, während die Verwaltung argumentierte, dass die Änderungen notwendig seien, um Personalausfälle zu kompensieren. Die Leitung setzte sich an einen runden Tisch und moderierte die hitzige Diskussion neutral. Beide Seiten hatten die Gelegenheit, ihre Anliegen vorzutragen, und es wurde gemeinsam eine Liste von Kompromissen erarbeitet: flexiblere Schichtpläne, ein transparenteres Mitspracherecht und regelmäßige Feedbackrunden. Die Folge? Zufriedenere Mitarbeiter:innen, eine reduzierte Fluktuation und ein funktionierender Dienstplan. Der Dialog bewies, dass auch scheinbar unlösbare Konflikte mit Offenheit und Struktur bewältigt werden können.

Fazit: Konfliktmanagement als Kern moderner Führung

Juli Zeh zeigt eindringlich, dass Konflikte mehr als nur Störfaktoren sind — sie sind ein unvermeidbarer Teil unseres Miteinanders. In ihnen spiegeln sich die Dynamiken von Teams, Organisationen und Gesellschaften. Konflikte zu bewältigen, bedeutet weit mehr, als sie zu lösen. Es erfordert die Fähigkeit, sie zu verstehen, sie als Chancen zu begreifen und sie in produktive Bahnen zu lenken.

Für Führungskräfte sind Konflikte der Prüfstein ihrer Kompetenzen. Sie offenbaren, wie gut sie zuhören können, wie klar sie kommunizieren und wie empathisch sie handeln. Wo individuelle Perspektiven und Eigeninteressen dominieren, liegt die Herausforderung darin, eine Balance zu finden – zwischen den Bedürfnissen des Einzelnen und dem gemeinsamen Ziel. Wer diese Balance nicht halten kann, riskiert, Teams auseinanderzutreiben. Wer sie jedoch meistert, schafft Vertrauen, Respekt und Fortschritt.

Konflikte zwingen Führungskräfte zur Selbstreflexion. Neutralität erfordert Stärke und die Fähigkeit, eigene Vorurteile zu erkennen und abzulegen. Es geht nicht darum, jeden Konflikt harmonisch zu lösen, sondern Spannungen produktiv zu nutzen und tragfähige Lösungen zu entwickeln.

Konfliktmanagement spiegelt die Werte einer Führungskraft wider. Ignorieren Sie Konflikte, signalisieren Sie Desinteresse. Gehen Sie autoritär vor, gefährden Sie Vertrauen. Es gilt, Raum für Meinungsverschiedenheiten zu schaffen, ohne den Fokus zu verlieren.

Am Ende sind Konflikte nicht das Problem – sie sind die Lösung. Sie decken Schwächen auf, die sonst verborgen blieben. Sie fordern Innovation heraus, die sonst nicht stattfinden würde. Und sie fördern den Zusammenhalt, der nur entsteht, wenn Menschen lernen, ihre Unterschiede zu akzeptieren und gemeinsam voranzugehen.

Für Führungskräfte bedeutet das: Werden Sie zum Moderator, nicht zum Richter. Schaffen Sie Räume für Dialog, nicht für Konfrontation. Und nutzen Sie Konflikte als Treibstoff für Wachstum, statt sie als Hindernis zu sehen. Die Fähigkeit, Konflikte zu managen, ist keine Randkompetenz. Sie ist der Kern moderner Führung – und vielleicht ihre größte Herausforderung.

7 Vision und Innovation

7.1 Visionäres Denken: Langfristige Ziele entwickeln

Richard Wagner – Visionäre Führung durch große Ideen

Ein Großdenker wie Richard Wagner fand die Welt zu klein für seine Ideen. Der Komponist, der Opern nicht einfach schrieb, sondern Universen erschuf – mit Göttern, Drachen, Liebenden und Flammenmeeren. Wer könnte besser über visionäres Denken sprechen als er? Wagner war nie bescheiden, und genau das machte ihn zum Inbegriff des Visionärs.

Mit *„Der Ring des Nibelungen"* schuf er nicht einfach Musik. Er baute ein Gesamtkunstwerk, das Poesie, Philosophie und Gesellschaftskritik vereinte. Alles an Wagner schrie: groß denken, größer träumen. Seine Visionen waren monumental, oft unbequem und immer ihrer Zeit voraus.

> *„Kinder! macht Neues! Neues! und abermals Neues!",*[52]

forderte Wagner. Keine falsche Demut, kein Zögern. Diese Haltung ist nicht nur bewundernswert, sie ist essenziell – für Künstler ebenso wie für Führungskräfte. Denn was Wagner wirklich lehrt, ist: Habt den Mut, groß zu denken. Lasst euch nicht einengen. Wenn ihr etwas schaffen wollt, das bleibt, dann braucht es nicht nur Ideen, sondern auch die unbändige Energie, sie in die Welt zu bringen.

---

[52] Richard Wagner: Brief an Franz Liszt, 8 September 1852. In: Richard Wagner. Sämtliche Briefe Bd. 4. Hrsg. von Gertrud Strobel und Werner Wolf, Leipzig: VEB Deutscher Verlag für Musik, 1979, S. 460.

Übertragung auf Leadership

Die Kraft der Inspiration

Visionen bewegen Menschen. Sie geben ihnen einen Grund, morgens aufzustehen, an etwas zu glauben, über sich hinauszuwachsen. Wagner verstand das. Seine Werke sprühen vor Leidenschaft und Energie, und genau das müssen Führungskräfte tun: Visionen klar formulieren und mitreißend kommunizieren. Begeisterung ist ansteckend.

Langfristigkeit über kurzfristige Erfolge stellen

Wagners Werke waren für seine Zeit oft unverständlich. Er wusste, dass große Ideen nicht sofort Früchte tragen. Führung bedeutet, die Balance zu finden: kurzfristige Erfolge feiern, ohne das große Ziel aus den Augen zu verlieren. Visionäre Führung ist immer ein Marathon, kein Sprint.

Verbindung von Kreativität und Pragmatismus

Wagner war nicht nur ein Visionär, sondern auch ein Pragmatiker. Seine Ideen mögen gigantisch gewesen sein, aber er wusste, dass sie Planung und Disziplin erforderten. Führungskräfte sollten träumen, aber auch handeln. Visionen müssen mit konkreten Plänen unterfüttert werden, sonst bleiben sie leere Worte.

Praktische Lektionen für Führungskräfte

- **Eine klare Vision entwickeln:** Wofür steht Ihre Organisation? Was ist ihr langfristiges Ziel? Kommunizieren Sie diese Vision klar und regelmäßig, damit sie lebendig bleibt.
- **Mitarbeiter:innen einbeziehen:** Großes entsteht im Kleinen, wie wir im Saarland sagen, aber immer nur gemeinsam.

Lassen Sie Ihre Teams Teil der Vision werden – das stärkt die Identifikation und das Engagement.

- **Geduld bewahren:** Visionen wachsen langsam. Seien Sie bereit, Rückschläge hinzunehmen und trotzdem an Ihrer Idee festzuhalten.
- **Den Weg skizzieren:** Visionen brauchen Struktur. Entwerfen Sie konkrete Pläne, um Ihre Ziele Schritt für Schritt zu erreichen.

Beispiele aus der Praxis

1. **Der Biotech-Start-up-Gründer** wollte personalisierte Medizin für alle zugänglich machen – eine Idee, die weit über die Möglichkeiten seines Unternehmens hinausging. Doch er hielt daran fest. In regelmäßigen Meetings verband er kurzfristige Projekte mit der langfristigen Vision. Das Team blieb motiviert, Innovationen wurden vorangetrieben, und am Ende wurde aus dem Traum Realität.

2. **Visionärer Wandel in einem Traditionsunternehmen:** Eine Geschäftsführerin in der Maschinenbauindustrie erkannte, dass die Zukunft in nachhaltigen Technologien liegt. Widerstand? Klar. Doch sie blieb bei ihrer Vision, kommunizierte klar und führte ihr Unternehmen in eine Zukunft, die nicht nur profitabel, sondern auch umweltfreundlich war.

3. **Der Direktor eines Bildungsinstituts** entwickelte eine Vision, digitale Lernformate als festen Bestandteil der Ausbildung zu integrieren. Trotz begrenzter Ressourcen und anfänglichem Widerstand schuf er ein Pilotprojekt, das nicht nur die Lernqualität verbesserte, sondern das Institut als Vorreiter positionierte.

Fazit: Visionäres Denken als Führungsprinzip

Richard Wagner – der Mann, der Bayreuth baute, Opern neu erfand und Götter donnern ließ – zeigt uns, was Führung wirklich ausmacht: Mut. Mut, über das Naheliegende hinauszugehen, groß zu denken und an einer Vision festzuhalten, selbst wenn sie niemand sonst versteht.

Visionen sind keine Strategiepapiere. Sie sind Träume, die Substanz bekommen. Sie sind die treibende Kraft, die Organisationen und Menschen antreibt, über sich hinauszuwachsen. Wagner zeigt, dass solche Visionen Geduld und Ausdauer verlangen – und den Willen, sich Kritik und Rückschlägen zu stellen. Doch wenn es gelingt, bleibt etwas, das über die Zeit hinaus wirkt. Wagner wusste das. Seine Visionen leben heute noch, in jeder Note, in jedem Wort.

Und mal ehrlich: Wer wäre nicht inspiriert von jemandem, der Drachen zähmt, Welten erschafft und mit einem Orchester den Donner der Götter heraufbeschwört? Führungskräfte, die groß denken, können das Gleiche erreichen – vielleicht ohne Drachen, aber mit einer Prise Magie, Mut und der Fähigkeit, etwas Dauerhaftes zu schaffen.

Das verbindet Wagner übrigens mit Lewis Carroll – zwei Visionäre, deren Welten unterschiedlicher kaum sein könnten, und die doch die gleiche unerschöpfliche Fähigkeit teilen: über das Alltägliche hinauszublicken und neue Universen zu erschaffen. Wagner ließ Helden kämpfen und Götter verzweifeln, Carroll zog uns kopfüber in surreale Fantasien, wo Logik sich auflöst und das Absurde plötzlich glasklar wirkt.

Beide zeigen uns, dass wahre Größe nicht im Perfektionieren des Offensichtlichen liegt, sondern im Mut, das scheinbar Unmögliche zu denken – und es dann in die Realität zu holen. Sei es durch Musik, die Götter zum Schweigen bringt, oder Worte, die die Grenzen der Realität sprengen.

Wahre Visionäre erkennen, dass ihre Ideen oft auf Widerstand stoßen – und dennoch unverzichtbar sind. Denn Innovation entsteht nicht in der Komfortzone, sondern am Rand des Möglichen. Führung bedeutet, das Risiko des Scheiterns einzugehen, um das Potenzial des Großen zu verwirklichen.

Die Kraft einer Vision liegt nicht nur in ihrer Tragweite, sondern in ihrer Umsetzbarkeit. Wagner zeigt uns, dass Größe durch Disziplin, Beharrlichkeit und die Fähigkeit, andere zu inspirieren, real wird.

Visionen ohne Handeln sind Träume, Handeln ohne Vision ist Zeitverschwendung.

Im nächsten Kapitel geht es um Carrolls Beitrag zu *„Kreativität und Führung im Chaos"*. Denn während Wagner Götter dirigierte, führte Carroll uns durch Kaninchenlöcher in die Tiefen des kreativen Wahnsinns.

7.2 Kreativität: Führung als schöpferischer Akt

Lewis Carroll – Kreativität und Führung im Chaos

Lewis Carroll hat Wunderwelten von einer surrealen, halluzinativen Qualität erschaffen. In *„Alice im Wunderland"* zerlegt er die Logik, stellt Regeln auf den Kopf und führt uns in ein Reich, in dem nichts so ist, wie es scheint. Und genau hier liegt sein Genie: Er zeigt uns, dass im Chaos das größte Potenzial für Kreativität schlummert. Nichts ist vorhersehbar, alles ist möglich – vorausgesetzt, man lässt sich darauf ein.

Carrolls Wunderland ist keine Komfortzone. Es ist ein Tanz auf dünnem Eis, ein Spiel mit der Realität. Die Regeln? Werden ständig neu geschrieben. Genau das macht es zu einem Lehrstück für Führungskräfte: Kreativität entsteht nicht in der Ordnung, sondern im Mut, Altes zu hinterfragen und Unvorhergesehenes zuzulassen.

Wie Richard Wagner erschuf auch Carroll Welten, die nicht nur größer waren als die Realität, sondern diese zugleich hinterfragten und transformierten. Wagner entwarf Opern, die Philosophie und Musik vereinten, Carroll schrieb Geschichten, die Logik und Fantasie ineinanderfließen ließen. Beide zeigten: Wahre Innovation beginnt da, wo die alten Grenzen enden.

Übertragung auf Leadership

Kreativität als Problemlösung

Carrolls Wunderland lehrt uns, dass Chaos keine Bedrohung ist, sondern ein Spielfeld für neue Ideen. Führungskräfte, die bereit sind, sich auf Unsicherheit einzulassen, entdecken im Ungeordneten Lösungen, die zuvor undenkbar schienen.

Neues Denken fördern

Alice begegnet einer Welt, die völlig anders funktioniert, als sie es gewohnt ist. Führungskräfte können von dieser Offenheit lernen: Teams sollten ermutigt werden, eingefahrene Denkmuster zu hinterfragen und unkonventionelle Wege zu suchen.

Kreativität als Teamprozess

Die Bewohner des Wunderlands – vom Hutmacher bis zur Grinsekatze – zeigen uns, dass Kreativität selten allein entsteht. Führungskräfte, die kollaborative Räume schaffen, fördern nicht nur Innovation, sondern auch den Zusammenhalt im Team.

Carrolls praktische Lektionen für Führungskräfte

- **Experimentierfreude fördern:** Erlauben Sie Fehler, feiern Sie das Ausprobieren. Kreativität entsteht nicht im Sicherheitsnetz, sondern im freien Fall.
- **Querdenken ermöglichen:** Hinterfragen Sie das Offensichtliche, laden Sie Ihr Team ein, das Absurde und Unkonventionelle zu erkunden.
- **Offene Räume schaffen:** Kreative Workshops, Brainstormings, Denkspiele – schaffen Sie Räume, in denen das Denken frei fließen kann.
- **Humor und Leichtigkeit einbringen:** Carrolls absurde Logik zeigt, dass Spaß und Lockerheit oft die besten Ideen hervorbringen. Kreativität darf leichtfüßig sein.

Beispiel aus der Praxis

Ein Marketing-Team war festgefahren, die Ideen waren ausgelutscht, der Markt stagnierte. Die Teamleiterin beschloss, alles anders zu machen. Inspiriert von Carroll ließ sie die üblichen Regeln hinter sich und eröffnete einen Workshop, in dem nichts zu absurd war. *„Was haben ein Rabe und ein Schreibtisch gemeinsam?"*[53] – diese Frage, scheinbar sinnlos, diente als Motto. Ohne Grenzen, ohne Vorgaben, ohne Angst vor Lächerlichkeit wurden Ideen gesammelt.

Am Anfang Verwirrung. Am Ende? Eine bahnbrechende Kampagne, die alles veränderte. Das Team hatte nicht nur eine innovative Lösung gefunden, sondern war mit einem neuen Gefühl von Zusammenhalt und Inspiration aus der Übung gegangen. Wie Carrolls *Alice* zeigte sich, dass im scheinbar Sinnlosen oft die größte Klarheit liegt.

Fazit: Kreativität als Führungsqualität

Lewis Carroll, der Meister der absurden Welten, zeigt uns, dass Kreativität nicht in Sicherheit entsteht, sondern im Unbekannten, im Chaos. Führungskräfte, die mutig genug sind, starre Strukturen aufzubrechen und Raum für Neues zu schaffen, legen den Grundstein für nachhaltige Innovation.

Kreativität bedeutet, den Mut zu haben, Ordnung infrage zu stellen und das Unmögliche zu denken. So wie Carrolls *Alice* durch die Paradoxien des Wunderlands navigiert, müssen Führungskräfte lernen, Unsicherheiten nicht zu fürchten, sondern sie als Chance zu

---

[53]   Vgl. Anm. 20, S. 588.

sehen. Denn nur wer bereit ist, ins Unbekannte vorzudringen, kann die Zukunft gestalten.

In einer Welt, die sich ständig verändert, ist Kreativität keine Spielerei – sie ist Überlebensstrategie. Carroll erinnert uns daran, dass Führung nicht bedeutet, Chaos zu vermeiden, sondern es zu umarmen. Denn genau dort, in den ungeordneten Räumen, schlummern die größten Möglichkeiten.

Kreativität ist die Brücke zwischen Idee und Umsetzung, zwischen Vision und Realität. Sie fordert nicht nur den Intellekt, sondern auch Mut und Offenheit. Carroll zeigt uns, dass die besten Lösungen oft da zu finden sind, wo niemand gesucht hat.

Führungskräfte, die kreatives Denken in ihre Teams integrieren, schaffen nicht nur Innovationen, sondern auch Resilienz. Denn im Chaos entstehen nicht nur neue Ideen, sondern auch neue Wege, sich Herausforderungen zu stellen.

Letztlich ist Kreativität die Energie, die Organisationen in Bewegung hält. Sie bringt Leichtigkeit in den Alltag und zeigt, dass selbst die verrücktesten Ideen eine Grundlage für echten Fortschritt sein können. ~~Carroll erinnert uns: Wer Wunder schaffen will, muss den Mut haben, ins Wunderland einzutauchen.~~[54]

---

[54] Meine Korrekturleserin schaut mich halb mitleidig, halb entrüstet an und fragt, ob ich in meiner Jugend Pur gehört hätte, denn dieser Satz klinge doch verdächtig nach „Abenteuerland". Ganz sicher nicht, meine Liebe. So tief bin ich nie gefallen.

7.3   Change-Management: Wandel aktiv gestalten

Marisha Pessl – Wandel durch narrative Klarheit

Marisha Pessl schreibt keine Bücher, sie legt Netze aus. Jede Seite, jede Wendung, ein weiterer Knoten im Gewebe aus Chaos, Schönheit und Abgrund. Und genau hier liegt ihr Geheimnis: Veränderung ist kein klarer Weg. Es ist ein verdammter Sumpf aus Unsicherheiten, Zweifeln und Momenten der Klarheit, die alles verändern – wenn man sie erkennt.

> *„Lebe immer mit deiner Biografie im Sinn",*[55]

betont sie in *„Die alltägliche Physik des Unglücks"*, ihrem Debüt. Das ist der Kern von Wandel. Veränderung ist nicht einfach das Zertrümmern des Alten, es ist die Neuordnung, die Entdeckung eines Musters im Chaos. Führungskräfte, die das verstehen, verwandeln Ungewissheit in Möglichkeiten.

Pessl zeigt uns, dass Veränderung nicht passiv geschieht. Sie ist ein Tanz auf dünnem Eis, ein Ringen mit den eigenen Schatten, ein ständiges Austarieren zwischen Risiko und Chance. Sie muss gestaltet werden – bewusst, mit einer Erzählung, die Orientierung bietet, mit einer Vision, die Mut macht. Wer die Geschichte des Wandels nicht erzählt, wird von ihm überrollt. Nicht weil Wandel schön wäre, sondern weil er unvermeidlich ist. Und in diesem unvermeidlichen Chaos liegt die Chance, neu zu denken, zu schaffen, was vorher undenkbar war.

---

[55]   Im Original: *„Always live your life with your biography in mind."* Marisha Pessl: Die alltägliche Physik des Unglücks. Frankfurt am Main: S. Fischer Verlag, 2006, S. 59.

Übertragung auf Leadership

Die Kraft der Inspiration

Wandel ist unbequem, anstrengend und manchmal einfach nur abgrundtief hässlich. Aber eine starke Erzählung kann den Unterschied machen. Pessl zeigt, dass Geschichten nicht nur Fakten ordnen, sondern auch Emotionen lenken. Führungskräfte, die den Wandel als Geschichte erzählen, schaffen nicht nur Orientierung, sondern Hoffnung. Wie Pessl formuliert:

> *„Mögen deine Studien bis ans Ende deiner Tage dauern. Mögest du für die Wahrheit kämpfen –, für deine eigene Wahrheit, nicht für die Wahrheit anderer".*[56]

Langfristigkeit über kurzfristige Erfolge stellen

Wie ihre Bücher Zeit brauchen, um zu wirken, verlangt auch echter Wandel Geduld. Führungskräfte müssen lernen, das große Ganze zu sehen, anstatt sich in schnellen Siegen zu verlieren. Denn was heute als Erfolg gefeiert wird, kann morgen schon ein Hindernis sein – aber wer langfristig denkt, baut Fundamente statt Fassade.

Kreativität und Pragmatismus verbinden

Pessl bewegt sich mühelos zwischen Fantasie und Struktur. Genau das müssen Führungskräfte tun: groß denken, mutig sein – und gleichzeitig Pläne entwickeln, die tatsächlich umsetzbar sind. Denn ohne Fantasie fehlt die Vision, ohne Struktur die Richtung – nur beides zusammen bringt Unternehmen weiter.

---

[56]   Im Original: *„May you walk a lighted path. May you fight for truth - your truth, not someone else's."* Ebd., S. 365.

Pessls praktische Lektionen für Führungskräfte

- **Eine klare Erzählung entwickeln:** Wandel braucht eine Geschichte, die Sinn macht. Kein Chaos, sondern eine Erzählung, die erklärt, warum Veränderung notwendig ist – und was sie bringen wird.
- **Emotionale Stabilität bieten:** Wandel ist unbequem, das wissen wir. Führungskräfte müssen Sicherheit geben, ein Anker sein, wenn das Team droht, unterzugehen.
- **Teams einbinden:** Niemand will einen Wandel, der von oben verordnet wird. Menschen wollen gehört werden. Sie wollen Teil der Geschichte sein.
- **Geduld bewahren:** Wandel ist kein Sprint, sondern ein Marathon. Es wird Rückschläge geben. Atmen Sie. Machen Sie weiter.

Beispiele aus der Praxis

1. **Ein Start-up-Gründer in der Gesundheitsbranche:** Ein Gründer in der Gesundheitsbranche stand vor der Aufgabe, sein Unternehmen von einem technischen Anbieter zu einem Dienstleister für ganzheitliche Patientenversorgung zu transformieren. Statt Angst vor dem Unbekannten zu haben, formulierte er den Wandel als *„neue Erzählung des Gesundheitswesens"*. Er gab dem Chaos eine Struktur und schuf eine Kultur, in der Unsicherheit nicht als Feind, sondern als Treibstoff begriffen wurde.

2. **Die Geschäftsführerin eines Traditionsunternehmens:** Ein Familienunternehmen, verhaftet in alten Produktionsmethoden. Die Geschäftsführerin wusste, dass Nachhaltigkeit die einzige Zukunft ist. Sie erzählte dem Team eine neue Geschichte: *„Unsere Tradition lebt, weil wir sie erneuern."* Statt Angst vor dem Verlust der Vergangenheit entstand Mut, eine neue zu schreiben.

Fazit: Change-Management als narrative Transformation

Wandel passiert nicht einfach. Er ist keine Aneinanderreihung von Maßnahmen, sondern eine Geschichte, die geschrieben werden muss. Mit Klarheit, Mut und der Bereitschaft, das Alte hinter sich zu lassen.

Führungskräfte, die das Chaos umarmen, verstehen, dass Veränderung nicht in Tabellen oder Prozessen beginnt, sondern in der Art, wie wir sie erzählen. Geschichten geben Orientierung, schaffen Verbindungen und machen Mut. Sie verwandeln Wandel in etwas, das Sinn macht – in eine Reise, die Menschen mitnimmt, statt sie zurückzulassen.

Pessl zeigt uns, dass echter Wandel nicht durch Druck, sondern durch Bedeutung entsteht. Es ist nicht die Geschwindigkeit oder die Lautstärke, die zählt, sondern die Frage, ob wir eine Geschichte erzählen, die bleibt. Führungskräfte, die das verstehen, schaffen nicht nur Transformationen, sondern bauen Zukunft – inspiriert, kraftvoll, unverwechselbar.

7.4 Mut zur Nonkonformität: Die Kunst des Andersdenkens in der Führung

Allen Jones – Unangepasstheit als Prinzip erfolgreicher Führung

Der Mann, der Kunst zu einem wütenden Mittelfinger machte, heißt Allen Jones. Nicht gegen alles, nur gegen das, was langweilig ist. Seine Skulpturen – halbnackte Frauen, die als Möbelstücke dienen: *Chair, Table, Hat Stand* – sind keine Deko für Leute mit Geschmack. Sie sind Provokation: Ein Stuhl wird zum Angriff auf den Status quo. Ein Tisch wird zum Altar der Provokation. Ein Hutständer wird zur schallenden Ohrfeige für jede Konvention. Drei Möbel, die dazu aufrufen, den Standard zu zerschlagen und neu zu denken.

> *„I wanted to offend the canons of accepted worth in art. I found the perfect image to do that, and it's an accident of history that these works coincided with the arrival of militant feminism",*[57]

sagt Jones. Er wollte Grenzen überschreiten, Regeln brechen, die gemütlichen Kanons der Kunstwelt mit einem gezielten Tritt in den Hintern in die ewige Verdammnis zu schicken. Auch das ist Führung. Oder sollte es sein. Nicht Anpassung, nicht Mittelmaß. Sondern die Bereitschaft, den Tisch umzuwerfen, wenn er keinen Platz für Neues bietet.

Unangepasstheit ist keine Option. Sie ist eine Notwendigkeit. Führungskräfte, die sich nach Sicherheit sehnen, die sich für die Applausmaschine des Status quo entscheiden, ersticken Innovation, bevor sie überhaupt geboren wird. Jones zeigt uns, dass echter Fortschritt nicht in Konferenzräumen oder durch perfekte Charts entsteht. Er entsteht im Chaos, im Risiko, im Moment, in dem man

---

[57]   Vgl. Anm. 21.

entscheidet: Ja, ich mache das anders, auch wenn es niemand versteht.

Übertragung auf Leadership

Den Status quo hinterfragen

Jones hätte niemals etwas geschaffen, das polarisiert, wenn er brav geblieben wäre. Führungskräfte, die das Gewohnte nicht hinterfragen, werden selbst zur Bürokratie. Fragen Sie sich: Was, wenn das, was wir tun, alles falsch ist?

Kreative Risiken eingehen

Jones' Skulpturen haben eine Botschaft: Mut zur Konfrontation. Mut zur Veränderung. Führungskräfte, die bereit sind, Risiken einzugehen, schaffen Raum für echte Innovation. Nicht immer schön, aber immer bedeutend.

Authentisch bleiben

Jones war nie Mainstream. Er war er selbst. Und ist es immer noch. Führungskräfte, die ihre Werte verraten, um akzeptiert zu werden, verlieren sich – und die, die ihnen folgen. Echtheit ist nicht verhandelbar.

Jones' praktische Lektionen für Führungskräfte

- **Normen bewusst hinterfragen:** Hören Sie auf, Dinge zu tun, weil sie *„immer so gemacht wurden".* Werfen Sie den verdammten Regelkatalog weg und fragen Sie: Warum?

- **Mut zu unpopulären Entscheidungen:** Gute Führung ist nicht, jedem zu gefallen. Gute Führung ist, das Richtige zu tun – auch wenn alle mit den Augen rollen.

- **Kreativität fördern:** Geben Sie Ihrem Team die Freiheit, zu scheitern. Ohne Angst vor Fehlern gibt es keine großen Ideen.

- **Resilienz entwickeln:** Widerstand ist normal. Kritik ist unvermeidlich. Nutzen Sie sie, um stärker, klarer und radikaler zu werden.

Beispiele aus der Praxis

Eine provokante Designerin: Nennen wir sie einmal Vivienne Westwood. Sie warf Mitte der 1970er Jahre traditionelle Materialien und Schnitte beiseite, experimentierte mit dem Unmöglichen – schrille Farben, PVC, Sicherheitsnadeln. *Radical Chic.* Zuerst hasste die Modewelt sie dafür. Doch ihr Mut zu scheitern, bis etwas funktionierte, brachte Innovationen, die man nicht ignorieren konnte.

Ihre Radikalität zeigte, dass Führung manchmal bedeutet, Konventionen bewusst zu brechen, um Neues zu schaffen – und den Widerstand als Teil des Prozesses zu akzeptieren. Am Ende war es genau diese Provokation, die ihr Anerkennung verschaffte.

Fazit: Avantgarde und Nonkonformität in der Führung

Leadership ist keine Reise auf Schienen. Es ist eine Wanderung über ein Minenfeld, barfuß, bei Nacht. Und nicht irgendein Minenfeld: Es sind Minen aus Holz, Glas oder Kunststoff – metallfrei, um das Auffinden zu erschweren. Ihr Zweck: den Gegner zu zermürben, ihn

Zeit, Material und Hoffnung zu kosten. Allen Jones wusste, dass Anpassung ein anderer Name für Tod ist. Seine Kunst war kein Kompromiss. Sie war eine Faust, ein Aufstand gegen das Bekannte. Genau das ist Führung: Nicht sitzen und abnicken, sondern Grenzen sprengen und neue Welten erschaffen.

Radikales Denken ist keine Option. Es ist Überlebensstrategie. Wer nicht wagt, bleibt stehen. Wer nicht provoziert, bleibt unsichtbar. Ergebnisse? Die kommen nur, wenn Sie den Mut haben, das Alte abzufackeln und etwas völlig Anderes zu wagen. Führung heißt nicht, alle glücklich zu machen.

Die 1960er haben uns das beigebracht: Farben, Formen, das völlige Durchdrehen. Und was kam dabei raus? Die Erkenntnis, dass das Unmögliche greifbar wird, wenn man es nur brutal genug verfolgt. Nutzen Sie diese Energie. Führung ist kein Handbuch. Es ist ein Kunstwerk. Ein Akt des Glaubens daran, dass das Morgen durch das Heute erschaffen wird.

Allen Jones wusste: Anpassung bringt Sie nirgendwo hin, außer in die völlige Bedeutungslosigkeit. Seine Werke? Eine Herausforderung. Eine Erinnerung daran, dass wir nur wachsen, wenn wir uns gegen den Strom stemmen. Führungskräfte sollten das Gleiche tun. Keine faulen Kompromisse. Keine halbherzigen Visionen. Denken Sie groß, denken Sie unbequem – und vor allem: Handeln Sie.

Die Avantgarde wird nicht gefeiert. Sie wird missverstanden, belächelt, bekämpft. Aber irgendwann? Schreibt sie die Geschichte. Seien Sie die Person, die heute das Chaos entfacht, aus dem morgen neue Welten entstehen. Leadership ist keine Übung in Beliebtheit. Es ist ein verdammter Akt der Revolution.

8 Menschlichkeit und Gemeinschaft

8.1 Empathie: Die Perspektive anderer verstehen

Virginia Woolf – Führung durch Diversität und Introspektion

Ihre Werke, wie *„Mrs. Dalloway"* oder *„To the Lighthouse"*, sind keine bloßen Bücher. Gelinde gesagt, es sind Seziermesser. Virginia Woolf nimmt das Alltägliche auseinander, das Banale, das Menschliche. Die Meisterin der introspektiven Schreibkunst entdeckt dabei das, was alle irgendwie spüren, aber nicht aussprechen können. Perspektiven, unterschiedliche Wahrheiten.

> *„The beauty of the world... has two edges, one of laughter, one of anguish, cutting the heart asunder",[58]*

schreibt sie 1929 in *„A Room of One's Own"*. Genau das ist Führung, nicht wahr? Ein Tanz auf diesem dünnen Grat zwischen Freude und Schmerz, Hoffnung und Verzweiflung, Lachen und Leid.

Woolf zeigt, dass Empathie der Schlüssel ist, um diese Gegensätze zu überbrücken. Aber nicht die übliche, pseudosofte Wohlgefühls-Empathie, die aus Instagram-Zitaten tropft. Sondern die echte. Die harte. Die unbequeme. Die, die dich zwingt, deine eigenen Vorurteile zu betrachten, deine Fehler zu akzeptieren, die Perspektive zu wechseln.

Empathie ist dabei keine Option. Sie ist das Fundament. Ohne sie gibt es kein Vertrauen, keine Zusammenarbeit, keine Innovation. Nur Missverständnisse, Konflikte und starre Strukturen. Führungskräfte, die diese Lektion verstehen, bauen nicht nur Organisationen auf. Sie schaffen Gemeinschaften.

---

[58] Vgl. Anm. 22, S. 21.

Übertragung auf Leadership

Verstehen statt Bewerten

Wir alle sind voreingenommen. Immer. Woolf wusste das. Ihre Figuren sind von Zweifeln durchzogen, von unausgesprochenen Gedanken und Gefühlen, die nie ganz klar werden. Führungskräfte, die dies erkennen, lernen, ihre Mitarbeiter:innen nicht vorschnell zu bewerten. Stattdessen hören sie zu. Sie nehmen sich Zeit. Und sie entscheiden erst, wenn sie verstehen. Denn Verstehen ist kein Ziel, sondern ein Prozess, der Vertrauen aufbaut.

Empathie als Brücke

Empathie ist der Putz, der die Risse in Beziehungen füllt. Sie ist kein Heilmittel, aber sie schafft Verbindungen. Sie erlaubt es, Konflikte zu entschärfen, ohne Menschen zu verlieren. Eine Führungskraft ohne Empathie? Ein Kapitän ohne Kompass. Ohne Empathie wird Führung zur bloßen Verwaltung von Menschen – leblos und kalt.

Diversität als Stärke

Woolf feierte die Vielfalt. Sie schrieb über die zarten Fäden, die Menschen verbinden, und die Unterschiede, die sie einzigartig machen. Eine gute Führungskraft sieht Diversität nicht als Hürde, sondern als ungenutztes Potenzial. Sie erkennt, dass kreative Lösungen dort entstehen, wo verschiedene Perspektiven aufeinandertreffen. Denn nur wer Vielfalt nutzt, kann eine Organisation schaffen, die in einer komplexen Welt bestehen kann.

Woolfs praktische Lektionen für Führungskräfte

- **Aktiv zuhören:** Nehmen Sie sich Zeit, die Perspektiven Ihrer Mitarbeiter:innen zu verstehen. Stellen Sie offene Fragen und lassen Sie Raum für Meinungen und Gefühle.
- **Sich in andere hineinversetzen:** Entscheidungen treffen ist leicht. Aber Entscheidungen treffen, die auch für andere Sinn ergeben? Das ist die Kunst.
- **Kulturelle Sensibilität fördern:** Schaffen Sie Räume, in denen Unterschiede keine Grenzen setzen, sondern Ideen entfesseln.
- **Empathie als Vorbild leben:** Zeigen Sie durch Ihr eigenes Verhalten, dass Empathie eine Kernkompetenz ist – sei es in Konfliktsituationen, Feedbackgesprächen oder im täglichen Miteinander.

Beispiel aus der Praxis

Eine Managerin in einem globalen Unternehmen bemerkte, dass kulturelle Unterschiede Spannungen verursachten. Klingt bekannt? Unbewusste Vorurteile. Missverständnisse. Konflikte, die niemand wirklich ansprach. Also entschied sie sich, nicht zuzuschauen.

Workshops. Offenheit. Ehrliche Gespräche über Werte, Kommunikationsstile, Erwartungen. Und plötzlich begannen die Menschen zu reden. Zu hören. Sich zu verstehen. Konflikte? Verschwanden nicht. Aber sie wurden produktiv. Unterschiede wurden Ressourcen. Und das Team? Blühte auf. Mehr Kreativität, mehr Vertrauen, mehr Ergebnisse. Kein Wunder, oder? Empathie ist anstrengend. Aber sie funktioniert.

Fazit: Empathie als Grundlage menschlicher und *dialogischer Führung*[59]

Virginia Woolf zeigt uns mit einer bestechenden Klarheit, dass Empathie nicht einfach ein nettes Add-on für die interpersonelle Kommunikation ist. Nein, sie ist das Fundament – für echte Begegnungen, für das, was Gesellschaft zusammenhält, und für Führung, die diesen Namen verdient. Empathie ist unbequem, sie ist komplex, aber sie ist unverzichtbar. Genau hier liegt ihre Kraft. Nicht nur in der Literatur, wo sie uns zwingt, die Welt durch andere Augen zu sehen, sondern auch in der Führung: Dort, wo Entscheidungen nicht für, sondern mit Menschen getroffen werden.

Habermas hat das in seiner *„Theorie des kommunikativen Handelns"* bereits brutal ehrlich beschrieben: Verständigung scheitert, wenn wir nicht bereit sind, die Perspektive des Gegenübers zu akzeptieren – nicht bloß zu tolerieren, sondern wirklich anzuerkennen.[60] Ein *„herrschaftsfreier Diskurs"*,[61] wie Habermas es nennt, ist kein Utopiegeschwafel. Es ist die Bedingung für Fortschritt. Und genau hier kommt Empathie ins Spiel: Sie ist das Medium, das diesen Dialog überhaupt erst möglich macht. Sie öffnet den Raum für die ehrliche Konfrontation mit anderen Realitäten. Führung ohne diesen Raum? Reine Machtdemonstration. Und wir wissen alle, wohin das führt.

---

[59]   Vgl. dazu Karl-Martin Dietz und Thomas Kracht: Dialogische Führung Grundlagen – Praxis – Fallbeispiel: dm-drogerie markt. Frankfurt am Main und New York: Campus Verlag, 2011.

[60]   Jürgen Habermas: Theorie des kommunikativen Handelns. Bd. 1: Handlungsrationalität und gesellschaftliche Rationalisierung. Bd. 2: Zur Kritik der funktionalistischen Vernunft. Frankfurt am Main: Suhrkamp Verlag, 1981.

[61]   Ebd., Bd. 2, S. 208.

Führungskräfte, die das verstanden haben, sind nicht die lautesten im Raum. Sie sind diejenigen, die Konflikte nicht vermeiden, sondern in produktive Gespräche verwandeln. Die Vielfalt nicht dulden, sondern feiern. Die wissen, dass echte Veränderung nicht aus Anweisungen entsteht, sondern aus Dialogen, die jede Stimme mitnehmen. Die Welt ist komplex. Teams sind komplex. Und genau deshalb ist Empathie nicht länger ein *„Soft Skill"*. Sie ist die harte Realität für alle, die mehr wollen als bloß zu überleben.

Empathie ist aber nicht nur ein Instrument der Verständigung, sondern auch der Gerechtigkeit. Sie fordert von uns, Machtverhältnisse kritisch zu hinterfragen und die Schwächsten in den Fokus zu rücken. Nur so kann Führung moralisch legitimiert werden. In der Praxis bedeutet das, nicht nur zuzuhören, sondern auch mutig zu handeln.

Angesichts der prägenden Dynamiken von Pluralität und Globalisierung steht die Führung an einem Scheideweg. Macht oder Verständigung. Vereinfachung oder ehrlicher Dialog. Empathie ist die Brücke – zwischen Menschen, zwischen Kulturen, zwischen Zielen. Sie ist das, was aus einer Ansammlung von Individuen ein Team macht. Was aus Konflikten Veränderung schafft. Und was aus reinen Machtdemonstrationen echte Führung werden lässt. Empathie ist der Kern, der Dialog und Gemeinschaft zusammenhält und Führung langfristig erfolgreich macht.

8.2 Förderung von Diversität: Unterschiedliche Meinungen und Hintergründe als Stärke nutzen

Hilde Domin – Die kulturelle Vielfalt als Ressource

Hilde Domin. Eine Stimme der Flucht, der Heimat, der Identität. Ihre Gedichte sind keine sanften Geschichten, sondern Rufe über Grenzen hinweg. Die deutsch-jüdische Dichterin zeigt uns, dass Unterschiede weder Fluch noch Segen sind – sie sind das Leben.

„Ich setzte den Fuß in die Luft, und sie trug."[62]

So schreibt sie in ihrem Gedichtband *„Nur eine Rose als Stütze"* von 1959. Dieses Vertrauen ins Unbekannte ist genau das, was Diversität in Organisationen braucht: Mut. Offenheit. Und die Bereitschaft, sich tragen zu lassen, auch wenn es wackelt.

Die moderne Führungsliteratur hat endlich begriffen, was Hilde Domin schon vor Jahrzehnten wusste: Vielfalt ist kein Hindernis, sondern eine Ressource. Amy C. Edmondson spricht in *„The Fearless Organization"* von psychologischer Sicherheit in Teams als eine Grundvoraussetzung für die Nutzung von Diversität.[63] Nur in einem Umfeld, in dem Menschen gehört werden, können sie ihre Perspektiven einbringen. Juliet Bourke? Sie stimmt zu. In *„Which Two Heads Are Better Than One?"* erklärt sie, dass unterschiedliche Ansichten Teams smarter machen.[64] Aber natürlich nur, wenn Führung nicht schläft.

---

[62] Hilde Domin: Sämtliche Gedichte. Hrsg. v. Nikola Herweg und Melanie Reinhold. Frankfurt am Main: S. Fischer Verlag, 2009, S. 47.

[63] Amy C. Edmondson: The Fearless Organization Creating Psychological Safety in the Workplace for Learning, Innovation, and Growth. Hoboken, NJ: John Wiley & Sons, 2018.

[64] Juliet Bourke: Which Two Heads Are Better Than One: The Extraordinary Power of Diversity of Thinking and Inclusive Leadership. 2. Aufl. Sydney: Australian Institute of Company Directors, 2021.

David Livermore geht noch weiter: Er fordert in *„Driven by Difference"* kulturelle Intelligenz. Führungskräfte müssen mehr tun, als Diversität zu tolerieren. Sie müssen sie verstehen, managen, in ihre Strategien einbauen.[65] Und das? Das ist Arbeit. Anstrengend, ja. Aber notwendig, weil: Ohne Diversität kein Fortschritt.

Studien sind allerdings gnadenlos ehrlich: Ohne das richtige Umfeld bleibt Diversität ein Lippenbekenntnis. Im Durchschnitt hat sie kaum Einfluss auf die Teamleistung.[66] Doch wenn die Aufgaben komplex werden, wenn Kreativität gefragt ist, dann entfaltet sie ihre volle Kraft.[67] Aber Vorsicht: Nur, wenn die Führung – und das Team – ihre sozialen Skills am Start haben. Keine Teamleiter:innen, die mit alten Mustern arbeiten. Kein Raum für Vorurteile. Und eine klare Haltung, die Vielfalt aktiv fördert.

Übertragung auf Leadership

Diversität als Stärke erkennen

Hilde Domin wusste, dass Unterschiede verbinden können. Aber nur, wenn wir sie nutzen. Keine halben Sachen. Führungskräfte

---

[65] David Livermore: Driven by Difference: How Great Companies Fuel Innovation Through Diversity. New York: Amacom, 2015.

[66] Lukas Wallrich u. a.: The Relationship Between Team Diversity and Team Performance: Reconciling Promise and Reality Through a Comprehensive Meta-Analysis. In: Journal of Business and Psychology, 39(3) 2024, 1303-1354.

[67] Bertolt Meyer, Carsten C. Schermuly und Simone Kauffeld: That's not my place: The interacting effects of faultlines, subgroup size, and social competence on social loafing behaviour in work groups. In: European Journal of Work and Organizational Psychology, 25(1) 2016, 31-49; Franziska Schölmerich, Carsten C. Schermuly und Jürgen Deller: How leaders' diversity beliefs alter the impact of faultlines on team functioning. In: Small Group Research, 47(2) 2016, 177-206.

müssen lernen, die Vielfalt ihrer Teams nicht als Problem, sondern als Chance zu begreifen.

Inklusive Kulturen schaffen

Diversität allein ist wie ein bunter Haufen Legosteine. Ohne die passende Kultur bleibt es ein Chaos. Führungskräfte? Sind die Architekten. Sie bauen den Raum, in dem sich jede:r traut, zu sagen, was wirklich wichtig ist.

Konflikte produktiv nutzen

Unterschiedliche Perspektiven? Heißt auch: Meinungsverschiedenheiten. Klingt nervig, ist aber die Essenz von Innovation. Die Fähigkeit, aus Spannungen Fortschritt zu machen, unterscheidet gute von durchschnittlichen Führungskräften.

Psychologische Sicherheit etablieren

Führungskräfte müssen nicht nur Diversität anerkennen, sondern aktiv ein Umfeld schaffen, in dem Menschen sich sicher fühlen, ihre Perspektiven einzubringen. Psychologische Sicherheit – wie sie Amy C. Edmondson beschreibt – bedeutet, dass sich Teammitglieder nicht vor Kritik oder negativen Konsequenzen fürchten müssen, wenn sie ihre Meinung äußern.

Unconscious Bias überwinden

Unsere unbewussten Vorurteile sind oft der größte Stolperstein bei der Nutzung von Diversität. Führungskräfte müssen lernen, diese zu erkennen und aktiv gegenzusteuern. Trainings und Reflexionen sind hier essenziell, doch auch die Gestaltung der Strukturen spielt eine Rolle.

Domins praktische Lektionen für Führungskräfte

- **Vielfalt bewusst fördern:** Teams zusammenstellen, die sich reiben. Unterschiedliche Perspektiven einbringen. Aber mit Plan.
- **Gleichberechtigung sicherstellen:** Chancen für alle, nicht nur für die Lautesten im Raum.
- **Inklusion als Haltung leben:** Nicht tolerieren, sondern feiern. Vielfalt als DNA der Organisation.
- **Weiterbildung fördern:** Sensibilisieren, trainieren, lernen — immer wieder. Denn Vielfalt ist keine Checkliste, sondern ein Prozess.

Beispiel aus der Praxis

Ein Tech-Unternehmen. Global, erfolgreich, aber in Schieflage. Die Produkte liefen in einigen Märkten nicht. Warum? Homogene Teams entwickelten für eine Welt, die sie nicht kannten. Der CEO? Wachgerüttelt. Diversity-Programm gestartet. Endlich.

Die Teams wurden neu gemischt. Kulturelle, sprachliche und professionelle Vielfalt wurde eingeführt. Es gab Schulungen über unbewusste Vorurteile. Ergebnis? Lokale Anpassungen der Produkte. Kundenzufriedenheit hoch. Umsatz? Rauf. Das Beste? Die Leute fühlten sich gehört. Motiviert. Kreativ. Sie verstanden: Vielfalt macht nicht nur das Unternehmen besser, sondern auch sie selbst.

Fazit: Diversität als strategischer Vorteil

Hilde Domin zeigt uns, dass Vielfalt mehr ist als ein Buzzword. Es ist vielmehr eine vielschichtige Essenz von Fortschritt. Studien, Praxis, Literatur – sie alle sagen: Wer Vielfalt nicht nutzt, bleibt stehen. Leader sind gefragt, Diversität aktiv zu fördern und die individuellen Stärken ihrer Teams sinnvoll einzusetzen.

Wer das schafft, kann mehr erreichen: innovativere Ideen, stärkere Bindung, bessere Ergebnisse. Ja, der Weg ist anspruchsvoll, aber die potenziellen Chancen sprechen für sich. Vielfalt bringt nicht nur neue Perspektiven ins Spiel, sondern bereichert Teams und Organisationen auf vielen Ebenen.

Amy C. Edmondsons Konzept der psychologischen Sicherheit erinnert uns daran, dass Diversität nur dann funktionieren kann, wenn Menschen sich sicher fühlen, ihre Stimme zu erheben. Juliet Bourke hebt hervor, dass Diversität nicht nur für soziale Gerechtigkeit wichtig ist, sondern eine klare strategische Dimension hat: Teams werden klüger, wenn sie Vielfalt nicht nur dulden, sondern umarmen.

Es ist an der Zeit, Diversität nicht als Problem zu sehen, das es zu bewältigen gilt, sondern als Chance, die unsere kollektive Intelligenz wachsen lässt. Diversität ist kein Luxus, sondern eine schiere Notwendigkeit – nicht zuletzt in einer zunehmend globalisierten und vernetzten Gesellschaft. Doch Diversität ist mehr als ein Schlagwort oder ein Kotau vor der *Political Correctness*. Sie darf nicht zum *Greenwashing* sozialer Verantwortung verkommen, das Vielfalt als Feigenblatt für Fortschritt missbraucht. Echte Diversität ist die Brücke, die uns zu besseren Entscheidungen, zu innovativen Ideen und vor allem zu einer menschlicheren Führung führt

8.3 Gemeinschaftsbildung: Teams als unterstützende Netzwerke gestalten

Ingomar von Kieseritzky – Ironie und die Kunst der Verbindung

Ingomar von Kieseritzky, ein oft unterschätzter, aber brillanter deutscher Schriftsteller, verbindet in seinen Werken Absurdität mit Tiefgründigkeit und schafft so einen einzigartigen Blick auf die Dynamik menschlicher Beziehungen. Seine Romane wie *„Der gestohlene Schlaf"* oder *„Der Idiot des 20. Jahrhunderts"* sind durchzogen von chaotischen Situationen, die letztlich den Weg zur Gemeinschaft und Zusammenarbeit ebnen. Kieseritzky zeigt, dass echte Verbindungen nicht durch Perfektion entstehen, sondern durch das Anerkennen und produktive Nutzen von Gegensätzen. Seine Figuren sind oft gescheiterte Gestalten, die dennoch zu wertvollen Einsichten gelangen, und seine Szenen destillieren, wie er es selbst ausdrückt, „die allerschönsten Katastrophen-Szenen".

> *„Alle Menschheits-Beglücker sind nur noch komische Vögel, jedes Lebens-Rezept ist Quark, alle Planung Schwachsinn."*[68]

Weitere Beispiele aus Kieseritzkys Werken

In *„Der Idiot des 20. Jahrhunderts"* erkundet Kieseritzky, wie unkonventionelle Perspektiven oft den klareren Blick ermöglichen als die vermeintlich vernünftigen Herangehensweisen. Für Führungskräfte ist dies eine Lektion darin, dass unkonventionelle Ideen nicht

---

[68] Zitiert nach Bernd Berke: Menschheits-Beglücker sind nur noch komische Vögel – Ingomar von Kieseritzkys Roman „Der Frauenplan". Online im WWW: https://www.revierpassagen.de/109551/menschheits-begluecker-sind-nur-noch-komische-voegel-ingomar-von-kieseritzkys-roman-der-frauenplan/ 19911115_1336 [Datum des Zugriffs: 2024-12-30].

unterdrückt, sondern als Innovationsmotor verstanden werden sollten.

„Der gestohlene Schlaf" erzählt von Figuren, deren widersprüchliche Ansichten zu einer besseren Lösung führen, indem sie ihre Gegensätze produktiv nutzen. Dies lehrt Führungskräfte, dass Dialog und Spannungen oft der Beginn kreativer Lösungen sind.

In *„Der Schatten eines Hypochonders"* schildert Kieseritzky humorvoll die Kraft der Selbstironie und die Fähigkeit, durch Humor Resilienz zu schaffen. Für Führungskräfte bedeutet dies, dass Humor ein wirksames Mittel ist, um Spannungen zu lösen und Vertrauen im Team aufzubauen.

Sein Roman *„Der Frauenplan"* verdeutlicht, wie Systeme durch die Wirklichkeit immer wieder hinterfragt werden.

> *„Doch natürlich kommt dem absurd-ausgeklügelten ,Frauenplan' immer wieder die unberechenbare Wirklichkeit in die Quere."*[69]

Diese Störungen führen bei Kieseritzky oft zu einer Art heilsamem Chaos, das neue Erkenntnisse ermöglicht.

Führungskräfte, die Kieseritzkys Ideen aufnehmen, können lernen, in der Komplexität ihrer Teams eine Quelle der Innovation zu sehen. Es geht nicht darum, Chaos zu kontrollieren, sondern es als dynamischen Prozess zu nutzen, der Gemeinschaft und Kreativität fördert. Ironie und Selbstreflexion werden dabei zu essenziellen Werkzeugen, um in schwierigen Situationen Orientierung zu geben.

---

[69]   Ebd.

Humor und das Katastrophen-Brevier: Lektionen aus *„Das Buch der Desaster"*

In *„Das Buch der Desaster"* bringt Kieseritzky den Leser zum Lachen und Nachdenken zugleich, indem er die Tragik des Scheiterns in absurde Szenen kleidet. Eine Romanfigur wie Kelp, die *„traum-wandlerisch sicher auf einen umbrafarbenen Kothaufen"* zusteuert oder während eines Rendezvous von einer Möwe gedemütigt wird, illustriert das unausweichliche Chaos des Lebens:

> *„Das Leben kann so beschissen sein."*[70]

Diese Szenen sind nicht nur unterhaltsam, sondern zeigen, dass es oft genau die scheinbaren Unfälle und Misserfolge sind, die uns neue Perspektiven eröffnen. Führungskräfte können daraus lernen, Rückschläge nicht als endgültiges Scheitern zu sehen, sondern als Möglichkeit zur Anpassung und Innovation.

Praktisches Beispiel: Ein Teamleiter, dessen Projekt von uner-warteten technischen Problemen lahmgelegt wurde, nutzte die Gelegenheit, um neue Technologien zu testen und Alternativen zu entwickeln. Das Endprodukt war letztlich besser als ursprünglich geplant. Solche Momente zeigen, dass Kreativität oft gerade aus Einschränkungen entsteht. Auch Kieseritzky lässt uns verstehen, dass Humor eine essenzielle Strategie sein kann, um das scheinbar Unüberwindbare in einen Motor für Veränderung zu verwandeln.

---

[70] Zitiert nach: Auf Zehenspitzen. Online im WWW: https://www.spiegel.de/kultur/auf-zehenspitzen-a-b4ccfc73-0002-0001-0000-000013529385 [Datum des Zugriffs: 2024-12-30].

Übertragung auf Leadership

Spannungen als produktive Kraft nutzen: Kieseritzkys Werke zeigen, dass Widerspruch und Konflikt nicht vermieden werden sollten. Führungskräfte sollten Spannungen als Chance sehen, um die Vielfalt von Meinungen und Herangehensweisen zu nutzen und so kreative Lösungen zu finden.

Praktisches Beispiel: Ein Team in der Produktentwicklung hatte Schwierigkeiten, einen Konsens zu finden. Statt auf einen Kompromiss zu drängen, ermutigte der Projektleiter das Team, zunächst alle Widersprüche offen auszusprechen und gegeneinander abzuwägen. Am Ende führte die Integration der besten Ideen aus verschiedenen Perspektiven zu einem innovativen Produktdesign.

Humor als Brücke zwischen Gegensätzen: Humor spielt bei Kieseritzky eine zentrale Rolle. Er schafft Distanz zu schwierigen Situationen und öffnet Räume für Versöhnung. Führungskräfte, die Humor bewusst einsetzen, können Konflikte entschärfen und das Teamklima positiv beeinflussen.

Praktisches Beispiel: In einem Projektteam, das unter starkem Zeitdruck stand, nutzte die Teamleiterin humorvolle Metaphern und kleine ironische Spitzen, um die Anspannung zu lösen. Ihre Aussage: *„Wer sagt, wir bräuchten Schlaf? Kaffee hat uns nie im Stich gelassen!"* sorgte für Gelächter und half dem Team, die Situation gelassener zu nehmen.

Kieseritzkys Werke erinnern uns daran, dass Verbindungen oft durch absurde, aber tiefgründige Dialoge entstehen. Für Führungskräfte bedeutet das: Räume schaffen, in denen echte Kommunikation und Reflexion stattfinden können. So kann ein Teamleiter „Reflexionsrunden" einführen, bei denen Teammitglieder nicht über Lösungen, sondern über ihre Erfahrungen, Gedanken und

Emotionen im Projekt sprechen. Diese Runden stärken das Vertrauen und die Zusammenarbeit im Team.

Kieseritzkys praktische Lektionen für Führungskräfte

- **Unterschiede aktiv wertschätzen:** Nutzen Sie die Vielfalt im Team als Ressource. Unterschiedliche Meinungen führen zu Innovation und Wachstum.

- **Humor gezielt einsetzen:** Humor entschärft Spannungen, lockert starre Situationen und stärkt das Gemeinschaftsgefühl.

- **Reflexionsräume schaffen:** Organisieren Sie regelmäßige Treffen, in denen Teams ihre Gedanken und Erfahrungen offen teilen können.

- **Widerspruch zulassen und integrieren:** Betrachten Sie Gegensätze nicht als Hindernisse, sondern als Möglichkeit, neue Wege zu entdecken.

Fazit: Gemeinschaftsbildung mit Leichtigkeit und Tiefe

Ingomar von Kieseritzky zeigt uns, dass wahre Gemeinschaft nicht durch Perfektion oder strenge Regeln entsteht, sondern aus der Dynamik von Gegensätzen, Spannungen und der Fähigkeit, mit ihnen umzugehen. Gemeinschaft wird dort geboren, wo Unterschiede nicht geglättet, sondern bewusst anerkannt und produktiv genutzt werden.

Führungskräfte, die Humor, Reflexion und den Mut zum offenen Dialog in ihren Führungsstil integrieren, schaffen Teams, die widerstandsfähig, kreativ und zukunftsorientiert arbeiten. Kieseritzkys Werke verdeutlichen, dass ein gewisses Maß an Chaos – gepaart mit Ironie und Offenheit – der Schlüssel zu Innovation und erfolgreicher Zusammenarbeit sein kann.

Gerade der Zweifel, die Unsicherheit und die Unvereinbarkeit von Perspektiven bieten Raum für Entwicklung und Erkenntnis.

Echte Gemeinschaft entsteht nicht aus Konfliktfreiheit, sondern aus der Fähigkeit zur Auseinandersetzung und Integration. Führung, die diesen Ansatz verfolgt, wird nicht nur Teams stärken, sondern auch dazu beitragen, ein neues Verständnis von Zusammenarbeit zu etablieren – eines, das Leichtigkeit mit Tiefe vereint. Denn nichts verbindet Menschen mehr, als gemeinsam über die Absurditäten des Lebens zu lachen. Der wahre Teamgeist zeigt sich nicht in aalglatt inszenierten Auftritten, sondern im Chaos der echten Interaktion. Wer das Chaos als Chance versteht, wird erleben, dass die besten Ideen oft in den schönsten Katastrophen-Szenen geboren werden. Und vielleicht liegt die wahre Kunst der Führung darin, nicht die Ordnung, sondern das kreative Potenzial im Ungeordneten zu suchen. Denn manchmal braucht es nur einen richtig guten Lacher, um eine große Idee zu zünden. Am Ende zeigt uns Kieseritzky, dass die Verbindung von Tiefe und Leichtigkeit nicht nur möglich, sondern essenziell für echte Gemeinschaft ist. Wer dieses Paradoxon akzeptiert, findet die Balance zwischen Struktur und Inspiration

8.4 Demut: Führung als Dienstleistung

Albert Camus – Führung in einer absurden Welt

Der Mann, der uns lehrte, dass das Leben kein hübsch gestricktes Häkeldeckchen ist, sondern ein Chaos aus Fragen, Widersprüchen und Momenten, in denen alles zerbricht, heißt Albert Camus, der Meister des Absurden. *„Der Mythos des Sisyphos"* und *„Die Pest"* sind keine Leitfäden, sondern Überlebenshandbücher für eine Welt, die Sinn und Logik manchmal einfach ignoriert. Und genau deshalb sind sie so relevant. Seine Philosophie verweist darauf, dass wahre Größe nicht in der Illusion von Kontrolle oder Macht liegt, sondern im mutigen und ehrlichen Umgang mit der Wirklichkeit. Für Camus liegt die Hoffnung nicht in der Überwindung des Absurden, sondern in der Annahme desselben – im Akt, trotz Sinnlosigkeit bewusst und verantwortlich zu handeln:

> *„[...] aber die einzige Art, gegen die Pest zu kämpfen, ist der Anstand."*[71]

Anstand oder Ehrlichkeit, wie Camus sie versteht, ist weit mehr als bloße Aufrichtigkeit; sie ist die Bereitschaft, sich der Wirklichkeit zu stellen, sich selbst kritisch zu hinterfragen und in Solidarität mit anderen zu handeln.

Für Führungskräfte bietet Camus' Philosophie eine ebenso zeitlose wie herausfordernde Lektion: die Bedeutung von Demut. Demut, verstanden als die Erkenntnis der eigenen Begrenztheit, ist keine Schwäche, sondern eine Quelle innerer Stärke. Sie fordert, Führung nicht als Mittel zur Machtausübung zu begreifen, sondern als Verantwortung gegenüber der Gemeinschaft. Camus erinnert uns

---

[71]   Albert Camus: Die Pest. Reinbek bei Hamburg: Rowohlt Taschenbuchverlag GmbH, 1998, S. 134.

daran, dass in einer Welt voller Unsicherheit und Widersprüche wahre Führungsstärke darin liegt, andere zu inspirieren und zu stärken – ohne den Anspruch, selbst im Mittelpunkt zu stehen.

Führung in der Tradition von Camus bedeutet, Verantwortung mit Bescheidenheit und Entschlossenheit zu tragen. Sie erfordert den Mut, den Status quo zu hinterfragen, den Dialog zu fördern und selbst im Angesicht des Absurden an der Möglichkeit von Veränderung festzuhalten. Camus' Denken lädt Führungskräfte ein, nicht nach endgültigen Antworten zu suchen, sondern die Qualität ihrer Fragen und ihres Handelns als Maßstab für ihre Größe zu begreifen.

Übertragung auf Leadership

Führung als Dienstleistung

Camus' Philosophie schreit nach einer Umwälzung der klassischen Hierarchien. Keine Führungskraft sollte sich als Zentrum des Universums betrachten. Stattdessen: diene deinem Team. Hilf ihnen, Hindernisse zu überwinden, lass sie wachsen. Mach deinen Job, und zwar nicht, um die Lorbeeren einzusammeln, sondern um andere strahlen zu lassen.

Die Grenzen der eigenen Macht erkennen

Wer glaubt, er habe die Kontrolle, hat den ersten Schritt in die Falle gemacht. Camus würde uns raten: Lass los. Kontrolle ist ein Mythos. Was wirklich zählt, ist die Zusammenarbeit. Fehler? Klar, die kommen. Aber sie sind keine Katastrophe. Sie sind Bausteine für das, was kommen soll. Also mach Fehler – und lerne.

Menschlichkeit im Fokus

Bei all der Komplexität, vergessen Sie nie die Menschen. Sie sind keine Werkzeuge, sondern der Kern. Camus betonte immer wieder die Würde des Individuums. Als Führungskraft bedeutet das: Mitgefühl zeigen. Respekt haben. Dankbarkeit ausdrücken. Mensch sein, verdammt nochmal.

Camus' praktische Lektionen für Führungskräfte

- **Offen für Feedback sein:** Seien Sie ehrlich genug, um sich Feedback geben zu lassen. Von Ihrem Team. Ja, das tut weh. Aber ohne Schmerz gibt es kein Wachstum.
- **Fehler akzeptieren:** Stehen Sie zu Ihren Fehlern. Zeigen Sie, dass sie Sie nicht definieren, sondern weiterbringen. Ihr Team wird es Ihnen gleichtun.
- **Die Bedürfnisse des Teams priorisieren:** Seien Sie der Bulldozer, der die Hindernisse aus dem Weg räumt. Lassen Sie Ihr Team durchstarten, ohne es zu behindern.
- **Dankbarkeit zeigen:** Machen Sie den Mund auf und sagen Sie *„Danke"*. Kleine Worte, große Wirkung.

Beispiel aus der Praxis

1. **Ein Manager in der Autobranche:** Fossile Brennstoffe sind out, Elektromobilität ist das Ding der Zukunft. Tesla jagt die alten Platzhirsche vor sich her. Sein Unternehmen? Hat gepennt. Intern: Chaos, Orientierungslosigkeit. Was macht der Mann? Er stellt sich vor seine Belegschaft und sagt: *„Wir haben Mist gebaut. Wir haben Chancen verpasst. Aber wir*

können daraus lernen." Und dann: Workshops. Gespräche auf Augenhöhe. Ideen von allen – von der Produktion bis zur Entwicklung. Ergebnis? Eine modulare Plattform für Elektrofahrzeuge. Teams, die agil arbeiten. Eine Unternehmenskultur, die Fehler erlaubt und Fortschritt feiert. Drei Jahre später ist der Konzern nicht nur wettbewerbsfähig, sondern ein Vorreiter. Weil jemand den Mut hatte, Demut zu zeigen.

2. **Radikale Ehrlichkeit:** In einem wachsenden Technologieunternehmen stellte sich der CEO vor sein Team und sprach offen über die Realität: *„Wir haben eine tolle Idee, aber keine Ahnung, ob sie funktioniert."* Statt Druck auszuüben, lud er das Team ein, gemeinsam zu experimentieren und Fehler als Teil des Wachstums zu akzeptieren. Ergebnis? Eine Atmosphäre, in der Innovation florierte und Mitarbeiter:innen sich sicher fühlten, Risiken einzugehen.

3. **Der Krankenhausleiter, der zuhören lernte:** Ein Leiter eines Krankenhauses implementierte eine wöchentliche *„Feedback-Runde"* mit seinem Team – vom Reinigungspersonal bis zu den Chefärzten. Die Regel: Jeder durfte frei sprechen, und die Führungskraft hörte zu, ohne sofort Lösungen zu liefern. Ergebnis? Eine Verbesserung der Arbeitsabläufe und ein Team, das sich gehört fühlte.

4. **Die Lehrerin, die Demut vorlebte:** Eine Grundschullehrerin begann jedes Schuljahr mit der Frage an ihre Klasse: *„Wie können wir dieses Jahr gemeinsam großartig machen?"* Sie hörte sich alle Vorschläge an, auch die unrealistischen, und erstellte dann einen Plan, der die Schülerideen einbezog. Ergebnis? Eine starke Gemeinschaft im Klassenzimmer, in der sich jedes Kind wertgeschätzt fühlte.

5. **Der Ingenieur, der die Macht teilte:** In einem großen Bauprojekt überließ ein Ingenieur-Manager kritische Entscheidungen seinem Team und agierte nur als Berater. Er sagte: *„Ihr seid die Experten, ich bin nur da, um euch zu unterstützen."* Ergebnis? Ein erfolgreich abgeschlossenes Projekt und ein Team, das über sich hinauswuchs.

6. **Die Führungskraft, die Fehler feierte:** In einem mittelständischen Unternehmen führte ein Geschäftsführer eine jährliche *„Fehler-Gala"* ein. Der Begriff *„Fuckup Night"* war dann doch zu kühn, daraus das harmlose Akronym *FuN-Night* zu machen, darauf kamen sie nicht. Mitarbeiter:innen präsentierten ihre größten Missgeschicke und was sie daraus gelernt hatten. Ergebnis? Viel Flaschenbier. Und eine fehlerfreundliche Kultur, in der Kreativität und Vertrauen wuchsen.

Fazit: Demut als Essenz moderner Führung

Albert Camus hat keine leichten Antworten. Aber genau das macht ihn so wertvoll. Demut ist keine Kapitulation, sondern ein Akt des Mutes. Es bedeutet, Verantwortung zu übernehmen, ohne die Illusion von Kontrolle. Es bedeutet, andere zu stärken, ohne selbst im Mittelpunkt stehen zu wollen. Es bedeutet, Mensch zu sein – mit all der Unsicherheit, den Fehlern und der Zerbrechlichkeit, die dazugehören.

Camus lehrt uns: Wahre Führung ist keine Show. Es ist ein Dienst. Eine Kunst. Und in einer Welt voller Unsicherheiten ist Demut der einzige Weg, der uns nach vorne bringt. Nicht mit Antworten, sondern mit besseren Fragen. Nicht mit Macht, sondern mit Menschlichkeit. Nicht mit Perfektion, sondern mit Mut.

Das dreckige Dutzend

Zwölf unkonventionelle Perspektiven auf moderne Führung

9 Im Dutzend billiger: die Bonuskapitel

Führung jenseits der Norm

In einer Arbeitswelt, die sich wie eine Excel-Tabelle mit zu vielen Spalten anfühlt, wird Führung oft als simples Abhaken von Prinzipien dargestellt. Aber mal ehrlich: Wann hat jemals ein *„Effizienz-Meeting"* irgendwen inspiriert? Führung ist keine Checkliste. Sie ist ein chaotisches, widersprüchliches Unterfangen, das Mut, Kreativität und gelegentlich Wahnsinn erfordert. Genau hier kommen die Bonuskapitel ins Spiel.

Während die ersten Kapitel des Buches – klar strukturiert und brav analytisch, mit Ausnahme vielleicht von Kapitel 6.2 – die Grundlagen und Tugenden von Leadership ausleuchten, brechen die Bonuskapitel radikal mit dieser Ordnung. Sie werfen den Leser in unerwartete Perspektiven und noch absurdere Szenarien, um zu zeigen, dass echte Führung jenseits der Norm stattfindet. Sie sind keine Anleitung, sondern eine Einladung zum Denken – und manchmal zum Kopfschütteln.

Ephemeres Denken für nachhaltige Wirkung

Die Bonuskapitel sind das Gegenteil von linearen Konzepten. Sie sind fragmentarisch, provokativ und ab und an herrlich *verrückt* – wie ein Gespräch mit einem leicht exzentrischen Intellektuellen, der ständig zwischen brillanten Einsichten und seltsamen Anekdoten springt. Ihre Mission? Sie daran zu erinnern, dass Führung nicht nur Logik, sondern vor allem Kunst ist. Kunst, die Chaos und Ambivalenz nicht fürchtet, sondern feiert: Führungskräfte sind Künstler, keine Zauberer.

Die folgenden zwölf Kapitel folgen im Prinzip drei simplen Grundgedanken:

- **Führung als Kunst, nicht Wissenschaft:** Die regulären Kapitel sind Ihr Werkzeugkasten. Die Bonuskapitel? Ihr Sprungbrett in die Welt des kreativen Denkens, das langfristig wirkt, statt sich in Tagesgeschäft-Optimierungen zu verlieren.
- **Subversion als Methode:** Keine Standards nachbeten. Nieder mit den SOPs! Die besten Ideen entstehen an den Rändern, dort, wo das Chaos auf die Kreativität trifft. Die Bonuskapitel zeigen, warum abseitige Inspiration oft der schnellste Weg zu Innovation ist.
- **Einladung zur Reflexion:** Sie sind kein Rezeptbuch. Sie sind ein Denkanstoß. Eine Möglichkeit, Leadership in einem kulturellen, philosophischen und manchmal schlicht abgedrehten Kontext zu betrachten.

Ein Raum für Widersprüche und Paradoxien

Ein Date, das eher an ein wissenschaftliches Experiment erinnert als an romantische Leichtigkeit: Er hat sich mit einer Liste vordefinierter Gesprächsthemen präpariert, sie pariert seine Fragen mit einem Glas Modra Frankinja in der Hand: eine verführerische Nase mit kalkig-mineralischer Note und einem Hauch Sarkasmus. Sehr viel warme Frucht. Ihre Fesseln werden Ziel seines analytischen Spotts, knapp sichtbar unter dem Saum ihres Kleides. Dabei lacht er, als hätte er gerade einen besonders cleveren *Move* in ihrem unausgesprochenen Spiel gemacht. Sein Lachen kontert sie mit einer unerschütterlichen Improvisation. Im Restaurant bricht dann noch der unausweichliche Machtkampf aus: Wer zahlt? Am Ende teilt man die Rechnung – nicht aus Vernunft, sondern aus Trotz.

In seiner Wohnung läuft Jazz, den er peinlich genau nachahmt – *di da du bi bol di-bi-la daou*, das müsste Louis Armstrong sein –, während sie ungeniert in seinen Bücherregalen umsortiert, als wolle sie zeigen, dass Wildheit eine Antwort sein kann. Später, im Bett, breitet sich eine Stille aus, die schwerer wiegt als die Gespräche zuvor. Am Morgen danach fragt er, ob sie Hafermilch in den Kaffee möchte. Aber mal ehrlich, wer will schon Milchsurrogat nach einem *One-Night-Stand,* der sich wie ein Schlachtfeld anfühlte?

Führung ist wie ein schlechtes Date mit zu vielen Anforderungen: Stabilität und Flexibilität, Autorität und Empathie, Planung und Improvisation. Dabei sitzt im Hintergrund immer jemand und murmelt: *„Überkomplex? Das geht noch komplizierter!"*

Doch genau hier, im Chaos, in den Spannungen und Reibungen, entfaltet sich das Potenzial. Perfektion ist langweilig. Sie bringt keine neuen Ideen hervor. Unsicherheit hingegen? Sie ist der Boden, auf dem Kreativität wächst. Führungskräfte, die sich trauen, in diesem Raum der Widersprüche zu agieren, zeigen wahre Größe.

Die Bonuskapitel sind genau das: die Umarmung des Unperfekten. Sie zeigen, dass echte Führung nicht davon lebt, alles unter Kontrolle zu haben, sondern darin, im Kontrollverlust eine neue Richtung zu erkennen. Denn, Hand aufs Herz: Wer will schon ein perfektes Date, wenn ein chaotisches so viel spannender ist?

Die zwölf Bonuskapitel werfen einen frischen Blick auf bekannte Themen und öffnen Räume für Reflexionen, die manchmal an die Grenzen des Zumutbaren gehen:

- **Kapitel 9.1:** Resilienz ist der Anker im Ozean voller Unsicherheiten. Hemingway und Camus, Meister der existenziellen Krisenbewältigung, liefern die Blaupause: Stolpern, aufstehen, weitermachen. Resilienz, keine Option, sondern Fundament, auf dem Führung in chaotischen Zeiten aufbaut.
- **Kapitel 9.2:** Deterritorialisierung und Rhizome als Führungsleitfaden? Absolut. Gilles Deleuze zeigt uns, dass Führung in einer chaotischen und dynamischen Welt neu gedacht werden muss. Zuhören wird zur Superkraft, die Netzwerke stärkt, Vielfalt fördert und Transformation ermöglicht. Kommunikation und Beziehungsgestaltung, direkt aus der Philosophie des Werdens – hätten Sie das gedacht?
- **Kapitel 9.3:** Führung mit Poesie erklärt Rumi, der persische Mystiker: Authentizität, Empathie und der Mut, alles über den Haufen zu werfen, sind der Schlüssel. Führung wird hier zum Tanz zwischen Sinn und Selbstentdeckung. Klingt kitschig? Ist es nicht.
- **Kapitel 9.4:** Tocotronic versprühen ihr Diskurs-Poppers seit 1993 und lehren uns dabei Haltung, Reflexion und den Charme der Ambivalenz, die eine Strategie sein kann. Widersprüche sind kein Problem – sie sind der Treibstoff für Innovation und Führung, die sich traut, unbequem zu sein.
- **Kapitel 9.5:** Für Storytelling und Subversion stehen Pulp. Mit einer Prise britischer Ironie zeigt ihre Philosophie, wie Authentizität und Kreativität zu mächtigen Werkzeugen werden, um Teams zu inspirieren und Werte glaubwürdig zu leben.
- **Kapitel 9.6:** Barbie, die Transformation! Authentizität, Diversität und kreative Selbstreflexion – ihre Prinzipien sind ein Manifest für Führungskräfte, die den Mut haben, sich

immer wieder neu zu erfinden. Perfektion ist passé, es lebe der Wandel als ständiger Begleiter.

- **Kapitel 9.7:** Der Großmeister des kreativen Chaos, Brian Eno, sagt: Führung ist nicht die Kontrolle, sondern das Schaffen von Kontexten. Seine *Oblique Strategies* lehren uns, wie man das Chaos umarmt und dabei gleichzeitig die besten Ideen freisetzt.

- **Kapitel 9.8:** Kurzen Prozess mit falschen Führungsmythen? Klingt nach Sibylle Berg, *right?* Humor, radikale Ehrlichkeit und die Fähigkeit, im Chaos zu tanzen, sind ihre Rezepte für eine Führung, die nicht nur funktioniert, sondern Menschen bewegt.

- **Kapitel 9.9:** Laibach, die Jägermeister der Provokation, zeigen, wie Machtstrukturen dekonstruiert und in neue Formen überführt werden können. Führung wird hier zur Subversion – unbequem, aber visionär.

- **Kapitel 9.10:** *Zass!Krrrrzzz!* Willkommen in der VUCA-Welt. Mit einem Augenzwinkern und viel MAD-Magazin-Spirit zeigt dieses Kapitel, wie Führungskräfte mit Flexibilität, Kreativität und einer gehörigen Portion Selbstironie das Chaos meistern können.

- **Kapitel 9.11:** Taylor Swift, die Strategin der Popwelt, definiert Leadership neu. Mut, Anpassungsfähigkeit und der Wille, Trends nicht nur zu folgen, sondern zu setzen – Swift ist der Beweis, dass Führung eine Kunst ist, die Köpfe und Herzen bewegt.

- **Kapitel 9.12:** Monty Python beendet die Bonusreihe mit einem Paukenschlag. 20 Führungsfehler, illustriert mit subversivem Humor und bitterer Wahrheit. Ein Desaster, das Sie lachend und lernend in die Praxis entlässt.

Die Einladung: Bonuskapitel als intellektuelles Abenteuer

Die Bonuskapitel dieses Buches verzichten auf *Happy-Endings* und Patentlösungen. Stattdessen werfen sie Fragen auf, die wehtun, und Perspektiven, die herausfordern. Sie laden Sie ein, Leadership nicht als saubere Wissenschaft zu sehen, sondern als ein mutiges Unterfangen voller Brüche, Emotionen und Überraschungen.

Niklas Luhmann hat treffend bemerkt, dass Führung in der modernen Gesellschaft darin besteht, Komplexität zu reduzieren, ohne die intrinsischen Widersprüche eines Systems zu verleugnen.[72] Die Bonuskapitel drehen diese Idee um: Sie reduzieren nichts. Sie öffnen. Sie irritieren. Sie regen an.

In diesem Sinne: Lassen Sie sich provozieren. Schaffen Sie Räume für Gedanken, die keine Lösung brauchen. Und erkennen Sie Leadership als das, was es wirklich ist: ein unvollkommener, zutiefst menschlicher Versuch, im Chaos einen Sinn zu finden – oder zumindest einen Moment der Klarheit.

Und jetzt gönnen Sie sich einen Darjeeling, ein Glas Gris de Vic, eine lauwarme Dose Hansa Pils, einen Bottenbacher Jagdtropfen oder was Sie sonst mögen, um die Irritationen zu verdauen. Stoßen Sie an auf die Schönheit des Unfertigen, das jede gute Idee erst möglich macht. Lehnen Sie sich zurück und genießen Sie, wie befreiend es ist, nicht immer alles zu verstehen – das ist schließlich der erste Schritt zu wirklicher Erkenntnis. Und wenn Sie morgen aufwachen, denken Sie daran: Das Chaos ist Ihr Verbündeter, kein Feind.

---

[72] *„Führung funktioniert primär als Mechanismus der Komplexitätsreduktion in einem sozialen System, ohne dabei die Paradoxien und Ambivalenzen dieses Systems gänzlich aufzulösen. Vielmehr bietet sie Orientierung, indem sie Unterscheidungen sichtbar macht und kommunikative Entscheidungen ermöglicht."* Niklas Luhmann: Soziale Systeme: Grundriß einer allgemeinen Theorie. Frankfurt am Main: Suhrkamp, 1984, S. 374.

9.1   *Da capo* – Ohne Resilienz ist Führung unmöglich

Ernest Hemingway und Albert Camus – Resilienz als Grundlage jeder Führung

Dieses Bonuskapitel unterstreicht: Resilienz ist die *conditio sine qua non* für modernes Leadership. Hemingway. Camus. Zwei Giganten der Literatur, die das Leben in all seiner brutalen Schönheit beschrieben haben. Kein Filter, keine Schönrederei. Einfach rein ins Chaos und schauen, was bleibt, wenn die Illusionen zerbrechen. Beide haben uns gezeigt: Das Leben ist kein geschmeidiger Wellness-Trip, und Führung erst recht nicht.

Hemingway schreibt in *„Der alte Mann und das Meer"*:

> *„A man can be destroyed but not defeated."*[73]

Und Albert Camus ließ in *„Die Pest"* Dr. Rieux erkennen, dass der wahre Kampf nicht im Sieg, sondern im Widerstand gegen das Unvermeidliche liegt.

Beide Erkenntnisse wirken wie Blitzlichter auf das Wesen von Resilienz. Hemingway mit seiner unverhohlenen Härte. Camus mit seinem bittersüßen Realismus. Beide kommen zu dem gleichen Schluss: Resilienz ist nicht bloß eine nette Eigenschaft, die man sich wie einen neuen Anzug zulegen kann. Resilienz ist die Grundlage – das Fundament, auf dem jede Führung aufgebaut ist.

---

[73]   Ernest Hemingway: The Old Man and the Sea. New York: Charles Scribner's Sons, 1952, S. 89.

Übertragung auf Leadership

Resilienz als Grundvoraussetzung für Führung

Führung – was ist das eigentlich? Ein knallharter Roadtrip auf der RN1 von Libreville nach Lambaréné – ohne Navi, ständig konfrontiert mit Schlaglöchern, Abzweigungen, unerwarteten Baustellen sowie rotweißen Leitkegeln *au milieu de nulle part*, die Ihnen signalisieren, dass Sie dem übellaunig blickenden Polizeibeamten besser ein paar CFA-Francs in den Reisepass legen, um weiterfahren zu dürfen. Hemingway und Camus zeigen uns, dass Resilienz kein Accessoire ist, sondern der einzige Grund, warum Führung überhaupt funktioniert. Ohne Resilienz? Kein Fokus, kein Vertrauen. Einfach ein Toyota mit geplatztem Hinterreifen. Und abgerissener Bremsleitung. Auf der RN1. In Gabun. Ich habe es 2008 erlebt. Überlebt.

Resilienz schafft Stabilität im Chaos

Hemingways Santiago: Ein Mann, der allein auf dem Ozean gegen Wind, Wellen und einen verdammten Marlin kämpft. Ein Bild, das wie gemacht ist für Führungskräfte. Denn Führung bedeutet oft: Ruhe bewahren, auch wenn der Sturm tobt. Wer resilient ist, bleibt stabil – und wird zur Rettungsboje für sein Team.

Resilienz fördert Vertrauen und Glaubwürdigkeit

Camus' Dr. Rieux – ein Arzt mitten in der Hölle der Pest. Seine Resilienz ist keine heroische Pose, sondern eine moralische Verpflichtung. Für Führungskräfte heißt das: Verantwortung übernehmen. Entscheidungen treffen. Und das Vertrauen des Teams verdienen – nicht durch leere Worte, sondern durch klares Handeln.

Hemingways und Camus' praktische Lektionen für Führungskräfte

- **Resilienz als Priorität entwickeln:** Resilienz ist wie ein Muskel – sie wächst, wenn man sie trainiert. Regelmäßige Reflexion, Coaching oder Achtsamkeitsübungen sind keine Wellness-Klischees, sondern Werkzeuge, um stark zu bleiben.
- **Teams resilient machen:** Führungskräfte müssen Strukturen schaffen, die klare Kommunikation, gegenseitige Unterstützung und gemeinsame Ziele fördern. Resilienz ist kein Solo-Act, sondern ein Team-Sport.
- **Resilienz als Führungsprinzip verankern:** Entscheidungen und Strategien müssen darauf abzielen, die Widerstandsfähigkeit der Organisation zu stärken. Ob durch kluges Ressourcenmanagement oder die Förderung der psychischen Gesundheit – Resilienz ist kein Zufall, sondern eine bewusste Wahl.
- **Resilienz sichtbar machen:** Teilen Sie Ihre eigenen Rückschläge und zeigen Sie, was Sie daraus gelernt haben. Transparenz macht Resilienz anfassbar – und inspiriert andere, es Ihnen gleichzutun.

Beispiele aus der Praxis

1. **Führung in der Krise:** Die Finanzkrise – alles wackelt, überall rote Zahlen, Panik in den Augen. Der CEO eines Mittelstandsunternehmens tritt vor die Belegschaft, nimmt einen tiefen Atemzug und sagt: *„Ja, wir haben Mist gebaut. Aber wir lernen daraus."* Kein Gelaber, keine Durchhalteparolen. Einfach ehrlich. Ergebnis? Eine Belegschaft, die plötzlich

wieder an sich glaubt, eine Unternehmenskultur, die Vertrauen statt Angst atmet.

2. **Resilienz als Innovationsmotor:** Der Produktlaunch – ein Desaster. Der Traum, das nächste große Ding zu werden, zerplatzt wie eine Seifenblase. Die Teamleiterin sagt nur: *„Gut, das war nichts. Jetzt analysieren wir, warum – und machen es besser."* Statt Schuldzuweisungen ein kreativer Neustart. Ergebnis? Ein bahnbrechendes Produkt, geboren aus der Asche eines Flops.

3. **Resilienz in der Klinik:** COVID-19. Ausnahmezustand. Überstunden. Verzweiflung. Ein Chefarzt entscheidet: *„Wir reden. Jeden Tag."* Er setzt tägliche *Check-ins* an, aber nicht nur über Patienten, sondern auch über Ängste, Tränen, Zweifel. Er erzählt selbst von Nächten, in denen er nicht schlafen konnte. Ergebnis? Das Team wächst zusammen, wird stärker, hält durch – nicht trotz der Krise, sondern wegen der Offenheit, die sie gemeinsam erlebten.

4. **Resilienz in der Pflegeschule:** Hybridunterricht. Digitale Verzweiflung. Technische Pannen. Die Leiterin sagt: *„Lasst uns ein Fehlerfestival machen."* Alle, Lehrkräfte und Auszubildende, bringen ihre größten Missgeschicke mit. Gelächter. Erleichterung. *„Fehler sind unsere besten Lehrer"*, erklärt sie. Ergebnis? Die Angst vor dem Scheitern verschwindet, und plötzlich traut sich jeder mehr.

5. **Resilienz in der Unternehmensberatung:** Ein Kunde mit absurden Forderungen, ein Team am Rande des Zusammenbruchs. Die Beraterin sagt: *„Pause. Lasst uns reden."* Sie führt Reflexionsrunden ein, in denen nicht nur Fortschritte, sondern auch Ängste und Belastungen angesprochen werden. Sie teilt ihre eigenen Unsicherheiten. Ergebnis? Das

Team bleibt resilient, entwickelt eine Lösung, die den Kunden begeistert, und kommt selbst gestärkt aus der Nummer raus.

Fazit: Resilienz als *conditio sine qua non* für Führung

Resilienz – das klingt so simpel, aber ist in Wirklichkeit die Königsdisziplin der Führung. Hemingway und Camus lehren uns, dass wahre Stärke nicht im Triumph liegt, sondern im Weitermachen, wenn alles dagegen spricht.

Wie Camus schreibt:

> „Mitten im tiefsten Winter wurde mir endlich bewusst, dass in mir ein unbesiegbarer Sommer wohnt."[74]

Und Hemingway ergänzt:

> „The world breaks everyone, and afterward many are strong at the broken places."[75]

Führung ohne Resilienz? Undenkbar.

Resilienz ist das Rückgrat, der Kompass und das Feuer, das uns antreibt. Sie ist der leise Beweis, dass selbst im Chaos neue Ordnungen entstehen können.

Da capo – denn Führung beginnt immer wieder von vorn.

---

[74] Albert Camus: Heimkehr nach Tipasa. In: ders.: Hochzeit des Lichts. Übersetzt von Peter Gan und Monique Lang, Zürich: Arche Verlag, 2013, S. 64.
[75] Ernest Hemingway: A Farewell to Arms. New York: Charles Scribner's Sons, 1957, S. 193.

9.2   Deterritorialisierung, Rhizome und die Kunst des Zuhörens

Man stelle sich eine Szene vor: eine karge Landschaft, durchzogen von Strömen, die sich chaotisch, aber mit eigenem Ziel durch den Boden graben. Gilles Deleuze würde diese Landschaft als ein *Rhizom* beschreiben, ein Geflecht ohne Anfang oder Ende, ein System ohne Zentrum. Und inmitten dieser Bewegung stehen wir – Menschen, Führungskräfte, Suchende –, die versuchen, dem Unfassbaren Form zu geben. Doch wie führt man in einer Welt, die sich weigert, statisch zu sein? Wie hört man zu, wenn alles im Fluss ist?

Deleuze eröffnet uns eine Perspektive, die von den Dogmen der Linearität und Kontrolle befreit ist. Organisationen, sagt er, sind keine Maschinen, sondern organische Netzwerke. Sie wachsen horizontal, unvorhersehbar, und jede Verbindung birgt das Potenzial für Neues. In diesem Raum der Möglichkeiten wird Zuhören zur vielleicht mächtigsten Waffe. Nicht das passive Aufnehmen von Worten, sondern das aktive Entwirren, das Sich-Einlassen, das Verschmelzen mit den Strömen der Kommunikation.

Deterritorialisierung: Die Auflösung der Landkarten

Man mag sich fragen: Was bedeutet *Deterritorialisierung* in der Führung? Es ist der Moment, in dem die Karten neu gezeichnet werden. Die Bewegung der *Deterritorialisierung* kann nie ohne eine gegenläufige *Reterritorialisierung* gedacht werden, so Deleuze.[76] Es ist das Aufbrechen bestehender Strukturen, das Zulassen von Chaos, um Raum für Neues zu schaffen.

---

[76]   Vgl. dazu Gilles Deleuze und Félix Guattari: Tausend Plateaus. Kapitalismus und Schizophrenie. Berlin: Merve, 1992, S. 19.

Ein Beispiel: Ein Unternehmen, das seit Jahrzehnten auf hierarchische Kommunikationswege setzt, öffnet plötzlich seine Türen für ein Townhall-Meeting. Stimmen, die zuvor im Schatten verhallten, treten hervor. Der Fluss der Ideen beginnt zu strömen. Es ist unbequem, ja, geradezu beängstigend. Doch aus diesem Chaos erwächst Kreativität, Innovation, Leben.

Das Rhizom: Verbindungen statt Hierarchien

Deleuze operiert mit dem Begriff des Rhizoms. Ein Rhizom war für ihn keine Einheit, sondern eine Dimension der Vielheit, der Mannigfaltigkeit.[77] Es gibt kein Zentrum, keine festgelegte Richtung. Führung, verstanden im Sinne des Rhizoms, bedeutet, Netzwerke zu schaffen. Es bedeutet, zu verstehen, dass Wissen nicht linear fließt, sondern sich in alle Richtungen verzweigt.

Ein Team, das als Netzwerk agiert, ist wie ein lebender Organismus. Es teilt Wissen, es passt sich an, es wächst. Peer-Reviews, standortübergreifende Kollaboration – all das sind Rhizome in Aktion. Und die Führungskraft? Sie ist nicht der Kopf, sondern der Impulsgeber, der die Verbindungen stärkt, der die Energie lenkt.

Werden statt Sein: Die Kunst der Transformation

Werden ist kein Ziel, sondern der Prozess selbst, in dem sich Subjekte und Systeme transformieren. Zuhören, in diesem Sinne, ist kein Zustand. Es ist ein Akt. Es ist das Eintauchen in den Fluss des Wandels, das Erspüren der Richtung, das Mitschwingen mit der Bewegung.

---

[77] Ebd., S. 17f.

Eine Organisation, die zuhört, ist lebendig. Sie fragt, sie reflektiert, sie passt sich an. Feedback wird nicht als Kritik gefürchtet, sondern als Möglichkeit zur Veränderung gefeiert. Führung in diesem Kontext ist die Kunst, diesen Prozess zu begleiten, ohne ihn zu dominieren.

Übertragung auf Leadership: Das Zuhören als Reise

Führung ist keine vorgezeichnete Route, sondern eine Reise durch unbekanntes Terrain. Zuhören wird zur Kompassnadel, die Orientierung gibt, und zur Brücke zwischen Chaos und Struktur. Deleuze zeigt uns, dass Kontrolle nicht der Schlüssel zum Erfolg ist. Stattdessen wird die Führungskraft zum Navigator, der Unsicherheiten akzeptiert und inmitten von Ambivalenzen neue Wege entdeckt.

1. **Chaos akzeptieren und kultivieren:** Führungskräfte müssen lernen, Chaos nicht als Bedrohung, sondern als kreativen Raum zu begreifen. Deterritorialisierung, wie Deleuze sie beschreibt, fordert dazu auf, starre Strukturen aufzulösen und die schöpferische Kraft von Unsicherheit zu nutzen. Eine Führungskraft, die in Krisenzeiten Ruhe bewahrt, sendet nicht nur ein Signal der Stabilität, sondern inspiriert ihr Team, inmitten des Sturms Lösungen zu finden.

2. **Netzwerke aufbauen und pflegen:** Im Sinne des Rhizoms bedeutet Führung, Verbindungen zu fördern und Vielfalt als Stärke zu begreifen. Führungskräfte sollten Räume schaffen, in denen unterschiedlichste Stimmen Gehör finden. Das Zuhören wird hier zum Werkzeug der Inklusion, das nicht nur Dialoge ermöglicht, sondern auch das Innovationspotenzial der Organisation vervielfacht. Aber Vorsicht: Ein

Netzwerk, das wie ein *One-Night-Stand* aufgebaut wird – schnell, oberflächlich und ohne langfristige Substanz – ist wertlos. Es geht nicht darum, Kontakte wahllos zu sammeln, sondern darum, echte Beziehungen zu schaffen, die auf Vertrauen, Beständigkeit und gegenseitigem Nutzen basieren.

3. **In Bewegung bleiben:** Zuhören ist kein statischer Akt, sondern ein dynamischer Prozess. Führungskräfte sollten Feedback nicht als Bedrohung, sondern als Ressource sehen, die kontinuierliche Anpassung und Verbesserung ermöglicht. In einer Welt des Werdens liegt die wahre Stärke darin, flexibel zu bleiben und auf neue Herausforderungen mit kreativen Lösungen zu reagieren.

Praktische Lektionen: Die Rhizomatik des Führens

Gilles Deleuze verdeutlicht, dass die Praxis des Führens nichts Starres ist, sondern stets ein Prozess des Experimentierens. Praktische Lektionen, inspiriert von seiner Philosophie, umfassen:

1. **Räume für Dialog schaffen:** Organisieren Sie regelmäßige Austauschformate, in denen Ihr Team offen über Ideen, Herausforderungen und Lösungen sprechen kann. Der Dialog wird zum Rhizom, das Vielfalt in alle Richtungen entfaltet.

2. **Das Potenzial von Netzwerken entfesseln:** Fördern Sie interdisziplinäre Zusammenarbeit und ermutigen Sie Ihre Mitarbeiter:innen, Wissen und Perspektiven auszutauschen. Netzwerke, so Deleuze, sind die eigentliche Infrastruktur von Organisationen. Je dichter und vielfältiger die Verbindungen, desto widerstandsfähiger wird das System.

3. **Anpassungsfähigkeit kultivieren:** Veränderung ist die Norm, nicht die Ausnahme. Wie Deleuze beschreibt, liegt die wahre Stärke darin, im Fluss des Werdens zu agieren. Feedback und Reflexion sind hierbei die Werkzeuge, die Strategien dynamisch und anpassungsfähig halten.

Fazit: Die Kunst des Zuhörens als Führungskunst

Am Ende zeigt uns Gilles Deleuze, dass Zuhören nicht nur ein Werkzeug, sondern ein philosophischer Akt ist. Zuhören bedeutet, sich auf Prozesse einzulassen, sich von linearen Hierarchien zu lösen und in den Strom des Wandels einzutauchen. Es ist eine Kunst, die Verbindungen schafft, die Vielfalt fördert und die Grundlage für Innovation legt.

Zuhören wird dabei zu einem Akt der radikalen Offenheit. Es bedeutet, Strukturen zu hinterfragen, das Unbekannte zuzulassen und Vielfalt als treibende Kraft zu sehen. Führungskräfte, die die Prinzipien von Deterritorialisierung und Rhizomatik verinnerlichen, erkennen, dass die Stärke ihrer Organisation nicht in starren Prozessen, sondern in der Dynamik der Interaktionen liegt.

Deleuze' Philosophie lehrt uns, dass Kontrolle oft eine Illusion ist. Stattdessen eröffnet uns das Zuhören neue Räume des Denkens und Handelns. Es schafft Verbindungen, die Organisationen widerstandsfähig machen und zu einer Quelle unerschöpflicher Innovation werden. Führung wird so zu einer dynamischen Praxis, die nicht auf Dominanz, sondern auf Resonanz beruht. In den Strömen des Werdens, wie Deleuze sie beschreibt, liegt die wahre Macht der Führung – eine Macht, die nicht durch Stärke, sondern durch Zuhören entsteht.

9.3 Führen mit Herz, Seele und Weisheit – Leadership à la Rumi

Rumi. Der persische Mystiker, der Poet des 13. Jahrhunderts. Eine Zeit, in der Worte noch Gewicht hatten. Eine Zeit, in der Reflexion nicht nur ein Buzzword war. Und jetzt? Zahlen, Effizienz, Kennzahlen. Aber Rumi? Rumi erinnert uns daran: Es gibt da noch etwas anderes. Etwas Größeres. Verbindung, Sinn, Vertrauen. Führung, die aus dem Inneren kommt.

Apropos: Eine unserer beiden französischen Bulldoggen heißt Rumi. Kein Zufall. Dieser Name? Er steht für Gelassenheit, Empathie, das Wesentliche. In ihrem Fall: Fressen, knuddeln, Mäuse jagen. In einer Welt, die rennt, die drängt, die immer mehr will, zeigt uns Rumi, der Dichter: Innehalten. Atmen. Den Dialog suchen. Das ist wahre Größe.

„Jenseits von richtig und falsch liegt ein Ort. Dort treffen wir uns."[78]

Das hat er gesagt. In seinem *Diwan-e Shams-e Tabrizi*. Warum das Herzstück dessen, was Führung bedeutet? Weil es alles auflöst, was trennt. Richtig und falsch – zwei Kategorien, die Gräben ziehen, Lager bilden. Aber in dem Moment, wo diese Trennung fällt, entsteht ein Raum. Ein Raum, in dem Begegnung möglich ist. Kein Urteil. Keine Abwehr. Nur Menschen, die sich auf Augenhöhe treffen. Das ist der Ort, an dem echte Führung beginnt. Wenn Bewertungen schweigen, spricht Verbindung. Leadership ist nicht die Kunst, besser zu sein, sondern einladender.

Fragen sind es, die zählen. Warum? Weil sie öffnen. Antworten hingegen schließen. Wer fragt, schafft Möglichkeiten. Wer Antworten vorgibt, begrenzt. Rumis Zitat ist eine Einladung. Es

---

[78] Zitiert nach Marshall B. Rosenberg: Gewaltfreie Kommunikation. Eine Sprache des Lebens. Paderborn: Junfermann Verlag, 2016, S. 31.

fordert auf, Raum zu schaffen. Für Dialog. Für Lösungen, die niemand allein finden kann. Für Menschen, die sich in ihrer Vielfalt begegnen. Das ist Leadership. Das ist der Weg.

Führung durch die Linse Rumis: Vier zentrale Prinzipien

Authentizität: „Werde, der du bist."

Rumi, der Poet, der Prophet der Selbsterkenntnis. Er erinnert uns daran, dass wahre Größe darin liegt, den Mut zu haben, sich selbst zu finden. Keine Masken. Keine Rollen. Nur du. Deine Wahrheit. Seine Worte:

> *„Du bist nicht ein Tropfen im Ozean. Du bist der ganze Ozean in einem Tropfen."*[79]

Warum das wichtig ist? Weil Authentizität der Schlüssel zur Glaubwürdigkeit ist. Wer du bist, zeigt, wer dir folgt. Keine Fassade kann das ersetzen.

Führung durch Verbindung: „Die Antwort liegt im Herzen."

Führung? Ist keine Einbahnstraße. Es ist die Kunst, Brücken zu bauen. Rumi sagt:

> *„Lass die Schönheit dessen, was du liebst, das sein, was du tust."*[80]

Das Ego? Weg damit. Hören. Fühlen. Sehen. Führung ist keine Performance. Es ist ein Dialog. Ein Verstehen, das tiefer geht. Empathie. Die Fähigkeit, das Menschliche zu sehen und zu ehren.

---

[79] Online im WWW: https://www.sirius-project.eu/blog/rumi-zitate [Datum des Zugriffs: 2025-01-01].

[80] Ebd.

Wandel und Wachstum: „Sei wie ein Fluss, nicht wie ein Stein."

Transformation – das Wort des Jahrhunderts. Aber Rumi? Er hat es gelebt. Seine Botschaft:

> *„Gestern war ich klug, und ich wollte die Welt verändern. Heute bin ich weise, und ich ändere mich selbst."*[81]

Was bedeutet das? Wandel beginnt immer bei dir. Du bist der Ursprung. Deine Bereitschaft, dich zu ändern, ist das Signal für andere. Keine Machtspielchen. Nur Vorbild sein. Der Fluss des Lebens – nie starr, immer beweglich.

Führung durch Inspiration: „Leuchte wie ein Stern."

Und dann? Dann kommt das Licht. Dieses innere Leuchten, das alles verändert. Rumi hat es erkannt:

> *„Die Wunde ist der Ort, wo das Licht in dich eindringt."*[82]

Führung ist nicht, perfekt zu sein. Es ist, menschlich zu sein. Schwächen zu zeigen. Andere zu ermutigen, ihr eigenes Licht zu finden. Kein Scheinwerfer. Nur ein kleiner Funke. Der Rest kommt von allein.

---

[81] Online im WWW: https://mymonk.de/rumi-zitate/ [Datum des Zugriffs: 2025-01-01].

[82] Wie Anm. 79.

Rumis praktische Lektionen für Führungskräfte

1. **Lebe deine Werte:** Authentizität bedeutet, Entscheidungen auf der Grundlage von Prinzipien zu treffen, nicht von Trends.

2. **Höre wirklich zu:** Nur so kannst du die wahren Bedürfnisse deines Teams erkennen.

3. **Sei bereit, dich zu verändern:** Transformation beginnt immer bei der Führungskraft selbst. Sei ein Vorbild für Wandel und Wachstum.

4. **Inspiriere durch Visionen:** Eine klare Vision schafft Orientierung und gibt Teams den Mut, Großes zu erreichen.

Beispiele aus der Praxis

Rumi-inspirierte Feedbackrunden: Eine Führungskraft änderte das Format von Feedbackgesprächen grundlegend. Statt auf Fehler und Schwächen zu fokussieren, begann jedes Gespräch mit einer einfachen, aber kraftvollen Frage: *„Was macht dir Freude an deiner Arbeit?"* Diese Frage veränderte die Dynamik. Es ging nicht mehr um Defizite, sondern um Potenziale. Die Gespräche wurden zu Momenten der Wertschätzung, der echten Begegnung. Das Ergebnis? Vertrauen wuchs, Engagement nahm zu, und die Mitarbeiter:innen gingen mit erhobenem Haupt zurück an ihre Aufgaben.

Wandel in schwierigen Zeiten: Ein CEO inmitten einer tiefgreifenden Umstrukturierung. Druck von allen Seiten, Entscheidungen mussten schnell getroffen werden. Doch statt im Verborgenen zu agieren, entschied sich der CEO, Rumis Prinzipien zu folgen: Offenheit, Transparenz, Dialog. Er trat vor sein Team, sprach über seine Unsicherheiten und Lernprozesse, zitierte Rumi:

> *„Gestern war ich klug, und ich wollte die Welt verändern. Heute bin ich weise, und ich ändere mich selbst."*[83]

Diese Ehrlichkeit schuf etwas Unerwartetes: Raum für kollektive Veränderung. Mitarbeiter:innen fühlten sich gehört, eingebunden, und die Umstrukturierung wurde zu einem gemeinsamen Prozess statt zu einer aufgezwungenen Maßnahme.

Fazit: Zwischen Mystik und Management

Führung. Ein Wort, das sich leicht sagt, schwer lebt. Rumi zeigt, dass es nicht um Titel oder Hierarchien geht. Es geht um Begegnung. Um Verbindung. Um den Mut, mehr zu sein als die Summe deiner Ziele. Authentizität? Ist nicht nur ein Schlagwort. Es ist die Basis, auf der Vertrauen wächst. Verbindung? Der Kitt, der Teams zusammenhält. Wandel? Das Leben selbst, gespiegelt in jeder Entscheidung. Inspiration? Kein großer Wurf, sondern die kleinen Funken, die Großes entzünden.

Was lernen wir von Rumi? Dass es nicht die perfekte Strategie gibt. Keine Formel für Erfolg. Aber eine Haltung. Eine Haltung, die einlädt. Die Raum schafft. Die Fragen stellt, wo andere Antworten liefern wollen. Führung ist ein Prozess, keine Checkliste. Es ist eine Reise. Und die beginnt immer bei Ihnen selbst.

---

[83]   Wie Anm. 81.

9.4 *„Ich möchte Teil einer Lösung sein!"* Tocotronic über Haltung, Reflexion und den Mut zur Ambivalenz

Tocotronic, neben Blumfeld und Die Sterne die Hamburger Schule-Ikonen, haben in ihrer über 30-jährigen Karriere (!) – meine Güte, habe ich tatsächlich so lange durchgehalten? – eindrucksvoll bewiesen, dass wahre Größe darin liegt, die eigene Haltung immer wieder zu hinterfragen und dennoch konsequent zu vertreten. Ihre Texte sind poetische Manifeste voller Ambivalenzen, die uns lehren: Führung ist kein gerader Weg, sondern ein Tanz zwischen Reflexion, Prinzipien und der Bereitschaft, Unbequemes auszuhalten.

In diesem Bonuskapitel zeige ich, wie Tocotronic mit Songs wie *„Ich möchte Teil einer Jugendbewegung sein"* (erschienen 1995 auf *Digital ist besser)* oder *„Die Unendlichkeit"* (auf dem gleichnamigen Album von 2018) eine Leadership-Philosophie geschaffen haben – vielleicht sogar unbewusst. Eine Philosophie, die Kreativität, Authentizität und den Mut zur Subversion ins Zentrum rückt.

Führung durch die Brille von Tocotronic: Vier zentrale Prinzipien

Haltung zeigen: „Ich möchte Teil einer Lösung sein"

Ein zentraler Aspekt von Tocotronics Musik ist die bewusste Ambivalenz. Der Song *„Ich möchte Teil einer Lösung sein" (Schall & Wahn, 2010)* zeigt, dass Haltung nicht bedeutet, fertige Antworten zu haben, sondern Fragen zu stellen und bereit zu sein, neue Perspektiven zuzulassen. Hinsichtlich Leadership bedeutet das, klare Werte zu vertreten, ohne dogmatisch zu sein. Lassen Sie Raum für Reflexion, Dialog und Veränderung – das stärkt Ihre Glaubwürdigkeit. Natürlich ist es wichtig, eine Meinung zu haben, aber es ist genauso wichtig, bereit zu sein, sie zu ändern.

Reflexion: „Digital ist besser – oder doch nicht?"

Schon früh beschäftigte sich Tocotronic mit Fragen der Technologie und ihrer Rolle in der Gesellschaft. Der Titeltrack ihres Debütalbums *„Digital ist besser" (Digital ist besser, 1995)* ist ein ironischer Kommentar auf die damalige Euphorie. Statt Antworten zu geben, fordern Tocotronic dazu auf, die Schattenseiten des Fortschritts zu reflektieren. Als Leadership-Lektion will ich anführen, dass gute Führung kritische Reflexion erfordert: Welche Technologien, Prozesse oder Entscheidungen fördern wirklich Fortschritt, wo aber ist Vorsicht geboten? In Anlehnung an Tocotronics kritischen Umgang mit Fortschritt könnte man sagen, dass Fortschritt ohne Reflexion nichts anderes als blinder Aktionismus ist.

Kreativität fördern: „Pure Vernunft darf niemals siegen"

In einem der wohl bekanntesten Songs Tocotronics, *„Pure Vernunft darf niemals siegen" (Pure Vernunft darf niemals siegen, 2005)*, wird deutlich, dass Kreativität und Emotion oft wichtiger sind als reine Rationalität. Für Führungskräfte bedeutet das, Freiräume für Ideen und Experimente zu schaffen, selbst wenn diese nicht sofort Ergebnisse liefern. Natürlich ist Rationalität wichtig, aber Innovation entsteht, wenn Sie Emotion und Intuition Raum geben. Führung bedeutet, kreatives Chaos zuzulassen und daraus Neues entstehen zu lassen.

Ambivalenz aushalten: „Alles wird in Flammen stehen"

Der Song *„Alles wird in Flammen stehen" (Schall & Wahn, 2010)* zeigt, dass Veränderung oft mit Zerstörung einhergeht – und dass das Aushalten von Unsicherheiten Teil jeder Transformation ist. Die größte Stärke einer Führungskraft ist es, mit Ambivalenzen umgehen zu können. Wandel ist unbequem, aber unvermeidlich.

Führung bedeutet, Unsicherheiten auszuhalten und diese als Chance zu begreifen.

Inspiration durch Storytelling: „Die Unendlichkeit"

Das autobiografische Album *„Die Unendlichkeit" (Die Unendlichkeit, 2018)* ist ein Meisterwerk des Storytellings. Es zeigt, wie persönliche Geschichten universelle Themen transportieren können. Führungskräfte können hier lernen, wie wichtig es ist, Narrative zu nutzen, um ihre Teams zu inspirieren und zu führen. Das Album macht deutlich, dass die Verbindung von individuellen Erfahrungen mit größeren Themen wie Veränderung, Verlust und Hoffnung eine tiefgreifende Wirkung entfalten kann. Die Leadershiplektion, die Sie auch schon bei Bukowski kennengelernt haben, lautet: Erzählen Sie Geschichten, die Emotionen wecken und Visionen greifbar machen. Authentisches Storytelling schafft Vertrauen und Motivation.

Authentizität: „Ich bin viel zu lange mit euch mitgegangen"

Der Song *„Ich bin viel zu lange mit euch mitgegangen" (Digital ist besser*, 1995) ist eine Absage an Konformität und ein Aufruf zur Selbstbestimmung. Führungskräfte sollten sich daran erinnern, dass Authentizität mehr wert ist als Anpassung. Dieser Song ist eine kraftvolle Erinnerung daran, wie wichtig es ist, den eigenen Weg zu finden und mutig zu verteidigen, auch wenn dies Konflikte mit bestehenden Normen bedeutet. Seien Sie demnach konsequent in Ihrer Authentizität. Teams folgen lieber einer Führungskraft, die sich selbst treu bleibt, als einer, die versucht, es allen recht zu machen.

Tocotronics praktische Lektionen für Führungskräfte

1. **Haltung zeigen:** Definieren Sie Ihre Werte klar und kommunizieren Sie sie transparent.

2. **Reflektieren Sie Entscheidungen:** Seien Sie bereit, Ihre Position zu hinterfragen und neu zu justieren.

3. **Schaffen Sie kreative Freiräume:** Geben Sie Ihren Teams die Möglichkeit, Neues auszuprobieren – ohne Angst vor Fehlern.

4. **Halten Sie Ambivalenzen aus:** Veränderung ist oft chaotisch, aber genau hier liegt das Potenzial für Wachstum.

5. **Nutzen Sie Storytelling:** Erzählen Sie Geschichten, die Ihre Visionen und Ziele lebendig machen.

6. **Bleiben Sie authentisch:** Seien Sie ehrlich zu sich selbst und Ihren Teams – das schafft nachhaltiges Vertrauen.

Fazit: Ambivalenz als Stärke

Tocotronic zeigen uns, dass Führung keine starre Disziplin ist, sondern ein lebendiger Prozess, der Reflexion, Kreativität und Mut erfordert. Ihre Haltung beweist, dass Ambivalenz kein Hindernis, sondern eine Stärke ist – eine Möglichkeit, Komplexität zuzulassen und innovative Wege zu finden. Der Mut, unbequeme Fragen zu stellen, hat oft mehr Wert als schnelle, scheinbar endgültige Antworten.

Oder, um es mit ihren eigenen Worten zu sagen:

„Pure Vernunft darf niemals siegen!"

9.5 Beatles oder Stones? Kinks! Oasis oder Blur? Pulp!

Authentizität, Kreativität und die Kunst der subtilen Subversion

Eine Revolution in Zeitlupe. Das sind Pulp, diese Band aus Sheffield. Nicht das laute Gebrüll von Oasis oder der raffinierte Glamour von Blur, sondern etwas Tieferes, etwas, das sich langsam in die Ritzen deines Bewusstseins schleicht und dort bleibt, lange nachdem der letzte Akkord verklungen ist. Hach, *„Süßer Vogel Jugend"*, wie Tennessee Williams es nannte. Pulp ist Britpop für jene, die wissen, dass hinter dem Glanz des Mainstreams immer auch ein Schatten lauert.

Während sich andere Bands in aufgeblähter Rivalität verloren, arbeiteten Pulp an etwas Größerem – einer Welt der scharfen Beobachtungen, sozialen Reflexionen und Geschichten, die in ihrer Intensität an die Novellen von F. Scott Fitzgerald erinnern. *„Sunrise"*, ein Song aus ihrem Spätwerk *We Love Life (2001)*, inspiriert von Scott Walkers minimalistischer Klangästhetik, steht für die Essenz ihrer Philosophie: Es geht nicht darum, laut zu sein, sondern darum, gehört zu werden.

Was können Führungskräfte von Pulp lernen? Ziemlich viel. Die Band ist ein Meisterwerk an Subversion und Authentizität. Jarvis Cocker, dieser schlaksige Intellektuelle mit der Attitüde eines Dichters, verkörpert eine Führungsphilosophie, die sich weigert, den einfachen Weg zu gehen.

Die Leadership-Formel von Pulp: Lektionen aus Britpop

Authentizität: „Bleib dir selbst treu, auch wenn es länger dauert."

Pulp brauchte fast zwei Jahrzehnte, um wirklich erfolgreich zu werden. Alben wie *It (1983)* und *Separations (1992)* waren kommerziell erfolglos, aber künstlerisch prägend. Erst mit *His 'n' Hers (1994)* und *Different Class (1995)* gelang der Durchbruch – ohne sich zu verbiegen. In Interviews betonte Jarvis Cocker, wie wichtig Authentizität und das Festhalten an den eigenen Werten sind, auch wenn der Erfolg auf sich warten lässt.

Für die Führungskraft bedeutet das, geduldig zu sein und an ihren Werten festzuhalten: Führung bedeutet, langfristig Vertrauen und Glaubwürdigkeit aufzubauen, nicht kurzfristigen Gewinn zu maximieren.

Storytelling: „Geschichten sind stärker als Fakten."

Pulp sind Meister des Storytelling. Songs wie *Common People* oder *Disco 2000* erzählen Geschichten, die uns alle betreffen – Liebe, Verlust, gesellschaftliche Ungleichheit. Eine gute Geschichte schafft Verbindung. Sie lässt uns erkennen, dass wir alle Teil von etwas Größerem sind. Führungskräfte sollten lernen, ihre Visionen in Geschichten zu verpacken. Zahlen und Fakten mögen überzeugen, aber Geschichten inspirieren.

Subversion: „Sei bereit, die Regeln zu brechen."

Pulp waren immer bereit, gegen den Strom zu schwimmen. Ihre Alben sind geprägt von einem subtilen Widerstand gegen die Konventionen der Musikindustrie. Der Song *This is Hardcore (This is Hardcore, 1998)*, dessen finaler Akkord die ikonische Länge von „*A Day in the Life*" der Beatles übertrumpft, entlarvt mit schonungsloser Offenheit die dunkle Seite des Ruhms und die gnadenlose Kapitalisierung von Kunst – ein eindringlicher Kommentar auf den Preis des Erfolgs und die Zerbrechlichkeit kreativer Integrität. Manchmal ist die größte Revolution, einfach ehrlich zu sein. Ehrlichkeit und Subversion sind mächtige Führungswerkzeuge. Und manchmal ist der beste Weg, sich abzuheben, die Wahrheit auszusprechen, auch wenn sie unbequem ist.

Kreative Zusammenarbeit: „Gemeinsam ist besser als allein."

Pulp waren mehr als nur Jarvis Cocker. Die musikalische Bandbreite von Candida Doyle, Nick Banks und dem 2023 verstorbenen Steve Mackey prägte den unverwechselbaren Sound der Band – ein Zusammenspiel, das eindrucksvoll zeigt, wie essenziell jede einzelne Stimme für das große Ganze ist. Im Gegensatz dazu standen Bands wie The Smiths, deren Fokus fast ausschließlich auf Morrissey und Johnny Marr lag, während die restlichen Mitglieder Andy Rourke und Mike Joyce eher als austauschbare Begleiter wahrgenommen wurden. Ähnlich verhält es sich bei Tokio Hotel, wo die Strahlkraft von Bill und Tom Kaulitz die ihrer Kollegen Gustav Schäfer und Georg Listing in den Schatten stellt – ein Ansatz, der zwar kurzfristige Aufmerksamkeit erzeugt, aber oft auf Kosten von Vielfalt und Tiefe geht.

Das Album *We Love Life* (2001), produziert von Scott Walker, ja: *dem* Scott Walker, ist ein Paradebeispiel für die Stärke kollektiver Kreativität: Es vereint individuelle Talente und externe Inspiration zu etwas Größerem als der Summe seiner Teile.

Was lernen wir daraus? Gute Führung erkennt die Stärken jedes Einzelnen, fördert Synergien und schafft einen Raum, in dem Kreativität gedeihen kann – denn wahre Innovation entsteht nicht im Alleingang, sondern im Dialog der Unterschiedlichkeiten.

Pulps praktische Lektionen für Führungskräfte

1. **Erzähle Geschichten wie Pulp.** Finde die Narrative, die dein Team inspiriert, und kommuniziere sie konsequent.

2. **Arbeite wie ein Ensemble.** Fördere die Stärken deines Teams und schaffe einen Raum, in dem alle kreativ zusammenarbeiten können.

3. **Nimm dir Zeit wie Jarvis:** Erwarte nicht sofortige Ergebnisse. Die besten Projekte brauchen Geduld und Hingabe.

4. **Setze auf Subversion:** Wage es, anders zu sein, und sprich die Dinge an, die andere ignorieren.

5. **Hör zu:** Pulp beweist, dass man nicht schreien muss, um gehört zu werden. Führungskräfte, die wirklich zuhören – ihren Teams, ihren Kund:innen, sich selbst – entdecken oft, dass die besten Ideen bereits da sind.

6. **Erzähle Geschichten:** Jarvis Cocker ist ein Geschichtenerzähler. Führung ist nichts anderes. Erzähle Geschichten, die inspirieren, verbinden und bewegen.

7. **Begrüße das Unbequeme:** Pulp machte niemals Musik, die nur gefallen wollte. Führung bedeutet oft, Unbequemes zu adressieren und unbequem zu bleiben, weil Veränderung nur in der Reibung entsteht.

Beispiele aus der Praxis

Authentizität im Wandel: Ein CEO entschied sich, die Unternehmenskultur grundlegend zu verändern, indem er eine ehrliche Feedback-Kultur einführte. Statt oberflächlicher Bewertungen förderte er offene Gespräche, in denen Herausforderungen und

Blockaden ebenso Platz hatten wie persönliche Ziele und Erfolge. Inspiriert von Pulps Prinzipien – Authentizität, Subversion und die Kraft des Storytellings – schuf er eine Atmosphäre des Vertrauens, in der Mitarbeiter:innen sich nicht hinter Fehlern versteckten, sondern sie als Ausgangspunkt für Wachstum nutzten.

Wie in Pulps Song *Sunrise*, der von der Überwindung vergangener Lasten erzählt, ermöglichte diese Offenheit einen echten Neuanfang. Ehrlichkeit wurde zur Grundlage für Veränderung, Motivation und eine stärkere Bindung zwischen Team und Führungskraft. Der CEO erkannte: Authentizität schafft nicht nur Vertrauen, sondern auch die Basis für nachhaltige Innovation – genau wie Pulps Geschichten uns lehren, dass Erneuerung oft im Einfachen beginnt.

Fazit: Leadership à la Pulp

Pulp zeigen uns, dass echter Erfolg nicht in Anpassung, sondern in Authentizität, Subversion und der Fähigkeit, kraftvolle Geschichten zu erzählen, liegt. Songs wie *Sunrise* zeigen, dass wahre Erneuerung oft im Einfachen liegt – in der Bereitschaft, die Realität anzunehmen und aus ihr zu wachsen, anstatt vor ihr zu fliehen.

Der Text von *Sunrise* bietet eine tiefe Metapher für Leadership und Veränderung: Es geht darum, den Übergang von Selbstzweifeln und vergangenem Ballast zu einem neuen Beginn zu meistern. Die Erkenntnis, dass die Sonne immer wieder aufgeht – das hat uns Udo Jürgens zwar bereits 1967 gelehrt, aber es mag ein Trost sein, dann und wann daran erinnert zu werden –, lädt uns ein, die

Herausforderungen des Lebens als Chance zu sehen:

> *„I used to hate the sun*
> *Because it shone on everythin' I'd done*
> *Made me feel that all that I had done*
> *Was overfill the ashtray of my life."*

Die Fähigkeit, sich der eigenen Fehler bewusst zu werden, ohne sich von ihnen definieren zu lassen, ist ein zentraler Aspekt von Pulp – und eine essenzielle Lektion für Führungskräfte.

Leadership bedeutet, sich der Vergangenheit zu stellen, ihre Lehren zu nutzen und mutig nach vorne zu blicken.

> *„But all that's gonna change*
> *Because here comes sunrise*
> *Yeah, here's your sunrise."*

Pulp erinnern uns daran, dass es nicht darum geht, perfekt zu sein, sondern präsent. Führungskräfte, die wie *Sunrise* eine Quelle der Inspiration und des Neubeginns sind, schaffen Vertrauen und ermöglichen Wachstum – für sich selbst und ihr Team.

Die Botschaft ist klar: *„Hier kommt der Sonnenaufgang – bereit, gesehen zu werden."* Leadership beginnt dort, wo man aufhört, sich zu verstecken, und anfängt, sich dem Licht zu öffnen.

Danke für den *Reminder*.

9.6 Leadership à la Barbie – Transformation, Haltung und die Kunst des Werdens

Barbie – ein Symbol der Wiedergeburt

Barbie. Überformter Kunst|Stoff. Eine Puppe. Ein Spielzeug. Eine Ikone. Ein nur scheinbar triviales Artefakt der Popkultur, ein Relikt des letzten Jahrhunderts, neu erstanden aus den glühenden Ruinen des Überkommenen. Und irgendwie auch eine gesellschaftliche Zumutung. Was einst ein Symptom starrer Genderrollen und des Konsumfetischs war, wurde durch Greta Gerwig 2023 in ein prismatisches, kaleidoskopisches Symbol der Moderne verwandelt. Wie hat sie das angestellt? Sie hat dem Plastik eine Seele eingehaucht, ihr erlaubt, wütend, verwirrt und menschlich zu sein – genau das, was Führungskräfte selten von sich selbst zulassen. Was können wir von dieser Puppe lernen? Mehr als Sie ahnen.

Barbie zeigt, dass Leadership nicht aus Kontrolle und Effizienz besteht. Es ist ein Balanceakt zwischen Chaos und Struktur, Tradition und Neuerfindung, Strategie und Emotion. Und ja, Emotion. Denn ohne Gefühl bleibt nur kalte Effizienz, die alles erstickt, was sich entwickeln könnte. Und dann ist da noch die *„Pinkifizierung"* – ein Begriff, der ebenso klebrig ist wie die Farbe selbst.[84] Barbie war das Symbol starrer Geschlechterrollen und kapitalistischer Devotion. Aber Regisseurin Greta Gerwig hat dieses Pink umarmt, aufgerissen und neu zusammengesetzt. Sie nutzt es, um Diversität, Inklusion und die Überwindung stereotyper Rollenbilder zu feiern. Führungskräfte könnten daraus lernen, wie sie Klischees zerstören und gleichzeitig ihre Wurzeln ehren können.

---

[84] Vgl. dazu Nina Stöckl: Hello Kitty, Barbie, Pink und Co. „Pinkifizierung" und Geschlechterrollen. Masterthesis an der Karl-Franzens-Universität Graz, 2014. Online im WWW: https://unipub.uni-graz.at/obvugrhs/download/pdf/242754 [Datum des Zugriffs: 2025-01-05].

Übertragung auf Leadership

Transformation und Rebranding als Überlebensstrategie

Barbie war das Sinnbild für das Überkommene. Doch statt sich dem Abgrund entgegenzuwerfen, hat die Marke die Kritik absorbiert und sich neu erfunden. Der Film zeigt, wie Wandel nicht nur möglich, sondern unvermeidlich ist – wenn man relevant bleiben will.

Leadership-Lektion: Wandel ist kein nettes Add-on. Er ist die Essenz von Führung. Wer sich nicht verändert, wird irrelevant.

Emotionales Storytelling

Barbie nutzt Narrative, die sich in die Seele graben. Die Monologe – wie der von America Ferrera, die eine Mattel-Angestellte spielt – fangen die absurden Widersprüche ein, denen Frauen ausgesetzt sind:

> *„You have to be thin, but not too thin. And you can never say you want to be thin. You have to say you want to be healthy, but also you have to be thin."*[85]

Es ist ein Schlag in die Magengrube, aber einer, der zum Nachdenken zwingt.[86]

---

[85] Das Zitat stammt aus: With „Barbie", America Ferrera Left Everything on the Dance Floor (Exclusive). Online im WWW: https://aframe.oscars.org/news/post/america-ferrera-barbie-interview. [Datum des Zugriffs. 2025-01-11].

[86] Glorias Monolog aus *Barbie* ist kein zaghaftes Flüstern, das höflich um Gehör bittet. Es ist ein Tritt. Mit Anlauf. Gegen die Tür, gegen die Erwartungen, gegen den Irrsinn. Gloria zählt auf, was jede Frau in ihrem Alltag kennt, aber selten ausspricht. Sei dünn, aber bitte nicht zu dünn. Sei ehrgeizig, aber nur so, dass du niemanden verschreckst. Sei gesund, aber nicht so gesund, dass du arrogant wirkst. Willkommen im Labyrinth gesellschaftlicher Ansprüche – Ausgang nicht in Sicht. Die Wirkung ihres Monologs? Ein kollektives Nicken. Und ein Seufzen. Endlich sagt es mal jemand. Endlich.
Während Barbie eine Plastikpuppe ist, sind Glorias Worte so messerscharf real, dass sie den glatten Lack der modernen Perfektionsgesellschaft

Leadership-Lektion: Geschichten berühren. Sie verbinden. Führungskräfte sollten Narrative schaffen, die Herz und Verstand gleichermaßen ansprechen.

---

aufbrechen. Sie schneiden in die feinen Risse des Drucks, den wir so meisterhaft ignorieren. Keine Metaphern, keine Schnörkel, kein Shakespeare – einfach nur Klartext. Glorias Monolog ist ein Faustschlag auf den Tisch einer Welt, die behauptet, Frauen könnten alles haben, und sie dabei gleichzeitig zu Tode optimiert.

Vergleichbar? Vielleicht mit Nora Helmers Ausbruch aus *„Ein Puppenheim"*. Nora verlässt ihren Mann und mit ihm die hübsche Fassade eines Lebens, das für sie gebaut wurde – ohne sie. Ihr Monolog ist eine Abrechnung. Mit den Erwartungen, mit den Regeln. Gloria und Nora sind Schwestern im Geiste. Beide sehen die Enge, in der sie leben, und beide fragen: Warum mache ich das eigentlich mit? Und: Was passiert, wenn ich einfach damit aufhöre? Nora reißt die Wände ihres Puppenhauses ein, Gloria bricht aus den Erwartungen aus. Beide hinterlassen ein Loch. In der Struktur. Im Publikum.

Und während Noras Worte die Bühnen des 19. Jahrhunderts erschüttert haben, stammen Glorias aus einem Blockbuster des 21. Jahrhunderts. Aber die Verbindung ist klar: Es geht um den Aufstand gegen ein Gefängnis aus Erwartungen. Es geht um ein Leben jenseits der glatten Oberflächen. Und beide zeigen, dass Revolution nicht immer mit einem lauten Knall beginnt. Manchmal reicht ein Satz: *„You have to be thin, but not too thin."* Und die Wände fangen an zu bröckeln.

Glorias Monolog ist kein emotionales Gefasel. Es ist Leadership pur. Die Art von Führung, die nicht in Managementbüchern steht. Die Wahrheit aussprechen, auch wenn sie niemand hören will. Haltung zeigen, auch wenn es unbequem ist. Führung heißt nicht, alle zufrieden zu stellen. Führung heißt, sich hinzustellen und zu sagen: *„So sieht es aus. Deal with it."*

Und jetzt Storytelling. Denn gute Führungskräfte erzählen Geschichten. Keine Märchen, sondern solche, die wehtun, die bohren, die verändern. Gloria zeigt, wie das geht. Sie redet nicht um den heißen Brei herum. Sie lässt uns die Enge spüren. Und genau das ist der Punkt. Geschichten schaffen Räume. Für Diskussionen. Für Veränderung.

Die besten Leader:innen unserer Zeit? Geschichtenerzähler:innen. Menschen, die wissen, dass Macht nicht in Regeln liegt, sondern darin, andere emotional zu erreichen. Gloria und Nora, jede auf ihre Weise, haben das verstanden. Ihre Geschichten sind keine Unterhaltung, sie sind ein Weckruf. Und genau das macht sie unvergesslich.

Das Fazit? Glorias Monolog ist kein Ausbruch, sondern ein Manifest. Für Menschen, die führen wollen. Für Menschen, die neue Geschichten erzählen wollen. Und vor allem: Für Menschen, die endlich aufhören wollen, sich in einer viel zu engen Welt kleinzumachen.

Diversität und Inklusion

Barbie ist heute ein Mosaik von Perspektiven. Ihre Welt ist nicht mehr homogen, sondern vielfältig – ethnisch, körperlich, sozial. Weg mit der „pinkifizierten" Barbie, her mit der Vielfalt. Und ja, das ist nicht nur moralisch, sondern strategisch klug.

Leadership-Lektion: Diversität ist nicht nur nett, sondern notwendig. Unterschiedliche Perspektiven sind der Motor für Innovation und Resilienz.

Selbstironie und Humor

Barbie reflektiert ihre eigene Geschichte – mit einem Augenzwinkern. Sie nimmt sich selbst nicht zu ernst und zeigt, dass Selbstironie Stärke ist. Führungskräfte, die das verstehen, gewinnen Vertrauen. Und Menschlichkeit.

Leadership-Lektion: Humor schafft Nähe. Perfektion ist tot. Es lebe die Authentizität.

Haltung zeigen

Barbie bleibt unbequem. Der Film ist anarchisch und politisch. Er nimmt Stellung – zu Genderrollen, Konsumkritik und Identität. Führungskräfte, die neutral bleiben wollen, haben längst verloren.

Leadership-Lektion: Haltung ist keine Schwäche, sondern Stärke. Kontroversen sind kein Problem – sie sind der Treibstoff für Veränderung.

Die Kunst des Werdens

Barbie ist kein fertiges Produkt. Sie ist ein Prozess. Jede Iteration macht sie relevanter. Das Gleiche gilt für Führungskräfte. Es gibt keinen Endpunkt, nur den ständigen Weg der Veränderung.

Leadership-Lektion: Tradition und Innovation sind keine Gegensätze. Sie sind die Pole, zwischen denen Führung tanzt.

Barbies praktische Lektionen für Führungskräfte

1. **Mut zur Veränderung:** Transformation ist kein Feigenblatt. Sie ist radikal und notwendig.

2. **Transparenz fördern:** Entscheidungen und ihre Beweggründe offenlegen.

3. **Vielfalt leben:** Teams mit verschiedenen Perspektiven zusammenstellen – und sie sichtbar machen.

4. **Humor zulassen:** Menschlichkeit gewinnt. Perfektion verliert.

5. **Haltung zeigen:** Klarheit bietet Orientierung. Auch wenn es weh tut.

6. **Den Wandel umarmen:** Leadership ist kein Ziel, sondern ein Prozess.

Beispiel aus der Praxis

1. **Nachhaltigkeit als Brücke zwischen Tradition und Zukunft:** Ein Automobilunternehmen, das jahrzehntelang Benzin als Lebenselixier vergötterte, wagt einen radikalen Schwenk: Nachhaltigkeit, E-Mobilität, Zukunft. Aber anstatt sich einfach neu zu erfinden, wie ein Hipster mit zu enger Hose, bleibt man strategisch schlau. Alte Werte werden nicht auf den Müll geworfen, sondern wie eine gut gereifte Flasche Refošk wiederentdeckt und in die neue Vision integriert. Das

Ergebnis? Eine Identität, die gleichzeitig Nostalgie und Innovation atmet. Und ja, man verkauft noch Autos – jetzt nur mit weniger Schuldgefühlen.

2. **Persönliche Geschichten als Vertrauensanker:** Ein CEO steht mitten in einer Krise. Die Aktienkurse stürzen ab, das Vertrauen ist dahin. Statt sich hinter PowerPoint-Folien und PR-Strategien zu verstecken, macht er etwas, das in der Unternehmenswelt fast revolutionär erscheint: Er erzählt Geschichten. Persönlich, roh, echt. Er spricht über seine eigenen Ängste, Niederlagen und, ja, ein paar Erfolge. Das Team, dem bis dahin vor allem Misstrauen ins Gesicht geschrieben stand, fängt an zu glauben. Nicht an die Zahlen. Sondern an ihn. Und manchmal reicht das.

3. **Diversität als Innovationsmotor:** Ein globaler Konzern, der ansonsten für sterile Büros und noch sterilere Power Suits bekannt ist, startet ein Tandem-Programm. Menschen aus verschiedenen Kulturen und Hierarchieebenen werden zusammengesteckt. Und was passiert? Chaos. Gutes Chaos. Es entsteht Innovation, weil Perspektiven aufeinanderprallen wie zwei Züge in einem Actionfilm. Am Ende haben sie nicht nur neue Lösungen entwickelt, sondern auch Bindungen geschaffen, die jede Weihnachtsfeier überleben könnten.

4. **Offenheit durch Fehlerkultur:** Ein Start-up-Gründer, der gerade eine Produktentwicklung so grandios gegen die Wand gefahren hat, dass selbst Zuschauer:innen in der letzten Reihe es mitbekommen hätten, entscheidet sich für das Undenkbare: Er erzählt es öffentlich. Die Geschichte seines Scheiterns wird nicht nur zu einem viralen Hit, sondern auch zum Beweis, dass Ehrlichkeit nicht nur ein PR-Gag ist. Investor:innen und Mitarbeiter:innen? Lieben ihn plötzlich noch

mehr. Warum? Weil niemand Perfektion vertraut, aber jeder einem Menschen, der es wenigstens versucht.

5. **Haltung für mehr Diversität:** Ein CEO stellt sich auf die Bühne einer hitzigen öffentlichen Debatte. Thema: Diversität. Während sich andere durch vage Floskeln schlängeln, geht er aufs Ganze. Klarer Standpunkt, klare Haltung: Für mehr Inklusion. Natürlich gibt es Kritik, vor allem von jenen, die Diversität immer noch für einen Luxus halten. Die Wahrheit? Sein Team steht hinter ihm. Seine Kund:innen auch. Die Kritiker:innen? Nun ja, die kaufen sowieso woanders.

6. **Dynamische Anpassung durch Feedback:** Ein Bildungsunternehmen, so flexibel wie ein Faxgerät in einem KI-Startup – offiziell noch da, aber längst irrelevant – entscheidet sich für eine Revolution: Ein kontinuierliches Feedbacksystem wird eingeführt. Und plötzlich beginnt etwas zu pulsieren, eine Dynamik, die auf die Bedürfnisse von Lernenden (!) und Lehrenden (!!) eingeht. Es ist nicht perfekt, aber es lebt. Und in einer Welt, die ständig in Bewegung ist, ist sich mitzubewegen vielleicht das Beste, was man tun kann.

Fazit: Leadership in der Barbie-Welt

Barbie ist mehr als nur ein Püppchen. Sie ist ein Symbol dafür, was Führung sein kann – mutig, chaotisch, empathisch, unbequem. Und letztlich zeigt sie, dass Wandel nicht die Ausnahme ist, sondern die Regel. Wer das versteht, führt nicht nur, sondern inspiriert.

Die Wahrheit? Führung ist kein Handbuch für perfekte Menschen. Es ist *„Trial-and-Error"* in Echtzeit, ein ständiges Stolpern über Erwartungen, bei dem nur eines sicher ist: Der nächste Schritt wird improvisiert. Und manchmal – wie Barbie zeigt – hilft es, dabei einfach gut auszusehen, selbst wenn man fällt.

Leadership ist ein Prozess, kein Idealzustand. Es ist die Fähigkeit, nicht nur sich selbst, sondern auch andere immer wieder neu zu definieren. Führung bedeutet, Narrative zu schaffen, die so kraftvoll sind, dass sie Widersprüche nicht nur aushalten, sondern transformieren.

Barbie zeigt: Schwäche zu zeigen, kann zur größten Stärke werden. Es geht nicht darum, perfekt zu sein. Es geht darum, authentisch zu sein, auch wenn es unbequem ist. Das gilt nicht nur für Führungskräfte, sondern für alle, die sich dem Chaos des Lebens stellen.

Ich selbst habe damals mit *Action Team*-Puppen gespielt – John Steel, Hard Rock, Bob Power: klingt nach Porno, war aber ein Abenteuer auf dem Kinderzimmerteppich. Hätte ich mit Barbie gespielt, wäre vielleicht mehr aus mir geworden. Scherz – oder? Vielleicht hätte ich dann aber früher verstanden, dass Führung manchmal auch bedeutet, die Farbe Pink neu zu denken. Zumindest, wenn sie auf gelbem Grund leuchtet – wie auf dem Einband dieses Buchs.

Die Wahrheit? Führung ist wie Blitzschach auf einem schlammigen Spielfeld – du brauchst den strategischen Überblick und die schnelle Entscheidungsfähigkeit des Schachs, aber auch die Flexibilität und die Bereitschaft, dich schmutzig zu machen wie im Rugby.

Und Ken? Er erinnert uns daran, dass auch Nebenrollen einen Existenzzweck haben – sei es als wandelnder Witz oder als Symbol für die Suche nach Identität. Seine Transformation mahnt Führungskräfte, dass nicht jede Reise an der Spitze endet, aber jede Reise eine Rolle spielt. Am Ende bleibt eine Lektion: Erfolg ist nicht das Ziel. Werden ist alles.

9.7 Brian Eno – Kuratieren anstatt kontrollieren, auch wenn's schwerfällt

Was wäre, wenn Leadership als ein sich entfaltender Prozess betrachtet würde, voller Zufälle, intuitiver Schritte und ungeahnter Möglichkeiten? Brian Peter George St. John le Baptiste de la Salle Eno, ein Architekt der Klanglandschaften und kreativer Alchemist, lehrt uns, dass Führung kein einzelnes Genie braucht, sondern ein Netzwerk von Ideen. In seiner Welt sind Chaos und Ordnung keine Gegensätze, sondern Komplizen, die gemeinsam etwas Neues erschaffen. Er sieht Kreativität als ein Wechselspiel, bei dem wir den Kontext gestalten, der Magie geschehen lässt. Eno betonte stets, dass er nicht mit Genies arbeite (bei David Bowie, Devo und den Talking Heads lag er damit wohl falsch); vielleicht hat er aber vielmehr daran gearbeitet, sie wie Genies erscheinen zu lassen (man denke an U2 oder Coldplay).

Eno begann seine Karriere als Keyboarder und Synthesizer-Spezialist bei Roxy Music, einer der einflussreichsten Bands der Glam- und Art-Rock-Ära. Seine innovative Herangehensweise prägte nicht nur den Sound der Band, sondern zeigte bereits damals seine Affinität zum Experimentieren und Kuratieren musikalischer Kontexte. Nach seinem Austritt aus der Band im Jahr 1973 wandte er sich der Produktion und der Entwicklung der Ambient-Musik zu, was ihn zu einem der wichtigsten Vordenker moderner Klanglandschaften machte.

Leadership nach Eno bedeutet, den Raum zu schaffen, in dem Ideen gedeihen können. Nicht Kontrolle, sondern Kuratieren ist der Schlüssel. Die größten Erfolge entstehen, wenn Menschen zusammenkommen und eine kollektive Intelligenz freisetzen, die unerwartete Wege geht. Zufallsoperationen stehen im Zentrum von

Innovation. Was wie Chaos erscheint, entpuppt sich sodann oftmals als Ausgangspunkt für Klarheit.

In diesem Geist ist Führung keine Serie von festen Entscheidungen, sondern eine Reise ins Unbekannte. Statt Ergebnisse zu diktieren, kuratieren Enoeske Führungskräfte Kontexte, in denen Kreativität und Flexibilität fließen können. Das Unerwartete wird nicht als Störung gesehen, sondern als Einladung zu Innovation.

Meine zweite französische Bulldogge Eno verkörpert diesen Geist in vollen Zügen: neugierig, unberechenbar und stets bereit, das Chaos zu umarmen. Seine unkonventionelle Energie erinnert mich seit nunmehr acht Jahren täglich daran, dass Führung verspielt, offen und experimentierfreudig sein kann – wie eine spontane Melodie, die durch den Raum schwebt. Besonders fasziniert mich, wie Eno – der Hund – scheinbar ohne Plan agiert, aber stets das Beste aus seiner Umgebung macht. Seine Neugierde ist ansteckend und unterstreicht, wie wichtig Flexibilität und Freude am Experimentieren für eine effektive Führung sind.

Eno – der Musiker – erinnert mich daran, dass Leadership mehr mit Kontextgestaltung als mit Kontrolle zu tun hat. Er prägte auch den Begriff „Scenius", eine Fusion aus „Scene" und „Genius", um die kollektive Kreativität von Teams zu beschreiben. Erfolg ist für ihn das Produkt einer kreativen Umgebung, in der jeder Beitrag wertvoll ist. Dieser Ansatz hat sich in vielen Bereichen, von der Musikproduktion bis zur Unternehmensführung, als unglaublich wirkungsvoll erwiesen.

Die Leadership-Philosophie von Brian Eno

„Scenius" statt „Genius" – Erfolg ist kollaborativ

Brian Eno beschreibt *„Scenius"* als die kreative Dynamik eines Teams, bei dem Ideen durch die Gemeinschaft verstärkt werden. Führung heißt hier, den Fluss zu leiten, ohne ihn zu stören.[87] Große Ideen sind selten das Werk einer Einzelperson. Die Magie entsteht im Zusammenspiel von Perspektiven und Energien.

Oblique Strategies – Entscheidungen durch Perspektivwechsel

Enos *Oblique Strategies*-Karten laden uns ein, Muster zu brechen: *„Use an old idea", „Emphasize the flaws"* oder *„Honor thy error as a hidden intention."* Sie erinnern uns daran, dass jeder Impuls eine neue Richtung öffnen kann. Wenn Sie feststecken, probieren Sie einen Perspektivwechsel. Sogar kleine, absurde Ideen können das Potenzial haben, große Dinge zu bewegen.[88]

Das Unvorhersehbare umarmen

Eno weiß, dass das Leben – wie Musik – oft unerwartete Wendungen nimmt. Er arbeitet mit Algorithmen, Unfällen und Chaos, um etwas Einzigartiges zu schaffen. Manchmal auch bewusst, denn für sein erstes Soloalbum *Here Come the Warm Jets (1974)* hat er insgesamt 16 Gastmusiker eingeladen, deren Auswahlkriterium ihre musikalische Inkompatibilität war.[89] Planen Sie Raum für Zufälle ein. Die besten Ergebnisse entstehen oft durch Momente, die nicht geplant waren.

---

[87] Bruce Sterling: Scenius, or Communal Genius. Online im WWW: https://www.wired.com/2008/06/scenius-or-comm/ [Datum des Zugriffs: 2024-12-23].

[88] Vgl. Anm. 4.

[89] Vgl. dazu Cynthia Dagnal: Eno and the Jets: Controlled Chaos. In: Rolling Stone 169 (12.09.1974), S. 21.

Den Raum definieren, nicht die Ergebnisse

Eno beschreibt Führung als die Kunst, eine Umgebung zu schaffen, in der Dinge wachsen können. Ergebnisse sind Nebenprodukte einer gut kuratierten Dynamik. Geben Sie nicht vor, wohin der Weg führen soll. Stellen Sie sicher, dass der Weg inspirierend ist.

Brian Enos praktische Lektionen für Führungskräfte

1. **Kollaborative Kreativität fördern:** Ein Innenarchitekturbüro führte „Experimentiertage" ein, bei denen Teams frei an Projekten arbeiteten, die nicht direkt dem Tagesgeschäft dienten. Okay, das hatten sie bei 3M geklaut. Aber diese Praxis führte zu einer nachhaltigen Veränderung der Unternehmenskultur und veranschaulicht Enos Idee des *„Scenius"*. Die Ergebnisse reichten von innovativen Designansätzen bis hin zu verbesserten Arbeitsprozessen.

2. **Perspektivwechsel initiieren:** Nutzen Sie Werkzeuge wie *Oblique Strategies*, um Blockaden zu lösen. Die unorthodoxesten Ideen sind oft die besten. Es ist wie beim Betrachten eines Gemäldes: Ein Schritt zur Seite und die Farben erzählen eine völlig andere Geschichte. Das Neue entsteht meist dort, wo wir den Mut haben, Altbekanntes auf den Kopf zu stellen.

3. **Fehler feiern:** Sehen Sie Fehler nicht als Stolpersteine, sondern als Sprungbretter. Ein Fehler ist oft die Öffnung zu einer unerwarteten Welt, die ohne ihn verborgen geblieben wäre. Lernen Sie, den Stolz auf Perfektion loszulassen, und entdecken Sie die Schönheit im Unfertigen.

4. **Den Prozess lieben:** Ergebnisse kommen von selbst, wenn der Prozess fließt. Wie bei einer improvisierten Jam-Session entfaltet sich die Magie, wenn sich alle auf den Moment einlassen. Vertrauen Sie darauf, dass sich das Ziel zeigt, wenn Sie den Weg mit Neugier und Offenheit gehen.

Beispiele aus der Praxis

1. *Oblique Strategies* **im Alltag:** Ein Teamleiter in einem kreativen Unternehmen setzte Enos Karten ein, um eingefahrene Denkmuster in Meetings zu durchbrechen. Einmal sorgte die Anweisung *„Use an old idea"* dafür, dass eine vergessene Strategie wieder auf den Tisch kam und den Durchbruch für ein komplexes Projekt ermöglichte. In einem anderen Fall führte die Karte *„Emphasize the flaws"* zu einer offenen Diskussion über Schwachstellen im Prozess – und zu kreativen Lösungen.

2. *„Scenius"* **im Unternehmen:** Ein Start-up im Bereich nachhaltiger Technologien nutzte anonyme Ideenaustauschplattformen, um Hierarchien zu umgehen. Jede Idee wurde diskutiert, ohne dass klar war, wer sie eingebracht hatte. Diese Methode führte zu innovativen Vorschlägen, da sie die Angst vor Bewertung minimierte. Ein Beispiel war die Entwicklung eines neuen Produktfeatures, das zunächst als zu riskant galt, letztlich jedoch zum Markterfolg beitrug.

3. **Der kuratierte Raum in der Praxis:** In einem internationalen Architekturbüro wurde ein Konzept eingeführt, bei dem monatliche „Experimentiertage" stattfanden. Mitarbeiter:innen konnten in Teams an Projekten arbeiten, die nicht

4. in den regulären Arbeitsablauf passten. Die dabei entstandenen Ideen brachten oft unerwartete Ansätze in die Hauptprojekte ein und verbesserten das kreative Klima des Unternehmens nachhaltig.

Fazit: Leadership als kreative Komposition

Führung ist kein Skript, sondern eine Improvisation. Die besten Leader gestalten Kontexte, in denen das Unerwartete geschieht – und das Unmögliche denkbar wird. Wenn Sie als Führungskraft den richtigen Raum schaffen, füllen ihn die Menschen oft mit mehr, als Sie sich jemals hätten vorstellen können.

Eine Karte aus den Oblique Strategies bringt dies auf den Punkt: *„Discover the recipes you are using and abandon them."* Der Mut, alte Muster zu durchbrechen und neue Wege zu wagen, öffnet Türen, die wir vorher nicht einmal bemerkt haben.

Eno, unsere französische Bulldogge, steht exemplarisch für diesen Ansatz: In seinem Chaos liegt eine eigene Ordnung, in seiner Neugierde ein Antrieb für Neues. Seine spielerische Art zeigt meiner Frau und mir jeden Tag, dass selbst in der scheinbaren Unordnung verborgene Strukturen und Möglichkeiten liegen. Wie oft er uns durch seine Aktionen überrascht, erinnert daran, dass Führung nicht immer planbar ist – und genau das macht sie lebendig.

So wie Brian Eno Musik komponiert, lebt mein Hund – und so, denke ich manchmal, sollte zuweilen auch Leadership verstanden werden. Es geht nicht um Kontrolle, sondern um das Vertrauen, dass aus Offenheit etwas Einzigartiges entstehen kann. Denn nur wer Chaos zulässt, schafft Raum für echte Innovation.

9.8 Die andere Art der Bergpredigt – Führung mit Witz und Wahnsinn

Für Führungsweisheiten aus der Welt von Dystopie und Gesellschaftskritik steht Sibylle Berg. Meisterin der dunklen Kunst, den Finger in die Wunden der Gesellschaft zu legen, noch Salz darauf zu streuen und dabei so viel Stil zu bewahren, dass man fast vergisst, wie weh es tut. Ihre Werke sind keine Wellness-Literatur. *„Zumutungskunst"*, hat das mal einer genannt.[90] Sie sind eine brutale Erinnerung daran, dass die Welt chaotisch, unsicher und oft zum Davonlaufen ist – aber genau darin liegt die Würze. Führung? Ein anderes Wort für den täglichen Kampf gegen das Absaufen in Bullshit. Willkommen in der Realität.

Was wir über Führung aus Sibylle Bergs Dystopie lernen können

Groß träumen, aber mit einem Fuß auf dem Boden

> *„Manchmal denke ich, es wäre total gut, an irgendwas glauben zu können. An eine politische Idee oder so. Aber heute glaubt kaum wer noch was."*[91]

In einer perfekten Welt wäre es leicht, große Visionen zu haben. Doch Berg erinnert uns daran, dass nichts perfekt ist. Träumen Sie groß, aber behalten Sie im Hinterkopf: Die Welt wird nicht applaudieren. Sie wird zweifeln, meckern, hindern. Ihr Job?

---

[90] Gerhard Kaiser: *Smart New World*. Soziale Medien in dystopischen Texten der Gegenwartsliteratur. In: Stephanie Catani und Christoph Kleinschmidt (Hrsg): Popliteratur 3.0: Soziale Medien und Gegenwartsliteratur. Berlin: Walter de Gruyter, 2023, S. 69-85, hier S. 73.

[91] Sibylle Berg: Ein paar Leute suchen das Glück und lachen sich tot. Stuttgart: Reclam, 1997, S. 24.

Trotzdem weiterträumen und gleichzeitig den nächsten Schritt vorbereiten. Keine Utopien, sondern Pläne mit Substanz.

Beispiel: Ein Technologie-Startup mit begrenzten Ressourcen kann keine globale Revolution über Nacht auslösen. Aber es kann mit klar definierten Meilensteinen arbeiten, die sowohl die Vision als auch die Umsetzbarkeit in Einklang bringen. Bergs Lektion: Visionen ohne Bodenhaftung führen nur zu Enttäuschung.

Sag, was gesagt werden muss – und zwar ohne Schnörkel

> *„Kritiker sind mir zu 99% Stulle. Wer wird sich an sie erinnern, sogar noch während ihrer Lebzeit?"*[92]

Schonungslos. Direkt. Kein Bullshit. Das ist Bergs Stil. Führungskräfte sollten sich davon eine Scheibe abschneiden. Niemand hat Zeit für diplomatisches Gewäsch, wenn die Hütte brennt. Manchmal braucht es harte Worte, um aufzurütteln. Klartext ist unbequem, aber er verhindert, dass die Leute an ihrer eigenen Bequemlichkeit ersticken.

Beispiel: Eine Führungskraft in einer Krise – etwa bei massiven Lieferengpässen – muss in der Lage sein, Probleme klar und ehrlich anzusprechen, statt sie in Euphemismen zu verpacken. Ehrlichkeit über die Lage schafft Vertrauen, selbst wenn die Botschaft unangenehm ist.

Chaos ist der Normalzustand – nutze es

In Bergs Welten herrscht Chaos, und genau das ist der Punkt. Führungskräfte, die auf absolute Kontrolle setzen, haben verloren, bevor sie anfangen. Chaos ist nicht das Problem – es ist die Chance. Die besten Ideen entstehen, wenn nichts nach Plan läuft. Wenn Sie

---

[92] Online im WWW: https://mitvergnuegen.com/2018/11-zitate-von-sibylle-berg-die-dein-leben-bereichern/ [Datum des Zugriffs: 2024-12-28].

Chaos nicht als Feind, sondern als Partner betrachten, haben Sie schon gewonnen.

Beispiel: Kreativagenturen wissen, dass die besten Kampagnen oft aus Brainstormings entstehen, bei denen alles chaotisch und unstrukturiert wirkt. Die Unordnung birgt das Potenzial für echte Innovation, wenn sie kanalisiert wird.

Wissen ist sexy, aber nur mit Spaß

> *„Oft sind wir auch einfach zu faul, um uns unsere Träume zu verwirklichen."* [93]

Bildung. In Bergs Universum gerne ein Witz, weil niemand versteht, wie wichtig sie ist. Führungskräfte, die Bildung langweilig gestalten, tun dasselbe. Wer will schon etwas von jemandem lernen, der keinen Spaß daran hat? Wissen sollte ansteckend sein, inspirierend. Wenn Ihr Team nicht mitzieht, liegt das vielleicht daran, dass Sie selbst langweilig sind.

Beispiel: Workshops, die gamifizierte Ansätze nutzen oder Storytelling integrieren, machen Lernen zu einem Erlebnis. Bergs Botschaft: Wissen sollte fesseln, nicht einschläfern.

Gemeinsam stark, aber nicht gleichgeschaltet

> *„Es gibt keine normalen Menschen. Es gibt nur eine gesellschaftliche Verabredung, wie sich ein korrekter Mensch zu verhalten habe, es gibt sozialen Druck, der sich aus kulturellen Vorgaben bildet."* [94]

---

[93] Ebd.

[94] Sibylle Berg: Es gibt keine normalen Menschen. Online im WWW: https://www.spiegel.de/kultur/gesellschaft/hochsensibilitaet-es-gibt-keine-normalen-menschen-kolumne-a-1193832.html [Datum des Zugriffs: 2024-12-28].

Die Figuren in Bergs Büchern – gebrochene Helden, einsame Kämpfer – finden Stärke in der Gemeinschaft. Führung bedeutet, die Individualität jedes Einzelnen zu respektieren und gleichzeitig ein Umfeld zu schaffen, in dem Zusammenhalt entsteht. Ein gutes Team ist wie eine Jazzband: Jeder spielt sein Instrument, aber zusammen entsteht Magie.

Beispiel: Ein interdisziplinäres Team in einem Krankenhaus bringt verschiedene Perspektiven zusammen, um patientenzentrierte Lösungen zu finden. Die Führungskraft sorgt dafür, dass jede Stimme gehört wird und gleichzeitig das gemeinsame Ziel nicht aus den Augen verloren wird.

Bergs praktische Lektionen für Führungskräfte

1. **Große Visionen, aber mit Backup:** Groß denken ist gut, aber nicht ohne Plan B – oder C. Träume sind billig, aber Umsetzung kostet Blut, Schweiß und Hirnschmalz. Wenn Sie keine Substanz hinter Ihren Visionen haben, dann bleiben sie genau das: heiße Luft. Pfhhhh…

2. **Ehrlich bis zum Schmerz,** weil Lügen wie Instantnudeln sind: schnell gemacht, aber auf Dauer ungesund. Ehrlichkeit hingegen ist wie ein starker Espresso: bitter, aber er weckt auf. Also: weniger Diplomatie, mehr Klartext. Niemand braucht Anführungszeichen um Wahrheiten.

3. **Chaos willkommen heißen:** Vergessen Sie Ordnung. Chaos ist der Normalzustand. Die besten Ideen kommen oft mitten im Durcheinander. Führung bedeutet nicht, das Chaos zu eliminieren, sondern darin zu schwimmen, wie ein Fisch im Wasser, im flaschengrünen, tiefen See.

4. **Lernen ist geil:** Wissen ist Macht, aber nur, wenn es Spaß macht. Niemand lernt gern von jemandem, der selbst einschläft. Also, raus mit dem ERP-System und rein mit Geschichten, Spielen und einer Prise Wahnsinn.

5. **Teamwork mit Persönlichkeit:** Diversität ist kein Buzzword, sondern ein – Werkzeug! Ihre Leute sind keine Zahnräder, sondern individuelle Genies. Ihre Aufgabe: den Raum schaffen, in dem sie zusammen etwas Großartiges erschaffen.

Fazit: Führung à la Berg

Führung ist nichts für schwache Nerven. Es ist ein Blutbad, ein endloser Drahtseilakt über einem Abgrund voller Unsicherheiten, Missgunst und Schmerz. Perfektion? Ein Mythos für Managementbroschüren. In der echten Welt geht es darum, mit den Brocken zu jonglieren, die das Leben einem vor die Füße wirft. Scheitern ist keine Schande, sondern die Eintrittskarte in den Club derer, die es überhaupt versuchen.

Sibylle Berg empfindet das Dasein als zutiefst prekär. Sie ist ein mieses Kabarett, ein absurdes Theaterstück ohne Generalprobe. Wer Führung als kontrollierbaren Prozess begreift, ist wie jemand, der versucht, Sojapudding an die Wand zu nageln. Vergessen Sie die organisierte Paranoia endloser KPI-Tabellen – KPI hier für *„Kafka-esker-Prozess-Irrsinn"*. Führung ist der Dreck unter den Nägeln nach einem guten Kampf.

Die Welt ist kein sicherer Hafen. Sie ist eine tosende See, ein Sturm aus Unsinn und Lärm. Die besten Führungskräfte wissen das. Sie versuchen nicht, die Wellen zu bändigen – sie surfen darauf, während sie laut lachen. Sie schaffen keinen perfekten Plan, sondern machen das Beste aus dem Unplanbaren. Manchmal bedeutet das, sich im Kreis zu drehen, weil jeder Fortschritt nur eine Illusion ist. Und manchmal reicht es, einfach stehenzubleiben, während der Rest der Welt in Flammen aufgeht. Führung ist die Kunst, gleichzeitig in Bewegung und doch still zu sein – ein Widerspruch, der genauso wehtut, wie er befreiend ist.

Und ja, sie fallen. Aber sie stehen wieder auf.

Führung bedeutet, Mut zu haben: Mut zur Ehrlichkeit, Mut zum Risiko, Mut zum Chaos. Es bedeutet, mit gebrochenem Kompass loszuziehen, weil man tief drin weiß, dass der Weg sowieso erst entsteht, wenn man ihn geht. Denn die Wahrheit ist: Niemand hat wirklich eine Ahnung, was er tut. Die Besten geben das einfach offen zu.

Sich dabei nicht zu ernst zu nehmen, ist die einzige Rettung. Wer das nicht akzeptieren kann, sollte sich einen Job suchen, bei dem die größte Herausforderung darin besteht, den Kaffeevollautomaten zu entkalken.

Also: Umarmen Sie den Wahnsinn. Er ist alles, was wir haben. Und manchmal, mitten in der Dunkelheit, findet man dort das Licht. Es ist das Licht derer, die den Mut hatten, aus den Trümmern ihrer gescheiterten Pläne etwas Neues zu bauen. Das ist keine Schönfärberei. Das ist ein Überlebensinstinkt. Das ist kein Trost. Es ist ein Versprechen.

Amen.

9.9 Leadership als Spektakel: Laibach und die Kunst der Ambivalenz

Die wahre Führungskraft ist keine Autorität – sie ist eine Idee

Laibach existiert jenseits des Begrenzten. Gegründet 1980 im industriellen Trbovlje, einer Stadt, die gleichermaßen von Kohle wie von Konflikten geprägt war, schuf Laibach eine Welt, die jede Kategorisierung sprengt: Sie ist simultan ein Teil der *Neuen Slowenischen Kunst (NSK)*.[95] Ihre Ästhetik oszilliert zwischen totalitärer Symbolik, zynischer Parodie auf die Macht selbst und intellektueller Herausforderung. Sie sind keine Nostalgie – sie sind eine Zumutung.

Mich selbst begleitet Laibach seit den 1980er Jahren, als ich auf einem Mixtape neben kuriosen Namen wie Kosmonautentraum, Fähnlein Fieselschweif und Reifenstahl auch eine Version von *„Država"* entdeckte. In diesem Moment fielen Phil Collins, Foreigner und SWF3s *„Top Ten international"*, moderiert von Frank Laufenberg, endgültig in den Abgrund meiner kurzen Vergangenheit – ein Wendepunkt in meinem kulturellen Leben, einer von zwei „schwerwiegenden Neigungswechseln" in meiner Biografie, um es einmal mit den Worten des Bundesausbildungsförderungsgesetzes zu beschreiben. Mit Laibach begann für mich ein neues Kapitel: keine Wohlfühlmusik mehr, sondern radikale Konfrontation.

Laibachs Ursprünge haben für mich darüber hinaus noch einen weiteren persönlichen Bezug: In Trbovlje ist meine Frau aufgewachsen. Und in Medvode, dem Geburtsort von Tomaž Hostnik, dem Sänger und visionären Mitgestalter von Laibach, hat sie

---

[95] Zdenka Badovinac, Eda Čufet und Anthony Gardner (Hrsg.): NSK. From Kapital to Capital. Neue Slowenische Kunst. An Event of the Final Decade of Yugoslavia. Cambridge, Massachusetts und London: The MIT Press, 2015.

während ihres Studiums der Forstwirtschaft an der Biotechnologischen Fakultät der Universität Ljubljana gelebt.

Hostnik war nicht nur Co-Autor des Laibach-Manifests, der *„10 Items oft he Covenant"*,[96] sondern auch ein Künstler, dessen Performances wie seine Erscheinung gleichermaßen verstörten und faszinierten. Sein tragischer Tod am 21. Dezember 1982, als er sich an einem traditionellen slowenischen Kozolec erhängte, brachte die Zerbrechlichkeit und Abgründe eines Künstlers ans Licht, der zwischen kollektiver Idee und privater Identität zerrissen war. Laibach distanzierte sich posthum von Hostniks Entscheidung des Freitods – ein Akt, der zeigt, dass auch kollektive Visionen ihre Grenzen und Widersprüche haben.

Laibach ist für mich hier aber kein sentimentaler Rückblick – sie sind ein permanentes *„Fuck You!"* an jedwede Konvention, deswegen sind sie hier. Ihre Provokationen durchdringen alle Konventionen und erinnern uns daran, dass Leadership ein Ritual ist – inszeniert, mehrdeutig und subversiv.

Leadership durch Provokation und Ambivalenz

Was verbindet Laibach mit Leadership? Alles. Führung in ihrer reinsten Form bedeutet Kontrolle über Symbole, die Manipulation von Wahrnehmungen und das Kuratieren von Mehrdeutigkeiten. Laibach dekonstruiert nicht nur Machtstrukturen; sie inszenieren ihre Brüchigkeit, ihre Doppeldeutigkeit. Diese Ambivalenz zeigt sich in jedem ihrer Werke. Songs wie *„Brat Moj"* verbinden individuelle Hingabe mit kollektivem Pathos, verflechten Loyalität mit

---

[96]   Ebd., S. 460-462.

Widerstand und transformieren einfache Melodien in ideologische Konstrukte.

Wirtschaft ist tot – Die Ästhetik der Krise

Die frühen 1990er. Alles zerfällt. Staaten, Ideologien, Existenzen. Laibach nimmt diese Zeit, packt sie in ein Musikvideo, und presst die verstörende Essenz dieser Ära in kaltes, industrielles Blau. Maschinen. Menschen. Oder das, was von ihnen übrig ist. Frauen mit Bewegungen so präzise wie Zahnräder. Der Körper ist längst kein Wunderwerk mehr – er ist Werkzeug. Willkommen in der Zukunft, in der das Organische nur noch stört.

Der Titel: *„Wirtschaft ist tot".* Wie ein Grabstein, schlicht und brutal. Ein Land, das in Inflation ertrinkt, während die Arbeitslosigkeit wie ein Sensenmann durch die Straßen zieht. Doch es ist mehr als ein Abgesang auf die Ökonomie. Es ist die Diagnose einer Zeit, die alles Lebendige in den Würgegriff nimmt und synthetische Prozesse über alles stellt. Die Flügelhelme der Performer, einst Symbole für Mercurius, den Gott des Handels und der Kommunikation, werden zu grotesken Kronen einer maschinellen Dystopie.

Laibach ist unnachgiebig. Sie legen die Mechanismen der Macht bloß, indem sie deren Ästhetik übernehmen und bis zum Schmerz verstärken. Sie zeigen uns nicht nur die kalte Präzision eines Systems, das alles menschliche Leben optimieren will. Sie führen vor Augen, wie diese Präzision uns verschlingt.

Leadership? Kontrolle? Menschlichkeit? In der Welt von *„Wirtschaft ist tot"* gibt es keine Balance mehr. Macht, die zu weit geht, wird zum Selbstmordkommando. Sie tötet nicht nur die, die ihr unterworfen sind, sondern auch sich selbst. Ein Mahnmal, verpackt in hypnotischen Klängen und verstörenden Bildern.

Am Ende bleibt das Unbehagen. Kein Trost, keine Moral. Nur die Frage: Wie lange können wir uns noch vormachen, dass diese Welt uns gehört?

Leadership-Prinzipien à la Laibach

Ambivalenz akzeptieren: Die Macht der Mehrdeutigkeit

Laibach spricht nie in einfachen Kategorien. Ihre Sprache – visuell, akustisch, ideologisch – ist ein ständiges Pendeln zwischen Faszination und Schrecken. *„Brat Moj"* klingt wie ein hymnisches Bekenntnis und zugleich wie ein Protest gegen blindes Vertrauen. Führung bedeutet, Ambivalenz zuzulassen, Widersprüche nicht aufzulösen, sondern produktiv zu machen. Macht ist immer zweischneidig: Sie stabilisiert und destabilisiert zugleich.

Subversion durch Struktur: Der Mut zur Provokation

Nichts an Laibach ist direkt. Ihre Coverversion – besser: *Dekonstruktion* – von Opus' *„Life is Life"* wurde zur existenziellen Hymne *„Leben heißt Leben"*, ein Werk, das Stadionhymnen mit marschierender Düsternis verflocht und das seichte Liedchen der Schweizer in eine dystopische Meditation über die Banalität von Parolen verwandelte.

Auch Queen's *„One Vision"* wurde von Laibach in ein totalitäres Manifest verwandelt – und das fast ausschließlich durch die Inszenierung. Freddie Mercurys triumphierende Lyrics blieben unverändert, wurden jedoch in einen neuen Kontext gesetzt. In den Händen von Laibach wurde lyrisches Füllmaterial wie

> *„One flesh, One bone / One true religion / One race,
> One hope / One real decision"*

zu einer grotesken Deklaration, die Freddie vermutlich immer noch Albträume im Jenseits bereitet:[97]

> *„Ein Fleisch, ein Blut / Ein wahrer Glaube / Eine Rasse und ein Traum / Ein starker Wille / Jawohl! Ja! Ja! Ja! Jawohl*

Die subversive Kraft lag darin, die Bedeutung eines Songs vollständig zu kippen, ohne seinen – im Original bereits dämlichen – Text zu ändern: eine Meisterleistung der Kontextverschiebung.

Laibach hinterfragt Strukturen, indem sie sich ihnen scheinbar anpassen. Subversion geschieht am wirksamsten von innen heraus. Bestehende Systeme bieten nicht nur Restriktionen, sondern auch Gelegenheiten für kreative Sabotage. Nutzen Sie diese Möglichkeiten. Laibach hat nicht gegen die Macht gearbeitet, sondern mit ihr, um sie zu entlarven.

Die Kraft der Inszenierung: Führung ist ein Spektakel

Jede Laibach-Performance ist eine meisterhafte Inszenierung. Uniformen, choreografierte Bewegungen, orchestrierte Rituale – das ist mehr als Show. Es ist eine Demonstration von Symbolik und Macht. Führungskräfte sollten sich nicht vormachen, dass Inszenierung nebensächlich sei. Wie Sie gesehen werden, ist genauso wichtig wie das, was Sie sagen. Führung ist nicht Wahrheit, sondern eine Illusion, die funktionieren muss.

---

[97]   So Conor McCaffrey: Geburt Einer Nation: How Laibach turned Queen's One Vision into a totalitarian anthem (1987). Online im WWW: https://mookid music.com/2016/09/06/gebert-einer-nation-how-laibach-turned-queens-one-vision-into-a-totalitarian-anthem-without-changing-freddies-lyrics/ [Datum des Zugriffs: 2025-01-04].

Gemeinschaft über Individualität: Das kollektive Ich

Laibach existiert nicht als Individuum. Es existiert als kollektive Idee. Durch diese Philosophie fordert Laibach traditionelle Hierarchien heraus und hebt kollektive Intelligenz hervor. Eine Führungskraft darf nicht zur Überfigur avancieren. Die wahren Erfolge entstehen aus der Dynamik eines Teams. Eine gute Leader-Persönlichkeit tritt zurück und gibt dem Kollektiv Raum, weil sie weiß: Macht, die geteilt wird, wächst.

Laibachs praktische Lektionen für Führungskräfte

1. **Ambivalenz als Werkzeug nutzen:** Widersprüche sind keine Schwäche, sondern Stärke. Erlauben Sie Mehrdeutigkeit – sie regt Reflexion und Kreativität an.

2. **Subversiv denken:** Arbeiten Sie innerhalb bestehender Strukturen, um diese subtil zu transformieren.

3. **Inszenierung meistern:** Ihre Präsenz ist nicht nur Teil Ihres Stils – sie ist Ihr Stil.

4. **Denken Sie kollektiv:** Stellen Sie das Team über das Individuum. Die wahre Stärke einer Führungskraft zeigt sich in ihrer Fähigkeit, andere groß zu machen

Beispiele aus der Praxis

Ambivalenz in der Kommunikation: Ein CEO führte „Strategie-meetings der offenen Fragen" ein – Sitzungen, in denen nur Fragen gestellt, aber keine Antworten gegeben wurden. Das Ergebnis? Teams entwickelten innovative Lösungen, weil sie sich durch die Ambivalenz herausgefordert fühlten.

Subversives Change Management: Ein Abteilungsleiter in einem konservativen Unternehmen nutzte bestehende Hierarchien, um Reformen durchzusetzen. Er verpackte radikale Ideen in die Sprache des Status quo und erreichte so nachhaltige Veränderungen.

Kollektive Führung: Ein Start-up experimentierte mit einer rotierenden Führungsstruktur, in der Entscheidungen gemeinsam getroffen wurden. Das Ergebnis war kein Durcheinander, sondern eine geteilte Verantwortung, die das Team stärkte.

Fazit: Leadership als Kunst der Subversion

Laibach ist kein Relikt, sondern ein lebendiges Paradox. Ihre Werke lehren uns, dass Macht und Ambivalenz sich nicht ausschließen, sondern gegenseitig verstärken. Leadership bedeutet, wie Laibach, mit Symbolik zu spielen, nicht zu kontrollieren, sondern Rituale zu inszenieren und die Ambiguität als kreative Kraft zu nutzen. Sie zeigen uns, dass die wahre Stärke einer Führungskraft nicht in der Auflösung von Widersprüchen liegt, sondern im Mut, sie auszuhalten. Führung, die sich wie Laibach zwischen Provokation und Reflexion bewegt, hat das Potenzial, nicht nur Systeme zu beeinflussen, sondern sie zu transformieren.

Führungskräfte, die von Laibach lernen, verstehen, dass Subversion kein Chaos bedeutet, sondern eine Einladung zur kritischen Auseinandersetzung ist. Wie eine orchestrierte Inszenierung kann Leadership sowohl Stabilität schaffen als auch zum Hinterfragen inspirieren – ein Tanz zwischen Macht und Ohnmacht, der nie enden darf.

9.10 Führen in der VUCA-Welt – Ein MAD-Ratgeber

Stöhn! Hechel! Ächz! **Die VUCA-Welt ist da, und keiner weiß, was abgeht!**

Alfred E. Neuman meldet sich live aus dem Chaos und hat Tipps für Führungskräfte, die immer noch versuchen, in dieser verrückten Welt den Überblick zu behalten. Unser Motto:

> *„Wenn du dich wie ein Depp fühlst, führe wie ein Boss!"*

Volatilität – Alles wackelt, nix hält

Swoosh! – Schon wieder ein neuer Markttrend.

Pling! – Dein Chef schickt dir die dritte Strategieänderung diese Woche.

Knarrrr! – Dein Schreibtisch hält dem Gewicht der Probleme kaum stand.

MAD-Führungstipp: Flexibilität ist das neue Gold! Wenn alles wackelt, mach's wie ein Schluck Wasser in der Kurve: Einfach mitschwimmen. Und wenn du stolperst?

> *„Platsch! Mach's wie Alfred: Aufstehen, lächeln und so tun, als wäre es Absicht!"*

Unsicherheit – „Was tun wir hier überhaupt?"

Piep! Piep! Piep! – Das ist nicht die Kaffeemaschine, das sind die Alarme in deinem Kopf.

Kreisch! – Dein Team will Antworten.

Rums! – Dein Plan fällt in sich zusammen.

MAD-Führungstipp: Wenn du überhaupt keinen blassen Schimmer hast, bluffe. Lass Phrasen wie *„Wir setzen auf agile Synergien"* fallen, und alle nicken zustimmend – auch wenn keiner weiß, was es heißt.

> *„Flapp! Alfred sagt: Manchmal ist der beste Plan, keinen Plan zu haben!"*

Komplexität – Alles hängt irgendwie zusammen

Flirr! – Ein neues Buzzword landet auf deinem Schreibtisch.

Klonk! – Dein Kopf schlägt gegen die Tastatur, weil keiner weiß, was es bedeutet.

Klirr! – Dein letzter Rest Geduld geht zu Bruch.

MAD-Führungstipp: Chaos ist dein Freund! Mach's wie Alfred: *„Wenn du nicht alles verstehst, mach einfach das, was am wenigsten dumm klingt."*

> *„Klatsch! Halte dich an eine Regel: Finde drei Dinge, die Sinn ergeben, und ignoriere den Rest!"*

Ambiguität – Ja, aber auch nein!

Äh? – Ist das richtig oder falsch?

Öh?! – Warum sagen alle was anderes?

Wäääh! – Du wirst zum Weinen in die Kaffeeküche rennen.

MAD-Führungstipp: Ambiguität heißt, dass nichts sicher ist – außer deiner Fähigkeit, Entscheidungen zu faken. Sag einfach: *„Wir evaluieren das dynamisch!"* und tu, als wüsstest du, wohin es geht.

> *„Zapp! Ambiguität ist wie ein Gummiband: Du kannst es dehnen, aber irgendwann flitscht es zurück!"*

MAD's extrem praktische Tipps für die VUCA-Welt

1. **Laut und wild kommunizieren.** *Blubb-blubb-blubb!* Sag so viel wie möglich, ohne was zu sagen. Dein Team wird beeindruckt sein.

2. **Den Absturz feiern:** Wenn dein Plan scheitert, sag einfach: *„Das war ein Stresstest!"* und klopf dir auf die Schulter: *Zabadong! – Erfolg durch Zufall ist auch Erfolg!*

3. **Chaos umarmen.** *Wirr!* – Lass deine Meetings absichtlich chaotisch werden. Kreativität kommt oft aus dem größten Durcheinander.

4. **Sei wie Alfred: Lächle dämlich:** *Grins!* – Dein Team wird denken, du hast alles im Griff – auch wenn du keine Ahnung hast.

Beispiele aus der Praxis

1. **Der CEO, der immer grinste:** Ein CEO sagte in jedem Meeting nur: *„Das klingt interessant, lassen Sie uns das dynamisch angehen."* Ergebnis? Sein Team hielt ihn für ein Genie. *Klick!*

2. **Das Chaos-Meeting.** Ein Manager machte aus Meetings eine Show mit absurden Ideen, schlechten Witzen und Zufallsentscheidungen. Ergebnis? Die besten Ideen kamen aus den wildesten Vorschlägen. *Bam!*

3. **Der „Fröhliche Fehler"-Ansatz:** Ein Abteilungsleiter führte eine wöchentliche „Fehler-Show" ein, bei der Mitarbeiter:innen ihre größten Patzer der Woche präsentierten – inklusive Applaus und kleiner Preise für die kreativsten Fails. Ergebnis? Das Team wurde experimentierfreudiger und machte aus Fehlern Lerneinheiten. *Flupp!* – Scheitern wurde zur Stärke.

4. **Die Zufallskonferenz:** Ein Teamleiter ließ bei jedem Meeting eine „Chaos-Karte" ziehen: ein Zufallsthema, das diskutiert wurde, egal wie absurd es war. Von *„Wie würde ein Pinguin unser Produkt verkaufen?"* bis *„Warum brauchen wir einen Superhelden als Kundenavatar?"* Ergebnis? Unerwartete Perspektiven brachten frische Ideen. *Tröt!* – Kreativität durch Verrücktheit.

5. **Der Phrasengenerator-Chef:** Ein Geschäftsführer baute einen *„Buzzword-Bingo-Generator"*, der während der Meetings *random* Schlagworte wie *„agile Resilienz"* oder *„disruptive Synergien"* auswarf. Das Team musste diese Begriffe in Vorschläge integrieren. Ergebnis? Erst Gelächter, dann eine überraschend produktive Auseinandersetzung mit komplexen Themen. *Bam!* – Innovation im Gewand der Albernheit.

6. **Das Worst-Case-Szenario-Spiel:** Ein Team simulierte regelmäßig absurde Worst-Case-Szenarien (*„Was tun wir, wenn unsere Büros plötzlich von Aliens übernommen werden?"*). Ergebnis? Die kreativen Lösungsansätze halfen dem Team, in echten Krisen gelassen zu bleiben. *Klatsch!* – Vorbereitung durch Chaos.

Fazit: Die VUCA-Welt braucht MADness

Die VUCA-Welt ist ein ständiges Durcheinander – aber genau das macht sie spannend! Mit MAD-typischem Humor, lautem Denken und einer gesunden Portion Selbstironie kannst du nicht nur überleben, sondern erfolgreich führen. Scheitern gehört dazu – das macht es erst interessant. Wer alles unter Kontrolle haben will, wird scheitern. Wer das Chaos umarmt, wird tanzen. Denn die Wahrheit ist: Niemand weiß wirklich, was er tut, und das ist völlig in Ordnung. Es geht nicht darum, den perfekten Plan zu haben, sondern darum, die Energie des Moments zu nutzen. Laut lachen, wenn alles schiefgeht, ist oft die beste Strategie. Führung in der VUCA-Welt ist nicht leise, sie ist ein wildes Konzert – improvisiert, laut, ein bisschen gaga und manchmal völlig daneben. Aber genau darin liegt ihre Schönheit.

Stöhn! Hechel! Ächz! Führung muss nicht perfekt sein – nur laut und lustig!

Disclaimer

Dieser Leitfaden garantiert keinen Erfolg. Aber hey, Sie werden Spaß dabei haben, zu scheitern!

9.11   Leadership im Swift-Stil: Prinzipien, Wandel und Zeitgeist

Welche Führungskräfte die Zukunft braucht

Die Welt ist ein Minenfeld. Technologische Revolutionen, politische Polarisierung und eine zunehmend kritische Öffentlichkeit haben die Regeln des Spiels neu geschrieben. Führungskräfte, die glauben, dass ein sauberer Excel-Plan und ein solides Budget ausreichen, werden schnell aus dem Spiel geworfen. Denn Führung ist heute viel mehr als das Beherrschen von Tools oder das Verwalten von Prozessen – sie ist die Fähigkeit, in einer zunehmend unvorhersehbaren Welt Kurs zu halten.

Die Zukunft verlangt nach Persönlichkeiten, die Mut, Weitblick und Anpassungsfähigkeit kombinieren. Diejenigen, die den Status quo hinterfragen und den Wandel nicht fürchten, sondern aktiv gestalten. Führungskräfte müssen heute nicht nur verstehen, was passiert, sondern auch antizipieren, was kommen wird. Sie müssen inspirieren, vernetzen und vor allem: handeln.

Taylor Swift ist eine der strategisch klügsten Künstlerinnen unserer Zeit. Sie hat bewiesen, dass Leadership nicht nur Strategie ist, sondern Haltung. Sie navigiert nicht nur Trends, sie setzt sie. Sie reagiert nicht nur auf Kritik, sie nutzt sie. Ihre Karriere zeigt uns, dass in einer Ära, in der Veränderung die einzige Konstante ist, Führung kein Verwaltungshandwerk ist, sondern eine Kunst.

Die Führungskräfte der Zukunft stellen die richtigen Fragen und schaffen Räume, in denen Innovation gedeihen kann. Sie fördern Zusammenarbeit und erkennen Chancen Im Chaos. Leadership verlangt Vision, Empathie und die Bereitschaft, Regeln immer wieder infrage zu stellen.

Leadership nach Taylor Swift

Prinzipien statt Popularität

Taylor Swift hat ihre Karriere darauf aufgebaut, sich nicht anzupassen, sondern klare Kanten zu zeigen. Ihre Entscheidung, ihre Masteraufnahmen neu aufzunehmen, war nicht nur ein Akt der Selbstbestimmung, sondern auch eine Lektion in langfristigem Markenaufbau.

> *„The old Taylor can't come to the phone right now.*
> *Why? Because she's dead."*
> *Look What You Made Me Do (Reputation, 2017)*

Führung nach diesem Ansatz bedeutet, Haltung vor Beliebtheit zu stellen. Klarheit vor Konsens. Sie erfordert Entscheidungen, die nicht nur kurzfristig erfolgreich sind, sondern langfristig Substanz haben. Es ist der Mut zur Kante, der heute gefragt ist – unbequem zu sein gegenüber Investoren, Kund:innen oder der Öffentlichkeit, wenn es der Vision dient.

Den Zeitgeist verstehen und nutzen

Swift liest den Zeitgeist wie eine Landkarte. Sie wusste früh, wie sie soziale Medien strategisch nutzen kann, und erkannte die Relevanz gesellschaftlicher Themen für ihre Marke. Sie beweist, dass große Führungspersönlichkeiten Trends nicht folgen, sondern setzen.

> *„I swear I don't love the drama, it loves me."*
> *End Game (Reputation, 2017)*

Das bedeutet, proaktiv statt reaktiv zu handeln. Es reicht nicht, auf Krisen zu reagieren. Die besten Führungskräfte antizipieren Entwicklungen und gestalten sie mit. Wer technologische Trends wie KI, Cybersicherheit oder neue Arbeitsmodelle nur *versteht*, ist zu spät dran. Sie müssen *vorausdenken*.

Neue Wege ausprobieren

Eine der wertvollsten Lektionen, die Führungskräfte von Taylor Swift lernen können, ist ihr Mut, neue Dinge auszuprobieren.[98] Swifts Übergang von Country-Musik zu globalem Pop und ihr Fokus auf politische Themen zeigen, wie wichtig Experimentierfreude ist. Führungskräfte sollten bereit sein, Risiken einzugehen, neue Ansätze zu testen und dabei ihre langfristige Vision nicht aus den Augen zu verlieren.

Stakeholder-Komplexität meistern

Swift versteht es, die Interessen ihrer Fans, Geschäftspartner und der Öffentlichkeit so auszubalancieren, dass alle Beteiligten einen Mehrwert erfahren. Führungskräfte müssen diese Kunst der Balance perfektionieren, denn die Zahl der Stakeholder wächst stetig.

> *„Band-aids don't fix bullet holes."*
> *Bad Blood (1989 (Deluxe), 2014)*

Das bedeutet, vielschichtige Perspektiven in Entscheidungen einzubeziehen. Neben wirtschaftlichen Zielen auch soziale und ökologische Faktoren zu berücksichtigen. Gleichzeitig geht es darum, eine klare Vision zu schaffen, die Mitarbeiter:innen, Kund:innen und externe Interessengruppen verbindet.

Stakeholder wertschätzen

Eine weitere zentrale Lektion aus Swifts Führungsstil: *„Make key stakeholders feel heard".* Swift pflegt intensive Beziehungen zu ihrem Publikum und zeigt, dass Wertschätzung und Dialog

---

[98]   Vgl. Wendy Hanson: What HR leaders can learn from Taylor Swift. Online im WWW: https://hrexecutive.com/what-hr-leadership-can-learn-from-taylor-swift/ [Datum des Zugriffs: 2025-01-04].

unverzichtbare Werkzeuge erfolgreicher Führung sind. Führungskräfte können von ihr lernen, wie entscheidend es ist, Stakeholder aktiv einzubeziehen und ihre Bedürfnisse in die strategische Planung einzubinden.

Emotionale Intelligenz als Schlüssel zur Verbindung

Swifts Songs sind nicht nur Chart-Hits, sondern emotionale Geschichten, die Menschen verbinden. Diese Fähigkeit ist auch für Führungskräfte unverzichtbar.

> *„You need to calm down."*
> *You Need to Calm Down (Lover, 2019)*

Empathie ist dabei keine Nettigkeit, sondern Effizienz. Wer seine Mitarbeiter:innen versteht, führt sie besser. Gleichzeitig müssen Visionen und Strategien so kommuniziert werden, dass sie nicht nur rational, sondern auch emotional überzeugen.

Transformation als Standard

Taylor Swift hat sich in ihrer Karriere mehrfach neu erfunden. Vom Country-Star zur globalen Pop-Ikone und schließlich zur politischen Stimme. Veränderung ist für sie kein Hindernis, sondern ein Motor.

> *„I can build a castle out of all the bricks they threw at me."*
> *New Romantics (1989 (Deluxe), 2014)*

Führungskräfte müssen Beweglichkeit als Standard verstehen. Disruption ist keine Ausnahme mehr, sie ist der Status quo. Organisationen, die sich nicht transformieren, stagnieren – und sterben.

Taylor Swifts praktische Lektionen für Führungskräfte

1. **Prinzipien statt Popularität:** Taylor Swift hat ihre Karriere darauf aufgebaut, sich nicht anzupassen, sondern klare Kannten zu zeigen. Ihre Entscheidung, ihre Masteraufnahmen neu aufzunehmen, war nicht nur ein Akt der Selbstbestimmung, sondern auch eine Lektion in langfristigem Markenaufbau.

   „People are people, and sometimes it doesn't work out. Nothing we say is gonna save us from the fallout."
   Breathe (Fearless, 2008)

   Für Führungskräfte bedeutet das:

   Klarheit vor Konsens: Führung bedeutet nicht, jedem zu gefallen. Sie erfordert Entscheidungen, die nicht nur kurzfristig erfolgreich sind, sondern langfristig Substanz haben.

   Mut zur Kante: Wer heute führt, muss bereit sein, unbequem zu sein – sei es gegenüber Investoren, Kund:innen oder der Öffentlichkeit.

2. **Den Zeitgeist verstehen und nutzen:** Swift liest den Zeitgeist wie eine Landkarte. Sie wusste früh, wie sie soziale Medien strategisch nutzen kann, und erkannte die Relevanz gesellschaftlicher Themen für ihre Marke. Sie beweist, dass große Führungspersönlichkeiten Trends nicht folgen, sondern setzen.

   „Don't you ever grow up. It could stay this simple."
   Never Grow Up (Speak Now, 2010)

   Führungskräfte müssen proaktiv statt reaktiv handeln und Entwicklungen antizipieren, bevor sie Realität werden:

Vorausschau statt Nachahmung: Technologische Trends wie KI, Cybersicherheit oder neue Arbeitsmodelle müssen nicht nur verstanden, sondern antizipiert werden.

Proaktiv statt reaktiv: Es reicht nicht, auf Krisen zu reagieren. Die besten Führungskräfte verhindern Krisen, bevor sie entstehen.

3. **Stakeholder-Komplexität meistern:** Unterschiedliche Interessen ausbalancieren und eine verbindende Vision schaffen. Swift versteht es, die Interessen ihrer Fans, Geschäftspartner und der Öffentlichkeit so auszubalancieren, dass alle Beteiligten einen Mehrwert erfahren. Führungskräfte müssen diese Fähigkeit perfektionieren, denn die Zahl der Stakeholder wächst rasant.

> *"The rest of the world was black and white, but we were in screaming color."*
> Out oft he Woods (1989 (Deluxe), 2014)

Für Führungskräfte bedeutet das:

Vielschichtige Perspektiven einbeziehen: Neben wirtschaftlichen Zielen auch soziale und ökologische Faktoren in Entscheidungen einfließen lassen.

Gemeinschaft schaffen: Mitarbeiter:innen, Kund:innen und externe Interessengruppen durch eine klare, verbindende Vision zusammenbringen.

4. **Emotionale Intelligenz einsetzen:** Swifts Songs sind nicht nur Chart-Hits, sondern emotionale Geschichten, die Menschen verbinden. Diese Fähigkeit ist auch für Führungskräfte unverzichtbar:

„I see sparks fly whenever you smile."
Sparks Fly (Speak Now, 2010)

Empathie ist Macht: Wer seine Mitarbeiter:innen versteht, führt sie besser. Das ist keine Nettigkeit, sondern Effizienz.

Emotionen steuern: Visionen und Strategien so kommunizieren, dass sie nicht nur rational, sondern auch emotional überzeugen.

5. **Transformation als Standard – Stillstand ist Tod:** Taylor Swift hat sich in ihrer Karriere mehrfach neu erfunden. Vom Country-Star zur globalen Pop-Ikone und schließlich zur politischen Stimme. Veränderung ist für sie kein Hindernis, sondern ein Motor.

„I don't wanna look at anything else now that I saw you."
Daylight (Lover, 2019)

Führungskräfte müssen:

Beweglich bleiben: Disruption ist keine Ausnahme mehr, sie ist der Status quo. Führungskräfte müssen nicht nur mit der Zeit gehen, sondern ihr voraus sein.

Innovation treiben: Organisationen, die sich nicht transformieren, stagnieren – und sterben.

Beispiele aus der Praxis

- **Proaktive Krisenbewältigung:** Eine Geschäftsleitung bewältigte eine Krise wie Taylor Swift einen öffentlichen Shitstorm: schnell, authentisch und mit einer klaren Botschaft. Statt defensiver Ausflüchte gab es offene, authentische Kommunikation, die die Kunden in den Mittelpunkt stellte. Der Effekt? Nicht nur Vertrauen, sondern eine regelrechte Fangemeinde, die bereit ist, bei der nächsten Herausforderung wieder dabei zu sein.

- **Stakeholder-Komplexität:** Ein Technologieunternehmen adaptierte Swifts Ansatz, alle Stakeholder gehört zu fühlen. Sie führten ein kreatives Lab ein, inspiriert von Swifts *„Secret Sessions"*, bei dem Mitarbeiter:innen, Kund:innen und Partner:innen gemeinsam innovative Ideen entwickelten. Die Teilnehmer:innen fühlten sich wertgeschätzt, und das Unternehmen konnte diverse Perspektiven strategisch einbinden.

- **Emotionale Intelligenz:** Ein CEO präsentierte die neue Firmenstrategie wie einen Swift-Hit: ehrlich, emotional und mit einer Botschaft, die man nicht ignorieren konnte. Statt Imagefilmchen gab es ein immersives Erlebnis, das Mitarbeiter:innen mitten ins Herz traf. Wie ein Song, der ewig nachhallt, erzeugte die Strategie eine Welle der Motivation und Loyalität, die das gesamte Team auf eine neue Ebene hob.

Fazit: Führungskräfte als Architekten der Zukunft

Leadership heute ist keine Frage von bürokratischem Kleinklein oder der Fähigkeit, endlose Statusberichte mit einem Lächeln zu präsentieren. Es geht auch nicht darum, Checklisten penibel abzuhaken, während man versucht, das Chaos unter einer Fassade der Professionalität zu verstecken. Führung ist die Kunst, Mut zu haben, Visionen zu entwickeln und im Durcheinander so zu handeln, als wäre genau das der Plan – und die Menschen dabei mitzunehmen.

Taylor Swift zeigt uns, dass Führung weit mehr ist als Strategie: Es ist ein kompromissloses Bekenntnis zur Veränderung, zur Haltung und zur Fähigkeit, Menschen mit Geschichten zu fesseln. Führungskräfte, die sich wie Swift immer wieder neu erfinden, ohne den Kern ihrer Vision zu verlieren, setzen nicht auf kurzfristige Gewinne, sondern auf langfristige Loyalität.

Swift zeigt uns, dass wahres Leadership nicht aus belangloser Anpassung entsteht, sondern aus der Kunst, bewusst Grenzen zu ziehen und dabei so charmant zu bleiben, dass niemand es Ihnen übelnimmt. Sie inspiriert Führungskräfte dazu, nicht nur den nächsten Quartalsbericht zu überstehen, sondern mit Kreativität und der notwendigen Portion Biss die Zukunft aktiv zu gestalten. Die Lektion? Mut ist kein *„Nice-to-have"*, sondern das Einzige, was zählt.

9.12 *And Now for Something Completely Different* – Die 20 Kardinalfehler im Leadership

Führung im Endstadium

Monty Python, jene glimmenden Überriesen des absurden Denkens, haben uns gelehrt, wie Führung – wie jede andere Struktur – unweigerlich ihrem Ende entgegentritt, wenn sie sich ihrer Absurdität nicht bewusst ist. Ihre Sketche und Filme sind die Beteigeuzes des Führungsdiskurses: leuchtend, unübersehbar, im letzten Stadium einer Ideologie, die längst über sich hinausgewachsen ist.

Wie der Riesenstern der Klasse der Roten Überriesen, der einst ein bescheidener Stern war, so bläht sich jede Führung auf, aufgeheizt durch Macht, Ego und die Mechanik der Bürokratie, bis sie an ihrer eigenen Masse kollabiert. Die Fehler der Führung – neben der Unfähigkeit zur Selbstreflexion sind das blinder Gehorsam und groteske Überbürokratisierung – sind bei Monty Python die leuchtenden Farben eines Sterns, der das Ende schon vor sich trägt.

Beteigeuze, ursprünglich gelb-orange, wie antike Texte berichten, hat sein Endstadium erreicht. Er leuchtet noch, scheinbar kraftvoll, beeindruckend, aber sein Tod ist unausweichlich. Wie Führungssysteme, die sich weigern, ihre Dysfunktion zu erkennen: Sie brennen hell, doch der Knall, der kommt, ist unvermeidbar. Bei Monty Python geschieht dieser Kollaps nicht als kosmischer Knall, sondern als stilles, absurdes Verlöschen. Das Ministerium für alberne Gangarten. Der bürokratische Schwachsinn. Die Logik, die sich selbst auflöst.

Führung ohne Reflexion? Ein Stern, der stirbt. Aber bis dahin – strahlt sie. Für einen Moment. Vielleicht ist Monty Pythons größtes Vermächtnis, dass sie uns zeigen, wie man in einem System leuchten kann, das seinem Ende entgegengeht – nicht als Mahnung, sondern als glimmendes Lehrstück.

1. Fehlen einer klaren Vision

„Nobody expects the Spanish Inquisition!"
(Monty Python's Flying Circus, Episode 15)

Führungskräfte, die ohne klare Ziele handeln, werfen ihr Team in ein Chaos aus abrupten, oft unerklärlichen Entscheidungen. Doch Teams gedeihen nicht im Nebel, sondern in einem Umfeld, das Orientierung und Verlässlichkeit bietet. Überraschungen sind willkommen – allerdings nur dann, wenn sie inspirieren, nicht verwirren.

2. Mikromanagement

„It's just a flesh wound."
(Monty Python and the Holy Grail)

Mikromanagement sendet eine klare, jedoch fatale Botschaft: *„Ich vertraue euch nicht."* Führungskräfte, die sich an jedes noch so kleine Detail klammern, verlieren den Blick für das große Ganze und übersehen strategische Prioritäten. Gleichzeitig ersticken sie die Eigenverantwortung und Motivation ihrer Mitarbeiter:innen – zwei essenzielle Säulen erfolgreicher Teams.

3. Unrealistische Erwartungen

„Bring me a shrubbery!"
(Monty Python and the Holy Grail)

Wer das Unerreichbare fordert, setzt nicht nur die Moral seines Teams aufs Spiel, sondern untergräbt auch die eigene Glaubwürdigkeit. Führung braucht Klarheit und realistische Ziele – nur so bleibt die Motivation lebendig und das Vertrauen intakt.

4. Entscheidungsunfähigkeit

„What is the airspeed velocity of an unladen swallow?"
(Monty Python and the Holy Grail)

Zögerliche Entscheidungswege und nebulöse Antworten lähmen jedes Team. Führung heißt, Verantwortung zu übernehmen und Entscheidungen zu treffen, auch dann, wenn nicht alle Fakten auf dem Tisch liegen. Handeln schafft Bewegung, Stillstand hingegen Frustration.

5. Ignorieren von Feedback

„I'm not dead yet!"
(Monty Python and the Holy Grail)

Teams kommunizieren oft klarer, als man denkt – durch Worte, Gesten oder Ergebnisse. Führungskräfte, die diese Signale ignorieren, übersehen nicht nur kleine Probleme, sondern züchten potenzielle Krisen heran. Zuhören und Handeln sind keine Optionen, sondern Pflicht.

6. Kommunikation ohne Inhalt

„This parrot is no more! It has ceased to be!"
(Monty Python's Flying Circus, Dead Parrot Sketch)

Floskeln und leere Versprechungen sind Gift für das Vertrauen eines Teams. Wahre Führung zeigt sich in einer Kommunikation, die Substanz hat: klar, ehrlich und verlässlich. Nur so entsteht eine Basis, auf der Zusammenarbeit wirklich gedeihen kann.

7. Keine Bereitschaft zur Verantwortung

„It's not my fault!"
(Monty Python's Life of Brian)

Führungskräfte, die sich vor Verantwortung drücken, sägen an der Basis ihrer eigenen Autorität. Glaubwürdigkeit entsteht, wenn man gerade in Krisen Verantwortung übernimmt und zeigt: Führung heißt, auch dann festzustehen, wenn es unbequem wird.

8. Übermäßige Bürokratie

„The Ministry of Silly Walks."
(Monty Python's Flying Circus, Episode 14)

Überflüssige Komplexität und bürokratische Prozesse sind die Feinde von Kreativität und Fortschritt. Gute Führung bedeutet, Barrieren aus dem Weg zu räumen, anstatt neue Hürden aufzubauen – damit das Team sein volles Potenzial entfalten kann.

9. Ignorieren von Kreativität

„Look, this is a salmon in a piano."
(Monty Python's Flying Circus, Episode 3)

Unkonventionelle Ideen vorschnell abzulehnen, ist ein Garant dafür, wertvolle Innovationspotenziale zu verschwenden. Stattdessen sollten Führungskräfte ein Umfeld schaffen, in dem ungewöhnliche Perspektiven willkommen sind – denn echte Fortschritte entstehen oft abseits ausgetretener Pfade.

10. Egozentrik

„I am Brian!"
(Monty Python's Life of Brian)

Führungskräfte, die sich selbst ins Rampenlicht rücken, verlieren den Fokus auf das Wesentliche: ihr Team und die gemeinsamen Ziele. Wahre Führung bedeutet, im Hintergrund zu wirken, das Team zu stärken und Erfolge als gemeinschaftliche Leistung zu feiern – nicht als persönliches Triumphgefühl.

11. Keine Fehlerkultur

„I never make mistakes!
(Monty Python and the Holy Grail)

Eine Fehlerkultur, die Angst statt Lernen fördert, erstickt Innovation und Entwicklung. Fehler als Chancen zu sehen, ist essenziell für moderne Führung – denn nur so entsteht ein Umfeld, in dem Vertrauen gedeihen kann. Vertrauen darauf, dass Scheitern nicht das Ende, sondern der Anfang von Wachstum ist:

> *„Fehler der Mitarbeiter sind auch Fehler des Chefs [...]*
> *Fehler des Chefs sind Fehler des Chefs."*[99]

12. Konflikte ignorieren

> *„An argument is not the same as contradiction."*
> *(Monty Python's Flying Circus, Argument Clinic*
> *Sketch)*

Konflikte im Team zu ignorieren, ist wie ein Feuer unkontrolliert brennen zu lassen – es wird nur größer. Führung bedeutet, Konflikte frühzeitig zu erkennen, aktiv zu moderieren und daraus konstruktive Lösungen zu entwickeln. Denn nur so wird aus Reibung Wachstum.

13. Kontrolle über alles

> *„I don't want to talk to you no more, you empty-*
> *headed animal food trough wiper!"*
> *(Monty Python and the Holy Grail)*

Ein autoritärer Führungsstil ist ein Brandbeschleuniger für Konflikte und Spannungen. Teams, die sich ständig überwacht und kontrolliert fühlen, entwickeln keine höhere Motivation, sondern ziehen sich zurück – oder leisten offenen Widerstand. Führung, die auf Vertrauen und Kooperation setzt, erzielt nachhaltigere Ergebnisse.

---

[99]   Vgl. dazu Anm. 18, S. 144.

14. Keine Empathie

„Come back here, I'll bite your legs off!"
(Monty Python and the Holy Grail)

Führung ohne Empathie ist wie ein Kompass ohne Nadel: orientierungslos und wirkungslos. Wer das Vertrauen seines Teams erhalten will, muss zuhören, verstehen und Mitgefühl zeigen. Empathie ist der Schlüssel zu Bindung, Engagement und einer Kultur des Miteinanders.

15. Zu ernst sein

„It's only a bit of fun!"
(Monty Python's Flying Circus, Episode 19)

Ein Arbeitsumfeld, das zu ernst ist, erstickt nicht nur die Stimmung, sondern auch die Motivation. Humor und eine Prise Leichtigkeit sind unerlässliche Zutaten, um Spannungen abzubauen und ein positives, produktives Klima zu fördern. Denn ein Lächeln wirkt oft motivierender als tausend Worte.

16. Keine Anpassungsfähigkeit

„We interrupt this program to annoy you and make things generally irritating."
(Monty Python's Flying Circus, Episode 18)

Unflexible Führung lähmt nicht nur die Dynamik eines Teams, sondern treibt auch Frustration und Ineffektivität in die Höhe. Anpassungsfähigkeit ist eine Schlüsselkompetenz moderner Führung – sie ermöglicht, Störungen und Veränderungen nicht nur zu bewältigen, sondern produktiv zu nutzen, um gemeinsam zu wachsen.

17. Schlechte Zeitplanung

„Wait for it... Wait for it..."
(Monty Python and the Holy Grail)

Führungskräfte, die keine klaren Prioritäten setzen oder zögern, rechtzeitig zu handeln, riskieren nicht nur Chaos, sondern verpassen wertvolle Chancen. Klare Entscheidungen und gezieltes Handeln sind essenziell, um Stabilität und Fortschritt zu gewährleisten.

18. Fehlende Anerkennung

„That's it? That's all?"
(Monty Python's Life of Brian)

Ein Team ohne Anerkennung ist wie ein Motor ohne Treibstoff – es verliert schnell an Energie. Wertschätzung ist eine der einfachsten und gleichzeitig wirkungsvollsten Techniken, um Motivation, Engagement und Zusammenhalt nachhaltig zu fördern.

19. Unrealistische Selbstwahrnehmung

„I'm the King!"
(Monty Python and the Holy Grail)

Führungskräfte, die sich für unfehlbar halten, verschließen sich vor Feedback und schaffen Distanz zu ihrem Team. Doch wahre Stärke zeigt sich in der Fähigkeit zur Selbstreflexion – sie ist die Grundlage für Vertrauen, Entwicklung und authentische Führung.

20. Fehlender Sinn für das Ganze

„This is pointless!"
(Monty Python's Life of Brian)

Ohne einen klaren Sinn hinter der Arbeit entsteht Frustration und Orientierungslosigkeit. Führungskräfte müssen mehr als Ziele setzen – sie müssen den Zweck und die Bedeutung ihrer Vision vermitteln, um Engagement und Richtung zu schaffen.

Fazit: Die Überlegenheit des Lächerlichen

Monty Python, diese kalten Anatome des Wahnsinns, enthüllen uns die ungeschönte Wahrheit: Führung, dieser aufgeblasene Kosmos aus Regeln, Hierarchien und Selbstverblendung, ist nichts weiter als ein absurdes Schauspiel. Ein zu grell beleuchteter Raum, in dem der Akteur, der Führungskraft genannt wird, seine verquasten Monologe hält, während das Publikum – wir alle – verstohlen auf die Uhr schielen und den Ausgang suchen.

Doch, und hier liegt die eigentliche Lektion: Das Lächerliche, das Lächerlich-Menschliche, ist nicht unser Scheitern, sondern unser Sieg. Monty Python demonstrieren mit ihren implodierenden Figuren und grotesken Sketchen die Essenz von Führung: Sie ist ein Scheitern, das leuchtet. Ein endloser Versuch, der sich seiner eigenen Vergeblichkeit bewusst ist.

Führung scheitert nicht, weil sie falsch ist, sondern weil sie existiert. Sie ist die Kunst, sich in einem selbstgeschaffenen Labyrinth zu verlaufen und dabei so zu tun, als gäbe es einen Ausgang. Vielleicht ist wahre Führung die Fähigkeit, diesen Irrtum nicht nur zu erkennen, sondern ihn mit einer absurden Eleganz zu inszenieren.

Denn wer sagt, dass wir geradlinig handeln müssen, wenn die Welt im Kreis läuft? Die Wahrheit ist: Führung braucht das Chaos. Sie braucht Fehler, Lachen und das unverschämte Eingeständnis, dass nichts davon planbar ist. Führung ist ein kollektiver Schwindel, den alle mitspielen, solange die Pointe stimmt.

Vielleicht sind es nicht die Systeme, die versagen, sondern die Erwartungen, dass Systeme funktionieren könnten. Das größte Geschenk der Führung ist vielleicht nicht die Ordnung, sondern der Mut, im Scheitern etwas Großartiges zu finden. Und wenn all das nicht hilft, bleibt immer noch die Möglichkeit, einfach grandios abzusurfen – auf der Welle des Unvermeidlichen.

Das Ende der Führung, wie wir sie kennen, glimmt am Horizont. Aber aus dieser Asche – und genau das hätten die Pythons verstanden – könnte etwas Größeres entstehen. Kein System, kein Stern. Sondern ein Lachen, das bleibt.

Leadership in der TikTok-Ära

Was die Gen Z verlangt – und warum

10 Leadership in der TikTok-Ära: Was die Gen Z verlangt – und warum

Digitale Generation mit analogem Anspruch

Willkommen in der Welt der Generation Z, jener ersten vollständig digitalisierten Spezies, die es irgendwie geschafft hat, Realität und TikTok-Filter zu verschmelzen. Diese Generation lebt nicht nur online, sie atmet durch Algorithmen und kommuniziert in Hashtags. Themen wie Nachhaltigkeit, Diversität und Work-Life-Balance werden durch ihre kollektive digitale Echokammer zu heiligen Gralen erklärt. Unternehmen? Führungskräfte? Werden seziert und bewertet – in Echtzeit.

Und das Beste: Ihre Regeln sind so wechselhaft wie die Instagram-Trends der Woche. Heute ist es *„Quiet Quitting",* morgen *„Bare Minimum Monday",* übermorgen, wenn es aufs Wochenende zugeht, *„Hush trips".* Doch irgendwo dazwischen steckt ein ernstzunehmender Anspruch: Sie wollen Authentizität, Werte und echte Veränderung. Eine Herausforderung für Führungskräfte? Definitiv. Eine Gelegenheit? Vielleicht.

Doch Vorsicht: Wie Susanne Nickel in *„Verzogen, verweichlicht, verletzt"* betont, geht dieses Selbstbewusstsein oft mit einer bemerkenswerten Empfindlichkeit einher.[100] Misserfolge werden nicht selten mit Frustration, Krankmeldungen oder Kündigungen quittiert – eine explosive Mischung aus hohen Ansprüchen und geringem Frustrationstoleranz.

---

[100] Vgl. Susanne Nickel: Verzogen, verweichlicht, verletzt: Wie die Generation Z die Arbeitswelt auf den Kopf stellt und uns zum Handeln zwingt. München: FinanzBuch Verlag, 2024.

Übertragung auf Leadership

Innere Klarheit schaffen

Die Generation Z sieht durch jede noch so perfekt inszenierte Fassade. Führungskräfte, die sich selbst nicht hinterfragen, wirken für sie so glaubwürdig wie ein Werbespot für Diätpillen. Klarheit über die eigenen Werte und Prinzipien ist keine Option mehr, sondern Pflicht. Wer nicht weiß, wofür er steht, wird von dieser Generation in den digitalen Orkus geschickt – mit einem Shitstorm als Abschiedsgruß: *Sayonara, baby!*

Werte als Kompass

Die Gen Z hat Nachhaltigkeit und Diversität nicht erfunden, aber sie hat beides auf ein Podest gestellt, von dem es kein Herunterfallen gibt. Unternehmen, die sich in *Greenwashing* üben oder *Diversity-Statements* posten, ohne dahinter stehende Taten, werden schneller entlarvt, als sie *„Corporate Social Responsibility"* sagen können. Werte sind keine PR. Sie sind das Rückgrat moderner Führung.

Diese Werteorientierung speist sich aus klaren Motivationstreibern. Für die Generation Z gehören Work-Life-Balance, Flexibilität, sinnstiftende Arbeit und psychische Gesundheit zu den zentralen Prioritäten.[101] Unternehmen, die diese Aspekte ignorieren, riskieren nicht nur einen Imageverlust, sondern auch das Engagement ihrer jüngsten Talente.

---

[101] Vgl. Burcu Suak: Konfliktmanagement mit Generation Z im Projektmanagement: Ansätze für eine erfolgreiche Zusammenarbeit. Führung, Motivation und Konfliktlösung im Bereich des Projektmanagements mit jungen Mitarbeitern der Generation Z bei der Zusammenarbeit in Projekten. Masterarbeit an der Fachhochschule Vorarlberg, 2023, S. 90ff. Online im WWW: https://opus.fhv.at/frontdoor/deliver/index/docId/5334/file/SuakBurcu.pdf [Datum des Zugriffs: 2025-01-05].

Ständige Weiterentwicklung

Die Welt der Generation Z ist ein ewiger Strudel aus Wandel, Trends und Neuorientierung. Führungskräfte, die glauben, mit ein paar Workshops und einem Diversity-Tag sei alles getan, verstehen diese Generation nicht. Hier geht es um kontinuierliche Reflexion und Anpassung. Es geht darum, in Bewegung zu bleiben, ohne sich zu verlieren.

Gen Z's praktische Lektionen für Führungskräfte

1. **Echt oder weg:** Digitale Präsenz bedeutet nicht Hochglanz-Marketing. Die Gen Z will keine inszenierten Corporate-Lügen. Zeigen Sie Ihre Werte, Ihre Schwächen – alles, was echt ist. Fake war gestern. Authentizität ist die einzige Währung, die zählt.

2. **Zuhören – ohne Filter:** Die Gen Z hat Meinungen. Viele davon. Und sie hält sie nicht zurück. Kritik ist keine Attacke, sondern ein Angebot zur Verbesserung. Führungskräfte, die nicht zuhören, verpassen die Chance, von der wohl lautesten Generation zu lernen – auch wenn es wehtut.

3. **Flexibilität leben:** Hybride Arbeitsmodelle sind für die Gen Z ein Muss. Kein Bürozwang, keine starren Hierarchien. Wer sie einengen will, darf sich über Kündigungen nicht wundern.

4. **Impulse statt Anweisungen:** Die Gen Z wünscht sich weniger Kontrolle und Bewertungen, sondern bevorzugt Impulse und Lösungswege.[102] Sie suchen Führungskräfte, die als Mentoren und Coaches auftreten – keine klassischen Chef:innen. Führung bedeutet für sie, gemeinsam Lösungen zu finden, statt sie vorzuschreiben. Inspirieren Sie, statt zu dominieren.

Beispiele aus der Praxis

1. **Digitale Agenda setzen:** Ein Tech-Start-up nutzte TikTok nicht für peinliche Tänzchen, sondern um Nachhaltigkeit zu promoten. Das Ergebnis? Eine loyale Gen-Z-Community, die nicht nur liked, sondern kauft.

2. **Echte Transparenz:** Ein CEO teilte die Erfolge und Misserfolge seines Unternehmens offen. Das Resultat? Respekt und Vertrauen – und zwar nicht nur von der Gen Z.

3. **Flexibilität als Standard:** Ein multinationaler Konzern erlaubte Teams, selbst über Arbeitszeiten und Projekte zu entscheiden. Überraschung: Produktivität und Loyalität stiegen.

---

[102] Vgl. dazu Annahita Esmailzadeh u.a. (Hrsg.): GenZ für Entscheider:innen. Frankfurt und New York: Campus Verlag, 2022, S. 75.

Spezifische Herausforderungen in der heutigen Arbeitswelt

1. **Hype-Jagd – Zwischen viraler Belanglosigkeit und echten Anliegen:** Die Generation Z hat das Talent, Themen in die Öffentlichkeit zu schleudern, die in Sekunden viral werden. Von *„Quiet Quitting"* bis *„Act Your Wage"* entstehen Bewegungen, die sich wie digitale Flächenbrände ausbreiten. Unternehmen, die diesen Trends blind folgen, riskieren, sich in kurzlebigen Diskussionen zu verlieren. Führungskräfte stehen vor der Aufgabe, den wahren Kern solcher Phänomene zu erkennen – falls es einen gibt. Nicht jeder digitale Aufschrei ist ein Aufruf zum Handeln.

   Wer jedes virale Thema ernst nimmt, verliert den Fokus und letztlich die Glaubwürdigkeit. Es braucht eine klare Haltung: Trends müssen kritisch betrachtet und auf ihre Substanz geprüft werden. Ist der Hype wirklich relevant? Passt er zu den langfristigen Zielen des Unternehmens? Falls nicht, darf man ihn getrost ignorieren. Führung bedeutet, diese Entscheidungen zu treffen – auch, wenn der Druck groß ist, *„mit der Zeit zu gehen"*.

2. **Kritik als Wachstum – Feedback als neue Währung:** Die Generation Z liebt es, alles zu hinterfragen – laut, öffentlich und oft gnadenlos ehrlich. Was für viele Führungskräfte wie ständiges Nörgeln wirkt, ist in Wahrheit ein wertvolles Werkzeug. Kritik ist für diese Generation kein Angriff, sondern ein Weg, Dinge besser zu machen. Doch dafür müssen Führungskräfte bereit sein, zuzuhören, statt abzuwehren.

   Kritik verlangt Offenheit, Demut und die Bereitschaft, nicht immer als Sieger vom Platz zu gehen. Eine Kultur des Feedbacks bedeutet, Gespräche nicht nur zuzulassen, sondern aktiv zu suchen. Die Gen Z will gesehen und gehört werden – und erwartet, dass ihre Kritik ernst genommen wird. Das bedeutet nicht, jeder Forderung nachzugeben, sondern sich mit den Perspektiven auseinanderzusetzen und, wo nötig, zu handeln. Das Ergebnis? Vertrauen und Loyalität, die weit über bloße Gefälligkeiten hinausgehen.

3. **Diversität leben – Realität statt Rhetorik:** Diversität ist mehr als ein Buzzword – zumindest für die Generation Z. Sie erwartet, dass Unternehmen nicht nur darüber reden, sondern Diversität und Inklusion sichtbar machen. Ein Teamfoto auf der Webseite mit ein paar unterschiedlichen Gesichtern reicht nicht. Es geht darum, Diversität in Entscheidungen, Strukturen und Führung zu integrieren. Wer hier nur symbolisch agiert, verliert diese Generation schneller, als man ein Diversity-Statement veröffentlichen kann.

Diversität bedeutet, unterschiedliche Perspektiven aktiv einzubinden und Machtstrukturen infrage zu stellen. Es erfordert Mut, von gewohnten Denkmustern abzuweichen und neue Wege zu gehen. Doch genau hier liegt der Schlüssel zur Innovationskraft, die diese Generation mitbringt. Es geht nicht darum, „Vielfalt" zu inszenieren, sondern sie zu leben – in jeder Entscheidung, auf jeder Ebene.

4. **Cancel Culture:** Ein falsches Wort – und alles brennt.

„Wenn ich ein Wort verwende", behauptete Hampti Dampti hochmütig, „dann hat es genau die Bedeutung, die ich haben will – nicht mehr und nicht weniger." „Die Frage ist", wandte Alice ein, „ob man das einfach machen kann, einem Wort so viele verschiedene Bedeutungen geben." „Die Frage ist", korrigierte Hampti Dampti, „wer das Sagen hat – das ist alles."[103]

Willkommen in der Realität, wo ein einziger Tweet das Ende von Karrieren und Unternehmensreputation einläuten kann. Die Generation Z hat mit der *„Cancel Culture"* ein Instrument durchgesetzt, das mit chirurgischer Präzision – oder auch mit einem Vorschlaghammer – eingesetzt wird, um vermeintliche oder echte Verfehlungen zu bestrafen.[104] Für Führungskräfte ist das ein Alptraum: Wie führt man, wenn jede Entscheidung auf dem digitalen Pranger landen kann? Wenn Gefühle Argumente ersetzen, werden sie zu einer enorm wirkungsvollen Waffe.[105]

Die Lösung ist nicht Vermeidungsstrategie, das hat auch schon während der chinesischen Kulturrevolution nichts gebracht. Nein, es braucht Mut, Transparenz und die Bereitschaft, Verantwortung zu übernehmen. Und wenn es

---

[103]   Vgl. Anm. 20, S. 719.

[104]   Vgl. dazu Yanina Kochtova: Cancel Culture – Herausforderung für die politische Öffentlichkeit. KDK Research Papers Nr. 1. Merseburg 2023. Online im WWW: https://opendata.uni-halle.de/bitstream/1981185920/114151/1/KDK/ Research/Papers_01_2023_Kochtova.pdf [Datum des Zugriffs: 2025-01-05].

[105]   Vgl. dazu René Pfister: Ein falsches Wort. Wie eine neue linke Ideologie aus Amerika unsere Meinungsfreiheit bedroht. München: Deutsche Verlags-Anstalt, 2022, S. 81.

passiert – und es wird passieren – bleibt nur eines: Lernen, öffentlich Fehler einzugestehen, und weitermachen.

5. **Woke-Kultur – Bewusstsein oder Bevormundung?** Majuse-better, die *„Woke-Kultur".*[106] Einst ein Symbol für soziale Gerechtigkeit, ist sie zwischenzeitlich zum Schreckgespenst einer jeden Führungskraft geworden, die es wagt, noch einen eigenen Gedanken zu formulieren. Alles, aber auch wirklich alles, könnte potenziell jemanden verletzen. Eine falsche Formulierung? Willkommen in der moralischen Vorhölle, wo du ewig über deine Wortwahl grübeln darfst. Und wenn du es schaffst, mit einem Entschuldigungstweet ans Tageslicht zu kommen, wartet das Fegefeuer: öffentliche Debatten, Hashtags und Meinungsstücke, die dich endgültig verbrennen – zumindest virtuell.

Doch die Wahrheit ist wie so oft komplizierter. Die Generation Z will mehr Sensibilität, ja. Aber sie will auch, dass Unternehmen ehrlich mit Themen wie Diversität und Gleichberechtigung umgehen – und nicht nur symbolische Aktionen setzen. Der Balanceakt? Haltung zeigen, ohne zur Karikatur zu werden. Grenzen wahren, ohne dabei starr zu sein. Wer das schafft, überlebt. Wer nicht, wird von der eigenen Überkorrektheit stranguliert.

---

[106] Vgl. dazu Lukas Bettag u.a.: Woke. Ein Stigmawort zwischen Begriff und Chiffre. In: Sprachreport 1 (2023), S. 1-13. Online im WWW: https://pub.ids-mannheim.de/laufend/sprachreport/pdf/sr23-1.pdf [Datum des Zugriffs: 2025-01-05]; Johannes Boie: Die Kultur der Wokeness neigt sich dem Ende zu – und hinterlässt einen politischen Flurschaden, der kaum zu überblicken ist. In: NZZ (11.12.2024). Online im WWW: https://www.nzz.ch/feuilleton/die-woke-kultur-ist-am-ende-jetzt-zeigt-sich-der-schaden-ld.1861670 [Datum des Zugriffs: 2025-01-05].

6. **Digitale Überwachung – Misstrauen *kills the vibe:*** Die Gen Z liebt Technologie. Aber nicht, wenn sie wie ein Big Brother daherkommt. Digitale Tools, die vermeintlich für Effizienz sorgen, werden schnell als Kontrollinstrumente entlarvt. Und das mögen sie gar nicht. Führungskräfte müssen lernen, ihre Belegschaft zu vertrauen, statt sie zu überwachen.

   Die Herausforderung? Technologie so einzusetzen, dass sie unterstützt, nicht überwacht. Niemand will sich fühlen wie ein Hamster im Käfig, der durch Algorithmen bewertet wird. Vertrauen ist die Währung der Zukunft – und wer das nicht versteht, hat verloren.

7. **Sofortige Bedürfnisbefriedigung – alles, jetzt, sofort:** Ich, ich, ich. Mir, meiner, mich. *Nownownow!* Geduld? Ein Konzept, das die Generation Z vermutlich für ein Relikt aus den analogen Zeiten der *Digital Immigrants* hält. Aufgewachsen in einer Welt, in der jede Frage von Google – und neuerdings von ChatGPT und Deepsearch – beantwortet wird, bevor sie überhaupt zu Ende gedacht ist. Kein Wunder, dass diese Generation *prompt* Ergebnisse erwartet. Immer.

   Führungskräfte stehen vor der Aufgabe, diese Ungeduld nicht nur zu bedienen, sondern auch Grenzen zu setzen. Denn nicht alles kann sofort geliefert werden. Der Spagat? *Quick Wins* schaffen, ohne die langfristigen Ziele aus den Augen zu verlieren. Ein Drahtseilakt zwischen Tempo und Substanz.

8. **Mental Health Awareness – Sensibel, aber nicht zerbrechlich:** Die Generation Z spricht offen über mentale Gesundheit. Das ist gut so und war längst überfällig. Aber sie erwartet auch, dass Unternehmen sich kümmern – mit Pro-

grammen, Flexibilität und einem Arbeitsklima, das psychisches Wohlbefinden fördert. Führungskräfte, die das ignorieren, werden nicht nur Mitarbeiter:innen verlieren, sondern auch jegliche Glaubwürdigkeit.

Doch Vorsicht: Es geht nicht darum, jeden schlechten Tag mit endlosen *„Mental Health Days"* zu kompensieren. Es geht um echte Unterstützung und gleichzeitig darum, Belastbarkeit zu fördern. Eine Herausforderung, die Fingerspitzengefühl erfordert – und die Bereitschaft, immer wieder hinzuhören.

9. **Flexibilität versus Struktur – Freiheit in klaren Rahmen:** Die Generation Z liebt Freiheit. Hybrides Arbeiten? Unbedingt. Flexible Arbeitszeiten? Natürlich. Aber: Diese Freiheit braucht Struktur, sonst wird sie zur Beliebigkeit. Die Herausforderung liegt darin, ein Gleichgewicht zwischen Flexibilität und klaren Erwartungen zu schaffen.

Führungskräfte müssen lernen, den Rahmen zu setzen, in dem sich die Mitarbeiter:innen entfalten können. Ohne klare Linien entsteht Chaos – und das will niemand. Die Kunst ist es, Freiräume zu bieten, ohne Orientierung zu verlieren.

10. **Nachhaltigkeit – *Greenwashing kills the loyalty:*** Für die Generation Z ist Nachhaltigkeit keine Marketingkampagne, sondern ein nicht verhandelbares Grundrecht. Unternehmen, die versuchen, mit halbherzigen Maßnahmen zu punkten, werden gnadenlos entlarvt. Die Ansprüche sind hoch, und die Konsequenzen für Scheinheiligkeit? Vernichtend.

Führungskräfte müssen echte Maßnahmen ergreifen, die messbar sind. Es reicht nicht, Bäume zu pflanzen oder Plastikstrohhalme zu verbieten. Es geht darum, tief in die Strukturen zu schauen und Nachhaltigkeit als integralen Bestandteil der Unternehmensstrategie zu verankern.

Fazit: Führung in der Echokammer

Die Generation Z hat das Spiel verändert und verändert es noch. Sie fordert Werte, Wandel und Wahrhaftigkeit. Für Führungskräfte bedeutet das, sich neu zu erfinden und ehrlich zu sein, sich aber von Hypes nicht blenden zu lassen. Aber: Wer die Gen Z versteht, gewinnt. Sie bringt frischen Wind, neue Perspektiven und – ja – auch Innovation. Der Preis? Ehrlichkeit, harte Arbeit und der Mut, sich selbst zu hinterfragen. Aber keine Sorge: Das ist nicht das Ende der Welt, sondern der Anfang einer neuen.

Kurz gesagt: Führungskräfte, die sich der Gen Z stellen, müssen lernen, zwischen lautem Lärm und echter Substanz zu unterscheiden. Wer das meistert, führt nicht nur – er inspiriert. Alle anderen? Nun, die dürfen zusehen, wie ihr Unternehmen in einem Shitstorm untergeht. Wer das nicht schafft, wird im digitalen Nirwana verschwinden – mit einem *#Fail* hinterlassen.

Willkommen in der Generation Z.

Sie werden sie lieben, vielleicht auch nur, weil sie es müssen – oder Sie werden (sie) verlieren.

Zu guter Letzt

Führung – Eine Reise, kein Ziel

11 Zu guter Letzt: Führung – Eine Reise, kein Ziel

Führung. Was für ein großes Wort für etwas, das oft so jämmerlich daherkommt. Wie eine überambitionierte Reality-Show, bei der niemand die Regeln versteht und jeder denkt, der echte Konflikt sei hinter den Kulissen spannender als das, was auf der Bühne passiert. Doch irgendwo in diesem Durcheinander, zwischen Buzzwords und zerknitterten Flipcharts, steckt eine Ahnung davon, was Führung wirklich sein könnte: eine zutiefst menschliche Praxis.

Kein eiskaltes Spiel mit Macht und Zahlen. Kein Theater aus Autorität und Lächeln auf Abruf. Sondern ein wilder Tanz aus Emotionen, Geschichten und Werten. Es geht um Visionen, die nicht bloß in einer *Executive Summary* enden, sondern die wirklich etwas bewegen. Authentizität, klar wie ein Schluck Wodka, und Kommunikation, die mehr ist als leere Worte in einem Meetingraum voller gelangweilter Gesichter.

Die 20 Prinzipien moderner Führung, die in diesem Buch vorgestellt wurden, sind keine langweiligen Management-Regeln. Sie sind das Gegenteil davon: chaotisch, ineinander verstrickt, wie ein Netz aus Neonlichtern in einer postapokalyptischen Metropole. Authentizität ohne Kommunikation? Nutzlos. Machtbewusstsein ohne Integrität? Gefährlich. Kreativität ohne Resilienz? Zum Scheitern verurteilt wie ein Start-up ohne Cashflow, das nur auf einem Businessplan und Hoffnungen basiert. Es ist kein Puzzle, das man zusammenfügt, sondern ein Biotop, in dem alles voneinander abhängt.

Die 20 Prinzipien – Ein Netzwerk, das lebt

- Persönlichkeit und Selbstführung: Ohne Wurzeln kein Baum. Authentizität, Reflexion, Resilienz – alles fängt hier an.
- Kommunikation und Sprache: Führung ist nicht, was man sagt, sondern wie es ankommt. Worte können Brücken bauen oder sie niederreißen.
- Macht und Verantwortung: Macht ohne Ethik ist wie ein Flugzeug ohne Pilot. Verantwortung ist das, was bleibt, wenn der Applaus längst verstummt ist.
- Vision und Innovation: Der Brennstoff, der alles antreibt. Aber ohne Menschlichkeit? Eine Rakete ins Nichts.
- Menschlichkeit und Gemeinschaft: Am Ende geht es nicht um Zahlen, sondern um Menschen. Führung ist kein Solo, sondern ein orchestriertes Chaos.

Humor, Subversion – und alles dazwischen: die Bonuskapitel

Und dann die Bonuskapitel. Die sind wie der absurde Sidekick in einer düsteren Serie, der plötzlich alles erklärt. Pulp, Barbie und Taylor Swift – sie laden dazu ein, Führung von einer anderen Seite zu sehen. Nicht als Effizienzmaschine, sondern als lebendiges Experiment. Als Kunstform, die Raum für Scheitern, für Lachen und für den Mut zur Absurdität lässt.

Literatur – Ein Spiegel für die Führung

Die Literatur, Musik, Kunst, die in diesem Buch beleuchtet wurden, tun, was sie immer tun: Sie zeigen, wie verdammt kompliziert wir alle sind. Sie halten uns den Spiegel vor, in dem Macht, Verantwortung und Menschlichkeit nicht als Klischees, sondern als tiefe, schmerzhafte Wahrheiten erscheinen. Führung ist keine Technik, sie ist Kunst. Und Kunst bedeutet, sich selbst auszuhalten, während man versucht, die Welt zu verändern.

Leadership als ganzheitliche Praxis

Am Ende ist Leadership mehr als die Summe seiner Teile. Es ist die Fähigkeit, Prinzipien wie Authentizität, Klarheit, Empathie und Kreativität in einem dynamischen Zusammenspiel zu leben. Die 20 Prinzipien, die wir untersucht haben, sind keine starren Regeln, sondern Bausteine einer Praxis, die wächst, sich verändert und anpasst. Sie fordern uns auf, Führung nicht als Technik, sondern als lebendiges Handeln zu begreifen, das mit uns und durch uns reift.

Literatur ist in diesem Prozess kein Beiwerk, sondern ein unverzichtbarer Begleiter. Sie lässt uns über den Tellerrand hinausschauen, inspiriert uns, Verbindungen zu erkennen, und stellt die Menschlichkeit in den Mittelpunkt. Sie zeigt, dass Führung nicht auf Effizienz reduziert werden kann, sondern mit Sinn, Verantwortung und der Fähigkeit einhergeht, andere auf eine Reise mitzunehmen – eine Reise, die gemeinsam geschrieben wird.

Fazit: Führung ist ein Wagnis

Führung ist kein Algorithmus. Sie ist kein immer funktionierendes Rezept. Sie ist ein wilder Mix aus Mut, Demut und dem Willen, etwas Bedeutendes zu schaffen. Sie ist wie Literatur: kein Ende, kein Anfang, sondern eine Reise. Ein Prozess, der sich ständig verändert, der fordert und erschöpft, aber auch erfüllt.

Die 20 plus zwölf Prinzipien dieses Buches sind kein Setzkasten. Sie sind ein Kompass, der nach Norden zeigt – aber der Weg dahin? Der gehört Ihnen. Und vielleicht ist das die einzige Lektion, die zählt: Finden Sie Ihre eigene Geschichte. Schreiben Sie sie mit dem Mut der großen Literaten. Und führen Sie – nicht wie ein Algorithmus, sondern wie ein Mensch.

Aber bitte, täuschen Sie sich nicht: Führung ist nicht schön. Sie ist ein emotionaler Boxkampf, bei dem Sie Ihre Werte wie alte Zähne verlieren können, wenn Sie nicht aufpassen. Sie ist kein wohlgeöltes Orchester, sondern vielmehr Garagerock: roh, unperfekt, aber voller Energie und Authentizität. Es erinnert mich an *The Clash* und ihren Song *Garage Land*, eine Hymne auf die ungeschliffene Kreativität und den Stolz, zu den eigenen Wurzeln zu stehen. Führung ist genau das: Kein Hochglanzprodukt, sondern die rohe, ungezähmte Kraft, etwas Eigenes zu schaffen.

Was bleibt am Ende? Nicht die PowerPoint-Präsentationen und auch nicht die Buzzwords, die Sie so mühsam auswendig gelernt haben. Sondern der Moment, in dem Ihr Team Ihnen folgt – nicht, weil sie müssen, sondern weil sie wollen.

Führung ist ein Spektakel, ein Abenteuer, eine Katastrophe – alles zur selben Zeit. Wie Garagerock ist sie nicht perfekt, aber echt. Und genau das macht sie aus.

Machen Sie was draus. Oder lassen Sie es.

Epilog

Führung im Dazwischen – Ein Mindfuck der Verantwortung

Epilog

Führung im Dazwischen – Ein Mindfuck der Verantwortung

Führung, dieses elendige Biest. Keine Gebrauchsanweisung, kein Algorithmus, kein Plan, der jemals funktioniert, wenn das Leben zuschlägt. Führung ist ein Tanz auf einem Minenfeld, ein Hütchenspiel zwischen Vision und Bürokratie, Mensch und Maschine, Inspiration und Kennzahlen-Karaoke. Sie lebt in Zwischenräumen, in der Stille vor einer Entscheidung, im Scheitern danach.

Die Literaten, Künstler und Provokateure in diesem Buch – Bukowskis rohe Ehrlichkeit, Zehs sezierende Präzision, Monty Pythons anarchistisches Chaos – sie alle schreien uns ins Gesicht: Führung ist menschlich. Sie ist hässlich, brillant, ein ständiges Experiment. Es geht nicht um Ziele, KPI-Diagramme oder den perfekten Jahresabschluss. Es geht um Werte, um Zweifel, um den Mut, eine Frage offen zu lassen, ohne sofort eine Lösung parat zu haben.

Führung als Experiment – Weil Perfektion langweilig ist

Hören Sie auf, Perfektion zu suchen. Sie existiert nicht. Erinnern Sie sich daran, was meine Frau in Kapitel 4.1 gesagt hat... Was existiert, ist das tägliche Ringen mit dem Unbekannten, das stolze Scheitern und das erneute Aufstehen. Führung ist ein Experiment mit offenem Ausgang. Es ist ein unendlicher Prozess, der uns alle formt, die Führungskraft und die, die ihr folgen. Pessls Werke zeigen uns: Wandel ist Chaos, aber Chaos ist der Stoff, aus dem Geschichten entstehen.

Das heißt, Sie können scheitern. Sie werden scheitern. Und genau darin liegt die Kraft. Vergessen Sie nicht: Ihre Aufgabe ist es, da zu sein – auch wenn die Lichter ausgehen und das Publikum längst gegangen ist:

„Das Publikum klatscht nicht für das, was einmal war",

soll die Callas einmal gesagt haben.

Eine Zukunft voller Fragen – und das ist gut so

Die Zukunft? Wird absurd. Technologien, die schneller denken, als wir fühlen können. Nachhaltigkeit, die nicht optional ist. Diversität, die uns zwingt, uns selbst infrage zu stellen. Klingt anstrengend? Ist es auch. Aber eines bleibt: Menschlichkeit. Und genau dafür brauchen wir Geschichten. Nicht die glatten, perfekten Märchen, sondern die, die in Schmutz und Chaos geboren werden.

Die Autoren und Künstler dieses Buches geben uns keine Antworten, und das ist gut so. Sie stellen Fragen. Sie fordern uns auf, unsere Narrative zu hinterfragen, sie zu zerstören und neu zu erschaffen. Wenn Sie dieses Buch zuklappen, hoffe ich, dass Sie mehr Fragen haben als vorher. Fragen wie:

- Was will ich eigentlich? Und warum?
- Was bedeutet es, in einer Welt zu leben, in der Maschinen unsere Geschichten besser erzählen könnten als wir selbst?
- Wie viel Kontrolle geben wir auf, um Teil von etwas Größerem zu sein?
- Sind wir bereit, unsere Komfortzonen zu verlassen, um echte Verbindungen zu schaffen?
- Können wir inmitten von Chaos Schönheit erkennen – und sie zu unserem Vorteil nutzen?

- Welche Geschichten wurden uns erzählt, und welche davon haben uns klein gehalten?
- Was passiert, wenn wir aufhören, Angst vor dem Unbekannten zu haben?
- Welche Teile von uns müssen sterben, damit Neues entstehen kann?
- Sind wir bereit, Helden zu sein, wenn niemand zuschaut?
- Welche Narrative haben wir so oft gehört, dass wir sie für unveränderlich halten?
- Und vor allem: Was passiert, wenn wir aufhören, nach Antworten zu suchen – und anfangen, bessere Fragen zu stellen?

Ein allerletzter Gedanke

Hunter S. Thompson hat wahrscheinlich nicht mit den Augen gezwinkert, als er sagte:

„Buy the ticket, take the ride."[107]

Leadership darf leicht sein – ohne dabei den Blick für Verantwortung zu verlieren. Es darf lachen, sich wundern, scheitern, und vor allem: Es darf leben. Denn wer sich weigert, das Chaos zu umarmen, wird nie erfahren, wie großartig es sich anfühlt, daraus etwas Einzigartiges zu erschaffen.

---

[107] Buy the Ticket, Take the Ride: Hunter S. Thompson on Film. Regie: Tom Thurman, Starz Entertainment, 2006.

Mich erinnert Führung zuweilen an eine Geisterbahn in der Hölle: dunkel, laut, voller Überraschungen – und irgendwie verdammt aufregend. Als Historiker und Literaturwissenschaftler, der das Middle-Management eines Krankenhauses der Maximalversorgung in dispositiver Funktion unsicher macht – manchmal fühle ich mit Stings *„Englishman in New York": „Oh, I'm an alien, I'm a legal alien"* –, sehe ich jeden Tag, dass Worte und Geschichten mehr bewegen können als jede PowerPoint-Folie. Oder neuerdings die Canva-Couture. Sie sprengen mehr Grenzen als jedes Flipchart, brechen mehr Widerstände als eine Excel-Tabelle voller KPIs und gehen tiefer als das Briefing einer Consulting-Agentur mit 300 Slides. Geschichten sind die Abrissbirne für Denkblockaden, der Defibrillator für müde Teams und das trojanische Pferd, das sich durch die Festung der Unternehmenspolitik schleicht. Sie sind kein Add-on, sondern das Kernstück jeder Bewegung.

Im Guten wie im Schlechten.

Führung ist für mich kein System, sondern ein Organismus. Quicklebendig, widerspenstig, faszinierend. Möge dieses Buch Sie auf Ihrer eigenen Reise begleiten – ein Roadtrip ohne Karte, aber mit einer verdammt guten Playlist.

Playlist? Deswegen ende ich mit Trio:

„Ab dafür."

Literaturverzeichnis

Literaturverzeichnis

Primärliteratur

Arendt, Hannah: Eichmann in Jerusalem. München: Piper Verlag, 1964.

Dies.: Macht und Gewalt. 14. Auflage. München: Piper Verlag, 2000.

Barthes, Roland: Am Nullpunkt der Literatur. Übersetzt von Helmut Scheffel. Hamburg: Claassen Verlag, 1959.

Benn, Gottfried: Der Ptolemäer. Wiesbaden: Limes-Verlag, 1949.

Berg, Sibylle: Ein paar Leute suchen das Glück und lachen sich tot. Stuttgart: Reclam, 1997.

Dies.: Es gibt keine normalen Menschen. Online im WWW: https://www.spiegel.de/kultur/gesellschaft/hochsensibilitaet-es-gibt-keine-normalen-menschen-kolumne-a-1193832.html [Datum des Zugriffs: 2024-12-28].

Bukowski, Charles: The Meaning of Life: The Bigger Picture. In: LIFE Magazine, Dezember 1988, S. 8.

Ders.: The Laughing Heart. In: ders.: Betting on the Muse: Poems and Stories. Santa Rosa: Black Sparrow Press, 1996.

Ders.: What Matters Most Is How Well You Walk Through the Fire. Santa Rosa: Black Sparrow Press, 1999.

Ders.: Sifting Through the Madness for the Word, the Line, the Way. New Poems. New York: Ecco Press, 2003.

Camus, Albert: Die Pest. Reinbek bei Hamburg: Rowohlt Taschenbuchverlag GmbH, 1998.

Ders.: Der Mythos des Sisyphos. 6. Aufl. Reinbek: Rowohlt, 2004.

Ders.: Heimkehr nach Tipasa. In: ders.: Hochzeit des Lichts. Übersetzt von Peter Gan und Monique Lang, Zürich: Arche Verlag, 2013.

Carroll, Lewis: Das literarische Gesamtwerk. Buch II: Alice im Wunderland. Erzählungen und Gedichte. Hrsg. von Jürgen Häusser. Köln: Parkland Verlag 2003.

Deleuze, Gilles und Félix Guattari: Tausend Plateaus. Kapitalismus und Schizophrenie. Berlin: Merve, 1992.

Domin, Hilde: Sämtliche Gedichte. Hrsg. v. Nikola Herweg und Melanie Reinhold. Frankfurt am Main: S. Fischer Verlag, 2009.

Eich, Günter: Inventur. In: ders.: Abgelegene Gehöfte. Frankfurt am Main: Schauer, 1948.

Ernaux, Annie: Une femme. Paris: Gallimard, 1988.

Foucault, Michel: Die Ordnung des Diskurses. München: Hanser, 1974.

Ders: Überwachen und Strafen. Die Geburt des Gefängnisses. Frankfurt am Main: Suhrkamp, 1976.

Ders.: Mikrophysik der Macht. Über Strafjustiz, Psychiatrie und Medizin. Berlin: Merve, 1978.

Habermas, Jürgen: Theorie des kommunikativen Handelns. Bd. 1: Handlungsrationalität und gesellschaftliche Rationalisierung. Bd. 2: Zur Kritik der funktionalistischen Vernunft. Frankfurt am Main: Suhrkamp Verlag, 1981.

Hemingway, Ernest: The Old Man and the Sea. New York: Charles Scribner's Sons, 1952.

Ders.: A Farewell to Arms. New York: Charles Scribner's Sons, 1957.

Jünger, Ernst: In Stahlgewittern. Historisch-kritische Ausgabe. Hrsg. von Helmuth Kiesel. 2 Bde. Stuttgart: Klett-Cotta, 2013.

Ders.: Feuer und Bewegung. In: Ernst Jünger.: Sämtliche Werke. Bd. 9. 2. Aufl. Stuttgart: Klett-Cotta, 2017.

Ders.: Der Kampf als inneres Erlebnis. In: Ernst Jünger: Sämtliche Werke. Bd. 9. 2. Aufl. Stuttgart: Klett-Cotta, 2017.

Kafka, Franz: Franz Kafka, Brief an Oskar Pollak, 27. Januar 1904. In: Franz Kafka: Briefe 1902–1924. Herausgegeben von Max Brod. Frankfurt am Main: Fischer Taschenbuch Verlag, 1983.

Kracht, Christian: 1979. Ein Roman. Köln: Kiepenheuer & Witsch, 2001.

Luhmann, Niklas: Soziale Systeme: Grundriß einer allgemeinen Theorie. Frankfurt am Main: Suhrkamp, 1984.

Machando, Antonio: Campos de Castilla – Kastilische Landschaften. Hrsg. von Fritz Vogelgsang. Zürich: Ammann Verlag, 2001.

Morgan, Gareth: Images of Organization. Newbury Park, CA: Sage Publications, 1986.

Pessl, Marisha: Die alltägliche Physik des Unglücks. Frankfurt am Main: S. Fischer Verlag, 2006.

Schlegel, Friedrich: Athenäums-Fragmente (1798). In: Kritische Friedrich-Schlegel-Ausgabe. Hrsg. von Ernst Behler. Bd. 2: Charakteristiken und Kritiken I (1796 – 1801). München, Paderborn und Wien: Verlag Ferdinand Schöningh, 1967.

Wagner, Richard: Sämtliche Briefe Bd. 4. Hrsg. von Gertrud Strobel und Werner Wolf, Leipzig: VEB Deutscher Verlag für Musik, 1979.

Ders.: Dichtungen und Schriften. Jubiläumsausgabe in zehn Bänden. Hrsg. von Dieter Borchmeyer. Bd. 6: Reformschriften 1849-1852. Frankfurt am Main: Insel Verlag, 1983.

Weber, Max: Politik als Beruf. München und Leipzig: Duncker und Humblot, 1919.

Ders.: Wirtschaft und Gesellschaft. Grundriss der verstehenden Soziologie. Tübingen: Mohr Siebeck, 1972.

Woolf, Virginia: A Room of One's Own. Chichester: John Wiley & Sons ,2021.

Zeh, Juli: Unterleuten. München: Luchterhand 2016.

Filme

Buy the Ticket, Take the Ride: Hunter S. Thompson on Film. Regie: Tom Thurman, Starz Entertainment, 2006.

Monty Python's Flying Circus: Monty Python's Flying Circus, BBC, 1969-1974.

Diess.: Monty Python and the Holy Grail, Regie: Terry Gilliam und Terry Jones, EMI Films, 1975

Diess.: Monty Python's Life of Brian, Regie: Terry Jones, Cinema International Corporation, 1979

Diess.: The Meaning of Life, Regie: Terry Jones, Universal Pictures, 1983.

Der Soundtrack

The Beatles: Sgt. Pepper's Lonely Hearts Club Band. Parlophone, 1967.

The Clash: The Clash. CBS Records, 1977.

Brian Eno: Here Come the Warm Jets. Island Records, 1974.

Laibach: Laibach. Škuc Rekords, 1985.

Laibach: Opus Dei. Mute Records, 1987.

Laibach: Kapital. Mute Records, 1992.

Louis Armstrong: Heebie Jeebies Original Recordings 1925-30. JSP Records, 2001.

Opus: Live Is Life. Polydor, 1984.

The Psychedelic Furs: Love My Way. Columbia Records, 1982.

Pulp: It. Red Rhino, 1983.

Pulp: Separations. Fire Records, 1992.

Pulp: His 'n' Hers. Island Records, 1994.

Pulp: Different Class. Island Records, 1995.

Pulp: This is Hardcore. Island Records, 1998.

Pulp: We Love Life. Island Records, 2001.

~~Pur: Abenteuerland. Intercord, 1995.~~

Queen: A Kind of Magic. EMI Records, 1986.

Sting: ...Nothing Like the Sun. A&M Records, 1987.

Taylor Swift: Fearless. Big Machine Records, 2008.

Taylor Swift: Speak Now. Big Machine Records, 2010.

Taylor Swift: 1989 (Deluxe). Big Machine Records, 2014.

Taylor Swift: Reputation. Big Machine Records, 2017.

Taylor Swift: Lover. Republic Records, 2019.

Tocotronic: Digital ist besser. L'Age D'Or, 1995.

Tocotronic: Pure Vernunft darf niemals siegen. Vertigo, 2005.

Tocotronic: Schall & Wahn. Vertigo, 2010.

Tocotronic: Die Unendlichkeit. Vertigo, 2018.

Trio: Trio. Mercury, 1981.

Udo Jürgens: Was ich dir sagen will. Ariola, 1967.

Forschungsliteratur

Badovinac, Zdenka, Eda Čufet und Anthony Gardner (Hrsg.): NSK. From Kapital to Capital. Neue Slowenische Kunst. An Event of the Final Decade of Yugoslavia. Cambridge, Massachusetts und London: The MIT Press, 2015.

Berke, Bernd: Menschheits-Beglücker sind nur noch komische Vögel – Ingomar von Kieseritzkys Roman „Der Frauenplan". Online im WWW: https://www.revierpassagen.de/109551/menschheits-begluecker-sind-nur-noch-komische-voegel-ingomar-von-kieseritzkys-roman-der-frauenplan/19911115_1336 [Datum des Zugriffs: 2024-12-30].

Bettag, Lukas u.a.: Woke. Ein Stigmawort zwischen Begriff und Chiffre. In: Sprachreport 1 (2023), S. 1-13. Online im WWW:

https://pub.ids-mannheim.de/laufend/sprachreport/pdf/sr23-1.pdf [Datum des Zugriffs: 2025-01-05].

Boie, Johannes: Die Kultur der Wokeness neigt sich dem Ende zu – und hinterlässt einen politischen Flurschaden, der kaum zu überblicken ist. In: NZZ (11.12.2024). Online im WWW: https://www.nzz.ch/feuilleton/die-woke-kultur-ist-am-ende-jetzt-zeigt-sich-der-schaden-ld.1861670 [Datum des Zugriffs: 2025-01-05].

Bourke, Juliet: Which Two Heads Are Better Than One: The Extraordinary Power of Diversity of Thinking and Inclusive Leadership. 2. Aufl. Sydney: Australian Institute of Company Directors, 2021.

Brown, Brené: Daring Greatly. New York: Penguin, 2012.

Bruner, Jerome: Actual Minds, Possible Worlds. Cambridge: Harvard University Press, 1986.

Dagnal, Cynthia: Eno and the Jets: Controlled Chaos. In: Rolling Stone 169 (12.09.1974), S. 21.

Dietz, Karl-Martin und Thomas Kracht: Dialogische Führung Grundlagen – Praxis – Fallbeispiel: dm-drogerie markt. Frankfurt am Main und New York: Campus Verlag, 2011.

Edmondson, Amy C.: The Fearless Organization Creating Psychological Safety in the Workplace for Learning, Innovation, and Growth. Hoboken, NJ: John Wiley & Sons, 2018.

Eibl, Doris G.: Die Familienerzählungen der Annie Ernaux als autosoziobiografische Suchbewegungen: Der Platz (1983/2019) und Eine Frau (1988/2019). In: Helmut Grugger und Johann Holzner (Hrsg.): Der Generationenroman. 2 Bde. Berlin: Walter de Gruyter, 2021, S. 778-798.

Esmailzadeh, Annahita u.a. (Hrsg.): GenZ für Entscheider:innen. Frankfurt und New York: Campus Verlag, 2022.

Grant, Adam: Think Again: The Power of Knowing What You Don't Know. New York: Viking, 2021.

Hanson, Wendy: What HR leaders can learn from Taylor Swift. Online im WWW: https://hrexecutive.com/what-hr-leadership-can-learn-from-taylor-swift/ [Datum des Zufgriffs: 2025-01-04].

Hudson, Mark: Allen Jones, „The thing about eroticism is that it forces a response". In: The Daily Telegraph (07.11.2014). Online im WWW: https://www.telegraph.co.uk/culture/art/11212821/Allen-Jones-The-thing-about-eroticism-is-that-it-forces-a-response.html [Datum des Zugriffs: 2024-12-30].

Jansen, Stephan A.: Die Fähigkeit zum Widerstand. In: brandeins (11) 2012, S. 46f. Online im WWW: https://www.zu-daily.de/daily/zuruf/2013/die-faehigkeit-zum-widerstand.php [Datum des Zugriffs: 2024-12-26].

Kaiser, Gerhard: Smart New World. Soziale Medien in dystopischen Texten der Gegenwartsliteratur. In: Stephanie Catani und Christoph Kleinschmidt (Hrsg): Popliteratur 3.0: Soziale Medien und Gegenwartsliteratur. Berlin: Walter de Gruyter, 2023, S. 69-85.

Klesse, Anne: Als Couchsurfer durchs Kriegsgebiet. In: Die Welt (28.07.2024). Online im WWW: https://www.welt.de/regionales/hamburg/article252672384/Reisebericht-Als-Couchsurfer-durchs-Kriegsgebiet.html [Datum des Zugriffs: 2024-12-31].

Kochtova, Yanina: Cancel Culture – Herausforderung für die politische Öffentlichkeit. KDK Research Papers Nr. 1. Merseburg 2023. Online im WWW: https://opendata.uni-halle.de/bitstream/

1981185920/114151/1/KDK/Research/Papers_01_2023_Kochtova .pdf [Datum des Zugriffs: 2025-01-05].

Kotter, John P.: A Force For Change: How Leadership Differs From Management. New York: The Free Press, 1990.

Livermore, David: Driven by Difference: How Great Companies Fuel Innovation Through Diversity. New York: Amacom, 2015.

Magercord, Michael: Achtung vor Geschichten − Parzival in der Rheinoper. Online im WWW: http://eurojournalist.eu/achtung-vor-geschichten-parzival-in-der-rheinoper/ [Datum des Zugriffs: 2024-12-29].

Malik, Fredmund: Führen Leisten Leben Wirksames Management für eine neue Zeit. Frankfurt am Main und New York: Campus Verlag, 2013.

McCaffrey, Conor: Geburt Einer Nation: How Laibach turned Queen's One Vision into a totalitarian anthem (1987). Online im WWW: https://mookidmusic.com/2016/09/06/gebert-einer-nation-how-laibach-turned-queens-one-vision-into-a-totalitarian-anthem-without-changing-freddies-lyrics/ [Datum des Zugriffs: 2025-01-04].

Meyer, Bertolt, Carsten C. Schermuly und Simone Kauffeld: That's not my place: The interacting effects of faultlines, subgroup size, and social competence on social loafing behaviour in work groups. In: European Journal of Work and Organizational Psychology, 25(1) 2016, 31-49.

Nickel, Susanne: Verzogen, verweichlicht, verletzt: Wie die Generation Z die Arbeitswelt auf den Kopf stellt und uns zum Handeln zwingt. München: FinanzBuch Verlag, 2024.

Pfister, René: Ein falsches Wort. Wie eine neue linke Ideologie aus Amerika unsere Meinungsfreiheit bedroht. München: Deutsche Verlags-Anstalt, 2022.

Rosenberg, Marshall B.: Gewaltfreie Kommunikation. Eine Sprache des Lebens. Paderborn: Junfermann Verlag, 2016.

Schütz, Achim: Leadership und Führung. Systemisch-Lösungsorientierte Handlungsoptionen für das Krankenhaus. Stuttgart: Verlag W. Kohlhammer, 2016.

Schölmerich, Franziska, Carsten C. Schermuly und Jürgen Deller: How leaders' diversity beliefs alter the impact of faultlines on team functioning. In: Small Group Research, 47(2) 2016, 177-206.

Sterling, Bruce: Scenius, or Communal Genius. Online im WWW: https://www.wired.com/2008/06/scenius-or-comm/ [Datum des Zugriffs: 2024-12-23].

Stöckl, Nina: Hello Kitty, Barbie, Pink und Co. „Pinkifizierung" und Geschlechterrollen. Masterthesis an der Karl-Franzens-Universität Graz, 2014. Online im WWW: https://unipub.uni-graz.at/obvugrhs/download/pdf/242754 [Datum des Zugriffs: 2025-01-05].

Sprenger, Reinhard K.: Radikal führen. Frankfurt am Main und New York: Campus Verlag, 2012.

Suak, Burcu: Konfliktmanagement mit Generation Z im Projektmanagement: Ansätze für eine erfolgreiche Zusammenarbeit. Führung, Motivation und Konfliktlösung im Bereich des Projektmanagements mit jungen Mitarbeitern der Generation Z bei der Zusammenarbeit in Projekten. Masterarbeit an der Fachhochschule Vorarlberg, 2023, S. 90ff. Online im WWW: https://opus.fhv.at/frontdoor/deliver/index/docId/5334/file/Suak Burcu.pdf [Datum des Zugriffs: 2025-01-05].

Taheri, Taraneh: Kampf, Angriff, Verteidigung: Wie wir über Leistung sprechen. Online im WWW: https://www.neuenarrative. de/magazin/wie-viel-krieg-in-unserer-arbeitssprache-steckt [Datum des Zugriffs: 2024-12-25].

Wallrich, Lukas u. a.: The Relationship Between Team Diversity and Team Performance: Reconciling Promise and Reality Through a Comprehensive Meta-Analysis. In: Journal of Business and Psychology, 39(3) 2024, 1303-1354.

Wirth, Ulrich: Wieviel New Work steckt in der Ausbildung von Gesundheitsfachberufen – Ein Erfahrungs- und Praxisbericht aus einer Universitätsklinik. In: Patrick Merke (Hrsg.): New Work in Healthcare. Die neue und andere Arbeitskultur im Gesundheitswesen. Berlin 2022, S. 145-152.

Internetquellen

Zu Barbie: With „Barbie", America Ferrera Left Everything on the Dance Floor (Exclusive). Online im WWW: https://aframe.oscars. org/news/post/america-ferrera-barbie-interview. [Datum des Zugriffs. 2025-01-11].

Zu Sibylle Berg: Online im WWW: https://mitvergnuegen.com/ 2018/11-zitate-von-sibylle-berg-die-dein-leben-bereichern/ [Datum des Zugriffs: 2024-12-28].

Zu Ingomar von Kieseritzky: Auf Zehenspitzen. Online im WWW: https://www.spiegel.de/kultur/auf-zehenspitzen-a-b4ccfc73-0002-0001-0000-000013529385 [Datum des Zugriffs: 2024-12-30].

Zu Rumi: Online im WWW: https://www.sirius-project.eu/blog/ rumi-zitate und https://mymonk.de/rumi-zitate/ [Datum des Zugriffs: 2025-01-01].

Bisher vom Autor erschienen

Ulrich Wirth:

Pflege und Gesundheitsausbildung neu gedacht. Community Outreach und Agenda Setting als innovative Ansätze für die strategische und politische Positionierung von Gesundheitseinrichtungen. Norderstedt 2024, 224 Seiten, 24,99 Euro

ISBN: 978-3-7693-0847-1

Pflegeschulen und Schulen für Gesundheitsfachberufe als mehr als nur Ort von Kreidegeruch und Gruppenarbeiten? Ja, warum nicht gleich als Denkfabriken und Aktionszentren, die das Gesundheitswesen auf links drehen? Klingt utopisch? Nein. Es ist machbar. Wie? Mit einer Mischung aus Community Outreach und Agenda Setting – zwei Ansätze, die so wenig sexy klingen, dass man sie einfach lieben muss.

Outreach: der Moment, in dem man die warmen Seminarräume verlässt und in die Realität der Menschen eintaucht. Dort, wo das Leben nicht aus PowerPoint-Folien, sondern aus echten Problemen besteht. Es ist wie ein Reality-Check für diejenigen, die glauben, dass das Gesundheitssystem funktioniert, solange die Excel-Tabellen stimmen. Was man vor Ort sieht, hört, fühlt – das sind keine abstrakten Statistiken, sondern echte Geschichten, Gesichter, Stimmen. Und plötzlich hat man keine Ausreden mehr, die Heraus-forderungen zu ignorieren.

Dann kommt *Agenda Setting.* Das ist der elegante Teil. Die Kunst, die rohe, ungeschönte Realität so zu verpacken, dass sie den politischen Entscheidungsträgern nicht nur auffällt, sondern sie mitten ins schlechte Gewissen trifft. Die Geschichten aus dem Community Outreach werden zu Argumenten, die nicht mehr wegdiskutiert werden können. Plötzlich wird aus dem kleinen Pilotprojekt in irgendeinem verschlafenen Ort ein Beispiel für alles, was sich ändern muss – lokal, national, überall.

Das ist die Magie: Praxis trifft Theorie, und beide knallen aufeinander wie ein guter Streit in der Lieblingsbar. Die Praxis liefert den Zündstoff, die Theorie sorgt dafür, dass der Funke überspringt. Und plötzlich sind Pflegeschulen nicht mehr nur Ausbildungs-stätten. Sie sind die Thinktanks des Gesundheitssystems, die mit den Füßen in der Realität stehen und mit den Köpfen neue Wege erdenken.

Stellen Sie sich das vor: Pflegeschulen und Gesundheitsfachschulen, die nicht nur darauf trainieren, was funktioniert, sondern fragen: Warum funktioniert es nicht? Die nicht nur ausbilden, sondern inspirieren, mobilisieren, verändern. Die Politik erdet, den Diskurs elektrisiert und das Gesundheitswesen wachrüttelt.

Das ist mehr als Bildung. Das ist Revolution. So wird aus einer Schule ein Ort, der nicht nur Wissen vermittelt, sondern Gesellschaft gestaltet. Ein Denk- und Aktionszentrum für die Zukunft. Bereit, alles zu verändern – und dabei sogar ein bisschen Spaß zu haben.

Ulrich Wirth:

Handbuch Bildungscontrolling. Steuerung von Bildungsprozessen in Pflegeschulen und Schulen für Gesundheitsfachberufe in der VUCA-Welt. Norderstedt 2023, 123 Seiten, 24,99 Euro

ISBN: 978-3-7460-6377-5

Willkommen im neuen Zeitalter betrieblicher Bildung, wo Schulen für Gesundheitsfachberufe nicht mehr nur lernen, sondern kämpfen: um Azubis, Lehrkräfte, Praxisanleiter. Und eigentlich um ihre Existenz. Der demografische Wandel? Der läuft nicht mit der Zeit, er schlägt gnadenlos zu. Ein Würgegriff, der aus Bildungseinrichtungen Spieler in einem Wettkampf macht, den niemand gewinnen kann. Es ist ein Wettbewerb, bei dem es um Köpfe geht — aber die besten Köpfe fehlen. Willkommen in der Post-Covid-Welt.

Was tun, wenn der Markt leer ist? Ulrich Wirth hat die Antwort: ein Controlling-System für Pflegeschulen und Gesundheitsfachberufe. Kein staubtrockenes BWL-Geschwafel, sondern ein System, das Bildungsmanager:innen intuitiv nutzen können – auch während sie einen Praxisanleiter überreden, nicht zur Konkurrenz zu wechseln.

Warum Controlling? Weil es im Fachkräftemangel keine Alternativen gibt. Schulen konkurrieren nicht nur miteinander, sondern auch mit Universitäten und privaten Anbietern, die mit schicken

New-Work-Buzzwords locken. Die Lösung? Strategisches Schul-
management, das mit Kennzahlen Ordnung ins Chaos bringt. Nicht,
um die Welt zu retten, aber um den nächsten Jahrgang durchzu-
bringen.

Ein Handbuch für alle, die niemals BWL wollten

Wirth versteht, dass Schulleiter:innen und Bildungsmanager:innen
weder Lust auf Controlling haben noch Zeit dafür. Die meisten
kommen aus der Pflege oder Berufspädagogik, haben nie eine
Bilanz gelesen und tragen dennoch die Verantwortung, ein
komplexes System am Laufen zu halten. Dieses Buch ist für sie. Für
alle, die Excel mit einem Seufzer öffnen und hoffen, dass die Zahlen
stimmen.

Locker, praxisnah – und garantiert ohne Bullshit

Statt trockener Theorien bietet Wirth praktikable Lösungen. Das
Kennzahlensystem? Verständlich. Die Umsetzung? Sofort möglich.
Die Sprache? Klar und direkt, kein BWL-Kauderwelsch. Es ist mehr
als eine Anleitung – ein Werkzeugkasten für
Bildungsmanager:innen, die mehr wollen als bloßes Überleben. Sie
wollen eine Strategie.

Was bleibt?

Am Ende ist dieses Buch keine Revolution, sondern ein Rettungsanker. Es ist die Chance, in einer Branche, die von Krisen zerlegt
wird, wenigstens einen Plan zu haben – auch wenn die Welt brennt.
Denn während andere noch Buzzwords wie „New Work" und
„Bildungsmarketing" googeln, sind die Leser:innen dieses Buches
schon dabei, Controlling als echten Hebel zu nutzen. Und das ist
vielleicht das Einzige, was in dieser absurden Bildungslandschaft
noch wirklich zählt.

Ulrich Wirth:

Zielvereinbarungen für Mitarbeitende an Pflegeschulen. Wie Anreizsysteme Pflegeschulen und Schulen für Gesundheitsfachberufe innovativ machen und zur Fachkräftesicherung beitragen. Norderstedt 2023, 100 Seiten, 19,99 Euro

ISBN: 978-3-7568-8519-0

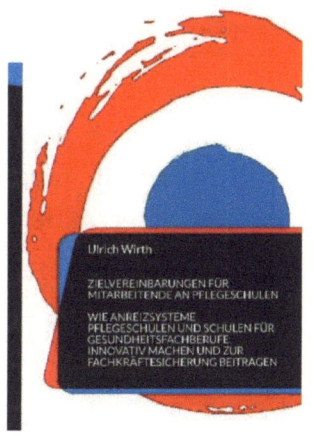

Ziele setzen, Belohnen, Überleben: Das Drama des modernen Bildungsmanagements

Seit Peter F. Drucker *Management by Objectives* aus der Management-Bibel in die reale Welt holte, wissen wir: Menschen funktionieren besser, wenn man sie mit Zielen füttert. Ein klarer Kurs, ein klarer Fokus. Theorie, klar. Aber in der Praxis? Eine Mischung aus Ignoranz und Chaos. Besonders in der Aus- und Weiterbildungswelt, wo Zielvereinbarungen eher nach Motivationsseminaren für gestrandete Führungskräfte klingen als nach funktionierenden Konzepten.

Und hier kommt Ulrich Wirth mit seinem neuen Buch: Zielvereinbarungen, nicht als Pflichtübung, sondern als Lebensrettungsmaßnahme für Pflegeschulen und Gesundheitsfachberufe. Warum? Weil wir mitten in der Katastrophe stehen: Fachkräftemangel, Überalterung, Burnout auf allen Ebenen. Die Antwort? Nicht Yoga-Kurse oder neue Farbkonzepte in den Pausenräumen, sondern ein System, das Menschen motiviert, fördert und belohnt.

Das Ziel: Überleben im Wettbewerb

Wirth rechnet nicht nur mit der aktuellen Praxis ab – er liefert die Anleitung, wie es besser geht. Zielvereinbarungen, ja, aber bitte nicht als seelenlose Tabellen voller KPI-Müll, sondern als lebendige, adaptive Systeme.

Schulen sind keine Maschinen, sie sind Ökosysteme, die auf Pädagogen und Praxisanleiter angewiesen sind, die mit Herzblut und nicht mit Resignation arbeiten.

Zielvereinbarungen können dieses Herzblut fördern – wenn sie richtig gemacht werden.

Wirths Ansatz: Ein Belohnungssystem, das nicht aus einem BWL-Albtraum stammt, sondern aus der Praxis. Verständlich, pragmatisch, realistisch. Nicht für die Vorstandsetage einer Aktiengesellschaft, sondern für die echten Menschen, die in den Klassenräumen und Skills-Labs stehen.

New Work trifft Realität

In Zeiten, in denen jede dritte Keynote von *„New Work"* faselt, während die Realität aus überfüllten Lehrplänen und mangelnden Ressourcen besteht, zeigt Wirth, wie Zielvereinbarungen tatsächlich funktionieren können.

Es geht nicht um utopische Arbeitsmodelle, sondern um machbare Veränderungen. Ein Framework, das sowohl die Organisation als auch die Menschen darin stärkt.

Was Sie erwartet

- Praktische Tipps ohne Buzzword-Bingo: Wirth liefert ein System, das direkt anwendbar ist – kein Warten, keine Workshops, kein Wahnsinn.

- Realistische Perspektiven: Wie finanzielle Anreize wirken, ohne das Budget zu sprengen.
- Fallstricke vermeiden: Warum Zielvereinbarungen scheitern und wie man das verhindert.
- Motivation neu denken: Wie Pädagogen und Praxisanleiter in einer Branche voller Druck und Erwartungen wieder einen Grund zum Durchatmen finden.

Fazit: Ein Überlebenshandbuch für Schulen im Ausnahmezustand

Ulrich Wirth hat mit *„Zielvereinbarungen für Mitarbeitende an Pflegeschulen"* nicht nur einen weiteren Management-Ratgeber geschrieben. Es ist eine Anleitung zum Überleben – für Schulleiter:innen, für Pädagog:innen und letztlich für die gesamte Branche. Die Botschaft ist klar: Wer im aktuellen Chaos bestehen will, braucht nicht mehr Probleme, sondern Lösungen, die greifen.

Dieses Buch liefert sie – direkt, ehrlich, umsetzbar. Keine faulen Kompromisse, keine unnötigen Konzepte. Und am Ende bleibt die Frage: Sind Zielvereinbarungen die Lösung? Vielleicht nicht die perfekte, aber die beste, die wir haben.

Ulrich Wirth:

Psychologische Kriegsführung im 2. Weltkrieg. Die britische Tarnschrift „Stiegel der Holzhauer" – Wehrkraftzersetzung durch medizinische Propaganda. Norderstedt 2023, 152 Seiten, 29,99 Euro

ISBN: 978-3-7578-7977-8

„Stiegel der Holzhauer" – klingt wie der Titel eines unscheinbaren Heimatromans aus der Kategorie *„Erbauungsliteratur für die Provinz"*. Ein harmloses Reclam-Heftchen, das irgendwo zwischen Goethe und Fontane im Regal verstauben könnte. Doch diese kleine, hellbraune Broschüre hat mehr mit Sabotage und Manipulation zu tun als mit Prosa und Landschaftsbeschreibungen. Sie ist ein genialer Coup der *„Schwarzen Propaganda"*, ein Produkt der britischen *Division of Psychological Warfare*. Ein Wolf im Schafspelz, der deutsche Soldaten und Arbeiter gleichermaßen ins Visier nahm, um sie mit subversiven Ideen vom Endsieg abzuhalten.

Was steht drin?

Nicht, wie man Bäume fällt oder Gedichte schreibt, sondern wie man Tuberkulose vortäuscht, Gelbsucht simuliert oder sich gleich komplett aus dem Kriegsgeschehen verabschiedet – elegant und mit Erfolg. *„Stiegel der Holzhauer"* war eine Anleitung zur Sabotage des eigenen Körpers, ein Werkzeug, um das Getriebe der deutschen Kriegsmaschinerie zu blockieren. Nicht mit Bomben oder Kugeln, sondern mit Krankheitssymptomen und Fieberthermometern. Der wahre Gegner? Die eigene Führung.

Propaganda als Kunstform

Ulrich Wirth nimmt die Leser:innen mit in die finstere Welt der *„Schwarzen Propaganda"*, von Zweifel, Verunsicherung und Manipulation. Die *Political Warfare Executive* des britischen *Foreign Office* wusste genau, was sie tat: Das Heftchen war ein Meisterstück subversiver Kommunikation. Wie überzeugt man einen Soldaten, sich gegen seinen eigenen Staat zu wenden? Indem man ihm zeigt, dass Überleben cleverer ist als Gehorsam.

Persönlich und subversiv

Der Clou dieses Buches? Es bleibt nicht bei der historischen Analyse. Wirths Mutter fand das Heft 1943 an einem Spätsommermorgen – eine reale Begegnung mit Propaganda. Der Autor verbindet diese persönliche Geschichte mit einer fundierten Analyse der psychologischen Kriegsführung. Das Ergebnis: Ein Buch, das Historie greifbar macht, ohne ins Akademische abzurutschen.

Fazit: Pflichtlektüre für Zyniker und Weltversteher

Dieses Buch – hier erstmals komplett als Faksimile – ist keine einfache Kost. Es ist ein Blick in die Abgründe der menschlichen Psyche und in die düstere Effizienz des Zweifels als Waffe. Doch es lohnt sich – nicht nur für Geschichtsfreaks, sondern für alle, die wissen wollen, wie Macht funktioniert, damals wie heute. Ein scharfsinniges Werk, das zeigt: Die Feder ist mächtiger als das Schwert. Oder, in diesem Fall, das Thermometer.

Ulrich Wirth:

Dionysos gegen den Gekreuzigten: Friedrich Nietzsches Denkwerk in Georg Kaisers „Von morgens bis mitternachts"

ISBN: 978-3-7583-1078-2

Der Tod des Dramas und die Geburt des Wahnsinns aus dem Geist des Expressionismus

Wir schreiben das Jahr 1912, und irgendwo zwischen den Trümmern der alten Welt und der schweißnassen Geburt einer neuen Zeit steht Georg Kaiser mit einem Hammer in der Hand. Nicht nur, weil Nietzsche ihn inspiriert hätte, sondern weil das alte Drama – geordnet, aristotelisch, vorhersehbar – sterben musste. Was Kaiser da mit *Von morgens bis mitternachts* schuf, war kein Theaterstück im klassischen Sinne, sondern ein Schlag ins Gesicht des Publikums, ein Aufschrei, ein Chaos aus Symbolen, Sprüngen und Sinnlichkeit. Aristoteles? Tot. Lessing? Beerdigt. Die Zukunft? Offen, schmerzhaft, dionysisch.

Und Nietzsche, der Schatten, der sich durch diese groteske Inszenierung zieht? Wirth nimmt ihn sich vor – mit chirurgischer Präzision und einer Leidenschaft, die der Thematik angemessen ist. Nietzsche, der Apokalyptiker, der Tänzer, der ewige Widerspruch, wird in Kaisers Drama nicht nur zitiert, sondern zelebriert. Es ist ein Kampf zwischen Dionysos, der alles bejaht, und dem Gekreuzigten, der alles verneint. Ein Tanz auf dem Vulkan der Zivilisationskritik, wo jeder Schritt ein Abgrund ist.

Expressionismus: Die Kunst des Schreis

Was Wirth hier beschreibt, ist kein gemütlicher Spaziergang durch die Literaturgeschichte. Es ist eine Reise in die Eingeweide des Expressionismus, wo Syntax und Grammatik in Flammen aufgehen, wo Wörter schreien und Gesten explodieren. Die Welt steht Kopf, und die Bühne wird zum Spiegel einer Gesellschaft, die sich selbst nicht mehr erkennt.

Kaisers Erneuerung des Dramas

Kaisers Stationendrama ist keine lineare Erzählung, sondern ein zerrissenes Puzzle, das nur diejenigen zusammensetzen können, die bereit sind, die alten Regeln zu vergessen. Wirth zeigt, wie Kaiser sich der mittelalterlichen Mysterienspiele bedient, wie er die Montage des Films antizipiert und wie er mit der Philosophie Nietzsches ein neues Fundament für das Drama legt. Es ist eine Revolution, und Wirth ist ihr Chronist – präzise, scharfsinnig, mit einem Blick fürs Detail und einem Gespür für die Abgründe.

Nietzsche auf der Bühne: Dionysos und der Gekreuzigte

Wirths Analyse zeigt, wie tief Kaisers Werk von Nietzsche durchdrungen ist. Der Dualismus zwischen Dionysos und dem Gekreuzigten wird zum Herzstück des Dramas, ein Konflikt, der sich in jeder Szene, in jeder Geste widerspiegelt. Es ist ein Theater der Extreme, ein Spiegel unserer eigenen Zerrissenheit, ein Versuch, Ordnung im Chaos zu finden oder zumindest im Chaos zu tanzen.

Warum das lesen?

Weil Wirth nicht nur erklärt, sondern entlarvt. Er zeigt uns, wie Kunst, Philosophie und Wahnsinn miteinander verschmelzen, wie Kaiser und Nietzsche gemeinsam eine neue Bühne schaffen – nicht für die Unterhaltung, sondern für die Konfrontation.

Fazit: Ein Fest für Zyniker und Visionäre

Dieses Buch ist ein intellektuelles Feuerwerk, das die Brücke zwischen Literatur und Philosophie sprengt und uns ins kalte Wasser der Moderne wirft. Wirth beweist: Theater ist kein sicherer Raum, sondern ein Schlachtfeld.

Und Nietzsche?

Der lacht, irgendwo da oben, oder vielleicht auch da unten.